짧아진 정년과 늘어난 노후, 불안정한 일자리와 고비용사회, 이런 것들이 우리를 불안하게 하지만, 개인의 각성과 사회의 노력이 함께한다면 얼마든지 우리 모두는 행복할 수 있다고 저자는 힘주어 말한다.

_ **김진욱** 변호사

한국경제는 '괜찮은 일자리'의 부족, 고령화와 저성장, 비싼 집값과 집세 등의 어려움에서 헤어나지 못하고 국민들의 삶은 고단하고 불안하다. 다행히 이 책에서 자녀교육과 주거문제, 노후대책 등에 대한 현실적이고 과장되지 않은 대안을 찾을 수 있어 조금은 위안이 된다.

_ **정대영** 『한국경제의 미필적 고의』 저자

강화도 이광구…그의 삶은 희망을 보여준다.

_ **라의형** 포도재무설계 대표

이 책은 일상생활 이야기를 잔잔하게 풀어나가지만 읽다보면 점점 인간 이광구의 깊은 매력에 빠지게 되고 어느새 위대한 삶의 가치와 진리를 체득하게 된다. 멋진 책이다.

_ **김희철** 희망 만드는 사람들 대표, (사)서민금융연구포럼 수석부회장

공부 잘하고, 몸 건강하고, 자기 앞가림 잘하게 아이를 키우는 것은 모든 부모의 바람이다. 돈까지 적게 들일 수 있다면 금상첨화다. 강화도 사람 이광구의 말과 행동에 그 해법이 있다.

_ **이기정** 서울 미양고 교사, 『학교개조론』 저자

재무설계를 받았는데, 인생설계를 한 셈이 되었다. 누울 자리를 보고 다리를 뻗으라는 말이 있다. 누울 자리를 꼼꼼히 살펴보고 나니, 돈에 대한 막연한 불안감을 떨치고 꿈에 대해 생각할 수 있게 되었다. 회사원을 박차고 나와 사진가의 행복한 삶을 살게 된 나는, 나와 같이 꿈꾸는 사람들에게 일독을 권한다.

_ **권오철** 천체사진가, 『진짜 너의 꿈을 꿔라』 저자

우리 마을에서 장애인들과 함께 쌀빵 사업을 했던 저자 이광구. 이 책은 공동체를 지향하는 지역사회에 대한 그의 생각이 잘 드러난 책이다. 장애가 있거나 가진 돈이 적어도, 저자의 생각대로라면 누구나 행복하게 살 수 있겠다. 그런 세상을 함께 만드는 것이 촛불정신의 생활화다.

_ **김성수** 대한성공회 주교, 우리마을 촌장

이광구는 대학시절부터의 친구다. 내가 야마기시즘 실현지라는 '무소유사회의 실험'을 과격하게(?) 하는 곳에서 17년을 지낼 때도 우리는 가끔씩 만나 서로의 실험에 대해 이야기 나누곤 했다. 지금 강화도에서 함께 살면서도 서로의 시도를 즐거운 마음으로 바라보고 때론 이야기 나눈다. 그는 돈이 필요한 지금의 세상에서도 안심하고 살 수 있는 길을, 나는 돈이 필요 없는 새로운 사회를 모색하

면서 함께 길을 가고 있다. 이광구의 자유와 성공과 행복은 나의 그것과 다르지 않다. 우리는 인간답게 살만한 지역사회 만들기를 함께 하고 있기 때문이다.

_ **유상용** 사이엔즈스쿨코리아 SCIENZ School Korea 대표역

저자의 글을 읽다보면, 마치 앞자리에 앉아서 조목조목 이야기를 듣는 느낌을 받는다. 선한 얼굴이 떠오르고, 누군가에게 도움이 되고자 하는 진정성도 느껴진다. 부자가 되는 방법을 설파하는 거짓 전도사는 많지만 가난해지지 않는 삶을 전파하는 진짜 전도사는 드물다. 만일 당신이 지금 돈과 노후에 대해 고민하고 있다면, 당장 이 책을 읽어야 한다. 이 책의 저자 이광구씨야 말로 당신이 만나야 할 참된 전도사이기 때문이다.

_ **이상건** 미래에셋은퇴연구소 상무

조선의 문호 춘원 이광수는 도산 안창호 선생에 대해 이렇게 말했다. "도산의 지식은 한번 남의 두뇌와 언어를 통하여 전하여온 세컨트 핸드의 것이 아니요. 직접 자기의 관찰과 추리로 도달한 독창이었다. 독서는 그에게 있어서는 자기의 독창적인 지식과 타인의 그것과의 대조에 불과하였다. 이렇게 한 공부로 얻은 지식이므로 도산의 지식에는 생명의 피가 통하고 있었다. 알기만 하고 가만히 있을 수 있는 죽은 지식이 아니라, 하나를 얻으면 하나를 행하지 아니하고는 견디지 못하는 산 지식이었다."

나는 민족의 위대한 스승 도산의 지식관과 실천관을 읽으면서, 또 정직, 진실, 실행, 용기의 무실역행務實力行 충의용감忠義勇敢 사상을 접하면서 이광구를 떠올렸다. 책 첫머리에서 인생의 가장 중요한 가치를 '첫째 방향, 둘째 용기, 셋째 끈기(지구력) 넷째 실력' 순으로 열거하는 30년 지기 이광구는 도산과 너무나 닮았다.

_ **김대호** 사회디자인연구소장, 『노무현 이후-새 시대 플랫폼은 무엇인가』 저자

"좋은 흐름을 만드는 거야."

이광구가 잘 쓰는 말이다. 그는 재무설계 분야에 종사하면서도 한편으로 지역, 마을의 변화와 혁신을 통해 '돈'을 넘어서는 배려, 돌봄, 나눔, 연대의 가치가 스며든 세상을 꿈꾸는 이상주의자이다. 이 책의 여러 사례들처럼 돈에 강박되지 않으면서도 삶의 여유를 취할 수 있도록 좋은 흐름을 만들어 가면 좋겠다. 내년 봄 이광구의 새로운 도전 역시 좋은 결과를 맺었으면 좋겠다.

_ **박흥열** 인천지속가능발전협의회 상임회장

4차산업혁명 시대에 필요한 교육의 혁신과제를 제시하는 한편, 노후관점에서 시민 각 개인의 경제생활 및 가정재무지침을 풀어낸 흥미로운 책이다. 실사구시 實事求是가 이런 게 아닐까 한다.

_ **이재정** 경기도 교육감, 전 통일부장관

* 추천사는 원고가 도착한 순서로 게재했습니다.

인생
2라운드
50년

돈이 결코 마르지 않는
인생 2라운드 50년

지은이 이광구
1쇄 인쇄 2017년 12월 20일
1쇄 발행 2018년 01월 10일

펴낸곳 트러스트북스
펴낸이 박현

등록번호 제2014-000225호
등록일자 2013년 12월 03일

주소 서울시 마포구 서교동 성미산로 2길 33 성광빌딩 202호
전화 (02) 322-3409
팩스 (02) 6933-6505
이메일 trustbooks@naver.com

값 15,000원
ISBN 979-11-87993-37-7 03320

믿고 보는 책, 트러스트북스는 독자 여러분의 의견을 소중히 여기며, 출판에 뜻이 있는 분들의
원고를 기다리고 있습니다.

돈이 결코 마르지 않는

인생 2라운드 50년

이광구 지음

트러스트북스

차례

1부 무엇이 열심히 산 우리들을 힘들게 하는가?

얼마나 모아야
노후가 불안하지 않을까?

2부 자녀

돈은 적게 들이고,
꿈은 맘껏 키워주자

5부 자유, 성공, 행복

누구나 할 수 있는 일,
그러나 아무나 할 수 없는 일

돈에 끌려 다니지 않는 삶

"실력보다 용기가 중요합니다."

어느 토론회 뒤풀이 자리에서 내가 한 말이다. 엉뚱한 말에 사람들은 잠시 할 말을 잊고 나를 쳐다봤다. 말 그대로 '이건 뭐지?' 하는 표정들이었다.

"보통 실력이 중요하다고 생각합니다. 그러나 현실에서는 아는 것보다 하는 것이 더 중요합니다."

몇 시간 동안 열띤 토론으로 지쳐 있던 사람들은 말참견하지 않고 나의 다음 말을 기다리는 눈치였다. 말 그대로 뒤풀이니 긴장을 풀고 편하게 들어보자는 식이었다. 나는 평소 내 소신을 얘기했다.

"인생을 살거나 어떤 일을 할 때 첫째는 방향, 둘째는 용기, 셋째는 오래 하는 것을 생각해야 합니다. 마지막으로 필요한 것이 실력입니다."

사람들은 알 듯 말 듯한 표정을 지었다. 그도 그럴 것이, 방향은 가치관과 통하는 것으로 이해하면 되는데 용기, 오래, 실력 같은 말들은 그런 자리의 토론에서는 흔히 쓰는 단어가 아니기 때문이다. 나는 내 방식대로 이야기를 풀어나갔다.

일을 하거나 어떤 결정을 할 때 사람들은 그 목적이나 가치관을 중요하게 생각한다. 나는 그것을 방향이라고 본다. 여기까지는 어렵지 않게 동의할 것이다. 그 다음에 사람들이 생각하는 것은 그것을 이루기 위한 능력(실력)이다. 이 대목이 내가 달리 생각하는 지점이다. 능력보다 더 중요한 것은 '그것을 하겠다'는 나의 의지, 달리 말해 용기다. 모든 조건이 완벽하게 갖춰지는 경우는 드물다. 아니 없다고 봐야 한다. '완벽하게'란 수식어가 있기 때문이다. 어떤 경우든지 대략 할 만한 여건이 갖춰지는 것이지 완벽한 것은 아니다. 결국 사람이 판단하고 결정하는 것이다.

그 상황에 대한 판단은 사람마다 다르다. 그래서 사람의 의지가 들어간 '결정'이 있어야 하는데, 결정에 따라 결과가 달라지고 그 결과에 대해 결정한 사람은 책임을 져야 한다. 이 책임을 기꺼이 지겠다는 생각, 그것이 바로 용기다.

이렇게 결정한 것을 오래 하다 보면 실력이 쌓인다. 개인의 조건과 여건에 따라 실력이 다르겠지만, 하고자 하는 방향을 정하고 그것을 자신의 의지로 기꺼이 받아들여 소신껏 오래 하게 되면 어떤 식으로든 실력은 쌓인다. 마음을 실어 정성껏 오래 하느냐가 개인과 조건의 편차보다 더 중요하다. 그래서 나는 실력을 위 네 가지 항목 중에 가장 뒷 순위에 두는 것이다.

사람들은 보통 실력이 중요하다고 생각한다. 실력은 아는 것을 뜻하고 나아가 정답 또는 진리와 연관지어 생각한다. 그러나 나는 인생의 진리 또는 정답은 없다고 확신한다. 다만, 각자의 생각, 각자의 삶이 있을 뿐이다.

돈과 관련된 우리의 삶도 마찬가지다. 누구에게나 맞는 답은 없다. 각자의 삶에 어울리는 돈에 대한 해법이 있을 뿐이다. 나는 여기서도 '각자의 삶에 어울리는 해법'이라고 했지 정답이라고 하지 않았다. 누구에게나 맞는 보편 정답이 없는 것처럼, 각자에게도 정답은 없다. 무엇이 맞는지 알 수 없다. 다만 각자가 자신의 뜻대로 생각하고 자신의 인생에 맞게 해법을 찾아나갈 뿐이다.

"우리사회는 고비용사회입니다."

참여연대에서 활동하는 대학 친구 김진욱 변호사의 말이다. 과거에 비해 소득이 훨씬 많아졌지만, 집과 교육비로 엄청 돈이 들기 때문에 전혀 여유가 없다는 것이다.

여유가 없는 정도가 아니라, 돈 속에 빠져 허우적대고 있다고 하는 게 나을 정도다. 그렇다고 사는 집과 아이들 교육이 만족스럽냐면 결코

이 책을 읽어주실 독자분들에게

그렇지도 않다. '이러려고 내가 이렇게 뼈 빠지게 돈 벌었나!' 하는 자괴감이 들 정도다.

재무상담을 하고 돈에 관한 책을 썼던 내게 '고비용사회'라는 말은 울림이 컸다. 평소 나의 생각을 집약한 표현이었다. 그리고 가만히 생각해 보았다. 나는 이런 문제를 학문 차원으로 공부하지는 않았지만, 나의 삶은 고비용사회에 대한 대안을 실천한 과정이었다. 그리고 재무설계 일을 하면서 돈과 삶에 대한 내 생각이 상당히 체계화됐다.

어느날 출판사로부터 사람들의 인생 후반전을 풀어줄 책을 쓰자는 제안을 받았다. 세상 사람들이 미래에 대해 지나치게 걱정한다는 지적이었다. 하긴 내게도 가끔 아내와 아이들이 그런 걱정을 하곤 했었다. 나는 그럴 필요가 없다고 얘기하지만 아내와 아이들은 동의하는 것 같지 않다.

이 책은 아내와 아이들에게 평소 내가 주장하던 걸 정리한 것이다. 그럼 이 책을 보고 아내와 아이들이 우리 부부의 노후에 대한 걱정근심을 내려놓을까? 결코 그렇지 않을 것이다. 아이들은 이렇게 생각할 것이다.

'음, 아빠의 소신이 분명하군. 그렇다면 우리가 아빠의 노후를 걱정할 필요는 없네.'

어떤 면에서는 자신들의 걱정근심 하나가 없어졌다고 할 것이다. 나는 이런 결과에 만족한다. 우리 부부의 노후는 우리가 해결하고, 아이들은 자신들의 인생을 마음껏 알아서 찾아나가기를 바라는 것이다. 성인이 된 아이들은 아직 학교를 다니거나 알바를 하는 정도지만, 내게 돈을 달라고 하지는 않는다. 나는 아이들 교육비로부터는 자유롭다. 나아가 결혼식도 알아서 할 거라고 본다.

나는 집 문제도 해결했다. 적은 돈으로 현재 사는 집을 마련했고, 이 집의 상태에 아주 만족한다. 또 내가 더 늙었을 때도 이 책에 쓴 내용처럼, 돈은 적게 들면서도 즐거운 일 하며 살 일이 많다.

나는 이런 일이 나에게만 가능하다고 보지 않는다. 지금 대한민국의 경제력 정도면, 특별히 어려운 일부를 빼고는 모든 사람들이 다 걱정근심 없이 살 수 있다. 돈을 어떻게 잘 활용할 것인지의 문제지 돈 자체가 절대적으로 부족한 것은 아니다.

이런 나의 소신을 나는 이 책에서 마음껏 펼쳐보았다. 집과 자녀교육비에 대한 나의 경험담과 재무상담을 통해 만난 고객들의 얘기를 소재로 했다. 나아가 고비용 문제에 대한 해법을 우리가 사는 지역사회 정책과 연관지어서도 생각해 보았다.

그런데 이건 나의 이야기이고 나의 주장일 뿐이다. 앞에서도 얘기한 것처럼, 이런 것은 정답이란 게 없다.

'그래, 당신은 그렇게 살았구나. 알았어, 나는 나의 길을 갈 거야.'

읽으면서 이런 생각을 했으면 좋겠다. 그래서 우리 모두가 각자 자신만의 인생 꽃을 피우면 좋겠다. 그런 꽃들이 모여 함께 어울려 사는 좋은 나라가 됐으면 좋겠다. 각자기 자신의 인생을 과감하게 개혁해 나가면서, 나아가 우리가 사는 사회를 우리의 뜻대로 바꿔나가기를 바란다. 내가 사는 지방, 우리가 사는 대한민국의 정책이 우리의 이런 삶의 원칙에 맞게 돌아가야 우리 개개인의 삶도 뜻대로 잘 실현될 것이기 때문이다.

앎과 함은 다르다. 각자 자신의 인생방향을 생각하고, 용기를 내 자신의 생각을 밀고 나가자. 그런 실천을 오래 하게 되면 그 내용이 충실해진다. 그것이 실력이고 능력이다. 그렇게 살아서 80대 90대가 되었을 때도 돈에 끌려다니지 않고 건강하고 편안한 삶을 오래도록 누리도록 하자. 인생 100세 시대, 이제 현실이다. 그런데 오래만 살 게 아니라, 건강하게 살아야 하고 즐겁고 행복하게 살아야 한다.

첫째 나리가 태어나고 논산 처갓집에 갔을 때 나는 신기하기도 하고 놀라기도 했다. 가만히 보니 그 집에 5대가 함께 모인 것이다. 나리, 나리엄마, 나의 장모인 나리엄마의 어머니, 그 장모의 시어머니, 다시 그 시어머니의 친정어머니까지 해서 5대다. 몇 년 후 나리엄마의 할아버지가 돌아가셨는데, 그때까지 사위집에서 건강하게 사셨던 돌아가신 할아버지의 장모도 아무 병 없이 편하게 돌아가셨다. 그때 연세가 아

17

흔여덟이었다고 한다. 그로부터 이십여 년이 지난 올해 초, 나리엄마의 할머니 역시 아무 병 없이 편하게 돌아가셨다. 그때 연세가 100세였다.

아흔여덟이나 백세까지 사시다 돌아가신 것보다 더 중요한 건 아프지 않고 건강하게 사시다 돌아가신 것이다.

위 두 할머니들이 건강하게 백세까지 산 이유에는 늘 노동을 한 것도 빼놓을 수 없을 것이다. 생명을 가꾸는 일은 참 즐겁고 행복한 노동이다. 그 생산물을 먹는 것은 건강에 좋다. 그런 일을 하는 시간에는 돈 쓸 일이 없다. 몸에 좋고 돈도 적게 드는 노후생활 방식이다.

하나 더 생각해야 할 것은 위 두 할머니들은 노후를 가족이 뒷받침해주었다는 점이다. 그런데 우리 세대 아니 벌써 우리 위 세대도 가족이 노후를 책임지지 못하는 시대가 됐다. 노인고독사는 이제 새삼스럽지 않은 뉴스가 된 지 오래다. 건강하게 오래 살면서, 돈에 쪼들리지 않고 살 방법은 뭘까?

세상은 우리에게 그렇게 늘어난 노후를 위해 허리띠 졸라매고 노후대비를 하라고 훈계한다. 열심히 해보지만 다들 기대에 못 미친다. 그래서 불안하다. 이 불안을 매개로 금융상품을 파는 금융사들도 많고, 사기사건도 많다. 이삼십 년 전에 비하면 엄청 살기좋은 나라가 됐고, 세계에서 손꼽는 부자나라가 됐는데도 말이다. 세상은 참 요지경이다.

인생 100세의 전반기인 50세까지를 1라운드라 하고, 100세까지의 후반기를 2라운드라 구분할 수 있겠다. 그 경계인 50세 즈음이 젊어서 하던 직장생활의 은퇴시기다. 그렇지만 은퇴한 후에도 여전히 돈 버는 활동을 하기에 충분히 능력이 된다. 문제는 오래 안정되게 할 만한 일이 많지 않다는 점이다. 세상은 이미 직장 20개 시대가 됐기 때문이다. 그러니 미리 그런 상황에 적응할 준비를 해야 한다.

2라운드에 돈 버는 일이나 할 일을 준비하는 것과 맞물려 깊이 생각해야 할 지점이 있는데 바로 돈 쓸 지점을 잘 정비하는 것이다. 특히 돈이 많이 드는 집과 교육비에 대해 일찍부터 대비해야 한다. 1라운드의 후반기, 그러니까 40세 전후한 시기에 고비용사회의 두 주범인 집과 교육비에 대해 자신의 처지에 맞는 해법을 찾아나가야 한다. 그래야 2라운드에 부담이 적어진다.

완벽한 해법이나 묘책이 있는 것은 아니다. 그렇지만 결코 불안해할 일도 아니다. 누구에게나 적절한 해법이 있다. 차분히 미리부터 생각하고 준비할 일이다. 그러면서도 우리는 즐겁고 행복하게 살아야 한다. 돈은 수단이지 목적이 아니니 말이다.

이렇게 말하는 나라고 전혀 불안감이 없는 건 아니지만, 나는 상대적으로 노후에 대해 덜 불안해 한다. 그 이유는 여러 가지다. 이런 나의 소신을 마음껏 늘어놓아 보려고 한다. 좋은 영화나 공연을 보고 오래 여운이 남는 것처럼, 나의 삶과 주장도 독자들에게 즐거운 생각거리가 되기를 바라며 말이다.

1부

무엇이
열심히 산
우리들을
힘들게 하는가?

얼마나 모아야
노후가 불안하지
않을까?

변호사도
공무원도

노후 걱정

"연고대 나와도 취업이 어려워요."

"지난해 집 사려다 고민했는데, 1년 사이에 1억이나 올랐어요."

주변에서 흔히 듣는 말이다. 촛불혁명으로 정권이 바뀌고 하루가 멀다 하고 과거 비리에 대한 소식이 쏟아지는 세상이지만, 우리네 살림살이는 여전히 어렵다. 이미 굳어져 버린 빠른 은퇴와 누구도 비껴가기 어렵게 된 늘어난 노후, 여전히 우리 모두를 힘들게 하는 대목들이다. 결혼마저 포기하고 알바나 비정규직으로 살아가고 있는 젊은이들에게 무슨 미래 희망이 있을까. 희망은커녕 앞날에 대한 불안이 가득 찬 시대다. 그런데 이런 불안은 청년, 조기 은퇴자, 실업자, 저소득자들만의 문제가 아니다. 제법 살만한 가정도 불안해 한다. 아래 사례가 그런 것들이다.

무엇이 열심히 산 우리들을 힘들게 하는가?

40대 초반 순정(가명) 씨는 여자 변호사이고 남편은 중앙부처 공무원이다. 자녀는 초등생 아들 하나다. 서울 외곽에서 자가 아파트에 살다가 강남으로 이사해서 현재는 전세로 살고 있다. 자가 아파트는 처분하지 않고 역시 전세를 놓고 있다. 순정 씨의 돈 걱정은 두 가지다. 하나는 현재 가진 자산과 저축액으로 충분한 노후생활이 보장될지 하는 것이다. 또 다른 하나는 과거에 펀드에 투자했다가 손해 본 것이 많은데, 앞으로 어떻게 투자할 것인지 하는 것이다.

40대 중반 난희(가명) 씨는 중앙부처 공무원이었다가 얼마 전 그만두고, 관련업계의 선배가 하는 기업으로 자리를 옮겼다. 남편은 판사고, 자녀는 셋이다. 난희 씨는 뜻한 바 있어 공무원 생활을 그만두었지만, 공무원연금을 받을 수 없게 된 것이 무척 불안하다. 남편 역시 판사라고는 하지만 급여는 충분하지 못하다. 난희 씨 집안의 가장 큰 지출은 교육비. 몇 년째 모자라는 생활비를 남편의 마이너스 통장으로 해결하고 있다. 남편은 판사생활에 만족해 하지만, 만약 마이너스 통장의 한도가 다 차면 어쩔 수 없이 공직을 그만두고 변호사 개업을 해야 할 것으로 예상하고 있다.

변호사와 공무원인 부부, 둘 다 공무원인 부부, 한국 사회에서 남들이 부러워하는 가정들이다. 그런데도 이들 부부들이 돈 문제로 불안해 한다. 그럼 이보다 더 못한 가정들은 어떻게 살아야 할까? 나는 이런 고객들에게 기분 나쁘지 않을 정도의 말투로 이렇게 말해주곤 한다.

"고객님 가정이 불안할 정도면, 대한민국 문 닫아야 합니다."

이렇게 말하면, 고객들은 잠시 말을 멈추고 생각에 잠긴다. 고객들의 마음속을 내가 다 들여다 볼 수는 없으나 대부분은 내 말뜻을 이해했을 것이라고 생각한다. 그 중 일부는 다소 불편하게 생각하는 사람들도 있었을 것이다. 그러나 생각해 보자. 공무원은 정년이 보장돼 있다. 변호사는 다들 부러워하는 고소득 직업이다. 정말 이들 가정의 미래가 불안하다면, 이들보다 못한 가정들은 어떻게 살란 말인가? 이들 가정이 돈 문제로 불안해 한다는 건 뭔가 잘못된 것이다.

아직 오지 않은 미래, 보이지 않는 앞날에 대한 불안이야 어느 정도 늘 있기 마련이기는 하다. 그런데 특히 십여 년 전부터 우리 사회는 노후에 대한 불안감이 커졌다. 수명이 연장된 탓이기도 하고 정년이 불확실해진 세상 탓이기도 하다.

이런 분위기를 타고 금융사들은 소비자들의 불안감을 부추기면서 자신들의 금융상품 판매에 열을 올린다. 종신보험, 변액연금, 펀드, 부동산, 해외투자 등 광풍이 시장을 휩쓸고 다녔다. 더욱이 투기성이 강한 옵션투자 규모가 세계 최고인 적도 있을 정도였다. 그러다 보니 충분히 안정된 살림살이가 가능한 가정에서도 투자 때문에 오히려 더 손해를 보는 경우도 많다.

대한민국 중산층의 미래가 불안하다. 그런데 정말 불안한 것인지, 아니면 괜히 불안해 하는 것인지는 잘 따져 볼 일이다. 정부의 정책방

무엇이 열심히 산 우리들을 힘들게 하는가?

향을 바꾸거나 사회 분위기가 달라지면 불안해 하지 않아도 될 것인지도 잘 살펴볼 일이다. 개인 차원에서는 돈에 대한 생각을 바꾸고 미래 설계를 꼼꼼히 해보면 불안할 필요가 없는지도 점검해 볼 일이다.

결론부터 말하자면, 나는 특별히 어려움에 처한 일부를 빼고는 대한민국의 대다수 중산층은 결코 미래를 불안해 할 필요가 없다고 생각한다. 중산층이 아니라 소득이 적은 사람들도 하기에 따라서는 충분히 안정되게 살 수 있다고 본다.

그런데 나는 위에서 '불안'이라는 말을 썼다. 이는 '가계소득 연 5천만 원'식의 표현과 다르다. 불안은 수치로 표현되지 않는, 주관적인 문제다. 그렇다고 감성과 깨달음의 차원으로 끌고 가려는 건 아니다. 수치와 주관을 함께 얘기할 것이다. 돈의 양과 인생의 목표 그리고 통제력을 다룰 것이다.

위 중산층의 돈에 대한 고민으로 다시 돌아가 보자. 위 두 번째 사례는 내가 잘 아는 후배 사례와 비슷하다. 그래서 나는 그 고객의 얘기를 쉽게 이해할 수 있었다. 오래 전에 대학 선후배 몇몇이 강화(인천시 강화도)에 놀러온 적이 있었다. 돌아가면서 사는 얘기를 하는 자리에서 판사인 병칠이는 이렇게 말했다.

"마이너스 한도 다 차면 옷 벗어야 해요."

옷 벗는다는 뜻밖의 말에 질문이 쏟아졌다.

"한도가 얼만데?"

"어디다 돈 쓰는데?"

다들 궁금해 하지 않을 수 없다. 돈이야 변호사 하면 더 벌겠지만, 우리 모두는 병칠이가 판사를 오래 하는 게 적성에 맞는다고 생각하고 있었기 때문이다. 그의 대답은 싱거웠다.

"애들 교육비가 감당이 안 돼요."

병칠이는 애 셋을 뒀고, 아내는 돈을 벌지 않는다. 아내는 세 자녀들을 다 학원에 보내고 있고, 그 학원비가 자신의 소득으로는 감당되지 않는다. 자신은 아이들 학원 보내는 걸 반대한다지만, 그럴 때마다 아내와 작은 다툼이 벌어진다고 한다. 나는 그 모습이 눈앞에 보였다. 다투는 걸 좋아하지 않는 병칠이는 그럴 때마다 자신의 주장을 접었을 것이다.

'그렇다고는 해도 판사직까지 그만둘 필요가 있을까?'

'변호사로 나가면 영업 열심히 해야 할 텐데….'

내 머릿속에는 이런저런 생각들이 오갔다. 그렇지만 그 자리는 대학 때처럼 사회문제를 놓고 진지하게 토론하는 자리가 아니다. 오랜만에 만나 술 마시며 회포를 푸는 자리다. 애들 지나친 교육비 때문에 잘 나가는 판사 자리도 그만둬야 한다는, 어쩌면 조금은 슬프고 우스운 얘기는 그냥 술자리의 안주거리가 되고 말았다. 그러나 병칠이의 그 얘기는 오랫동안 내 머리 속에서 지워지지 않았다.

병칠이는 그리고 나서 한 삼 년쯤 지나 실제로 판사를 그만뒀다. 부장판사 출신이고 개업한 지 몇 년 안 됐으니 아직은 벌이가 괜찮은 것 같다. 주변에 흔히 있는 일이기는 하지만, 병칠이의 이런 변신이 내게

무엇이 열심히 산 우리들을 힘들게 하는가?

는 우리 사회의 실상을 보여주는 사례로 뚜렷하게 각인됐다.

그리고 그 후 병칠이보다 조금 더 일찍 판사를 그만두고, 변호사를 하다 다시 그것을 몇 년 만에 그만두고 법학전문대학원 교수가 된 곽 선배를 만나게 됐다. 나는 대학교수들에게 재무설계 상담을 권하기 위해 곽 선배를 찾아갔는데, 곽 선배는 반갑게 맞아주었다. 단순히 반갑게 맞아준 정도가 아니라, 내가 말하는 재무상담에 대해서 굉장히 호응하는 것이었다.

"네 말이 맞아. 교수들도 받아야 하고, 변호사들도 해야 해."

그러면서 곽 선배는 변호사들이 세상 바뀌는 물정 모르고 돈을 막 쓴다며 걱정했다. 곽 선배 역시 병칠이처럼 부인이 전업주부였는데, 자녀는 둘이었다. 그렇지만 판사 월급으로 자녀 둘을 넉넉하게 가르치기는 어려웠다고 한다. 결국 법복을 벗었는데, 당시는 전관예우가 통하던 시절이라 몇 년 만에 제법 많은 돈을 벌어 아파트 한 채를 마련했다고 한다. 그러던 중에 대학교수 의뢰를 받았고, 받자마자 얼른 변호사를 그만두고 대학교수가 됐다는 것이다.

누구에게나 영업은 어려운 일이다. 특히 병칠이나 곽 선배처럼 판사 일이 적성에 맞는 사람이라면 더 영업이 힘든 일일 것이다. 게다가 변호사 수가 늘어나면서 변호사 영업도 전보다 훨씬 치열해졌다는 것이다. 그런 곽 신배의 눈에 동료 변호사들의 행태는 좀 걱정스럽게 보였다. 소득은 갈수록 줄어드는데, 지출은 여전히 많이 벌던 시절을 생각하면서, '앞으로 나아지겠지' 하는 생각으로 줄이지 않는다. 사무실 유지비, 자동차를 비롯한 품위유지비, 집과 자녀교육비를 포함한 가정지출 등을 말한 것이다.

곽 선배의 소신은 분명했다. 그러나 곽 선배 주변의 변호사나 교수들은 다 나름 자기 소신이 뚜렷한 사람들이다. 친구나 선배가 한두 마디 한다고 해서 행동이 달라질 사람들이 아니다. 그렇지만 곽 선배는 자신이 할 수 있는 만큼 노력했다. 그 중 하나가 교수들 상대로 교양강좌를 만드는 것이었고, 그 첫 강좌로 나를 초대했다.

'교수들을 상대로 강의를 한다?'

한다고 대답을 하기는 했으나, 마음이 무거웠다. 그러던 중에 오래 전에, 상담 경력으로는 한참 고참이었던 후배 상담사가 한 말이 떠올랐다.

"이사님, 제가 오늘 경제학 박사 상담을 하고 왔습니다."

어느 대기업 임원을 상담하고 왔는데, 그 분이 경제학박사였다는 것이었다. 그러면서 후배는 그 박사의 말을 내게 이렇게 전했다.

"내가 경제학을 전공했지만 그건 거시경제를 배운 거지요. 오늘 가정경제(살림살이)에 대해서 많이 배웠습니다."

그러면서 그 고객은 포도재무설계의 가치관이 매우 훌륭하다며 칭찬했다는 것이다. 듣고 보니, 그 분의 말이 맞았다. 경제학을 전공했던 그렇지 않던 간에, 우리가 학교에서 배운 건 주로 거시경제에 관한 것이다. 개인의 돈 관리나 가정의 재무설계(살림살이)에 관한 것은 없었다.

나는 이 얘기가 떠오르면서 교수들에게 할 말이 생각났다. 그건 바

무엇이 열심히 산 우리들을 힘들게 하는가?

로 내가 재무설계를 배우면서 늘 하던 생각이었다. 사회의 여론 주도층으로서, 돈 문제에 대한 분명한 소신을 갖고 그것을 실천하며 살도록 권유하자는 것이었다. 그 논리는 바로 이런 것이었다.

'돈은 누구에게나 늘 부족하고, 오지 않은 미래와 노후는 언제나 늘 불안한 것이다. 한국 사회는 이제 70년대나 80년대가 아니다. 이미 소득 면으로 보자면 잘 사는 나라가 되었다. 국가의 전체 부를 어떻게 잘 활용할 것인지, 개인의 소득을 인생목표에 맞게 얼마나 잘 쓸 것인지를 정하는 것이 중요하다. 개인과 사회가 돈을 더 벌 것인지에만 몰두할 것이 아니라, 돈에 끌려다니지 않는 사회와 개인의 삶을 조직하는 것이 필요한 때다. 이런 일에 교수와 같이 사회에 영향력이 많은 분들이 좋은 관점을 가지고 자신의 삶부터 자신있게 살아나가는 것이 필요하다.'

우리 개개인은 누구나 사회의 눈으로부터 자유롭지 못하다. 아주 투철한 신념을 가진 특수한 사람들을 빼고는 다들 개인의 소신을 세상 흐름에 맞춰 살곤 한다. 그 흐름에 맞춰 돈벌이가 배치돼 있고, 여론이 만들어지고, 법과 제도가 세워져 있다. 그러니 그것에 거스른다는 것은 여간 어려운 일이 아니다.

그러기에 그 흐름을 바꾸기 위해서는 사회 여론을 바꾸는 것이 필요하고, 여론 주도층에서 그런 역할을 하는 것이 필요하다. 그들도 자신의 삶이 세상의 흐름에 휘둘리지 않도록 하기 위해서 말이다. 변호사, 교수, 공무원, 이들의 돈 문제도 결코 쉽지 않은 게 현실이다. 혼자 애써서 돈 문제로부터 해방되려고 하지만, 늘 실패를 맛볼 뿐이다. 양으로 해결되지 않는 문제, 그것을 새로운 관점에서 해결해야 한다. 그 일에 교수님들이 먼저 깨닫고 앞장서라고 나는 강조했다.

그리고 그 주장을 지금 이 책에 이렇게 쓰고 있다. 나 역시 나의 삶부터 바꿔나가면서 나와 이웃, 나아가 사회가 돈에 끌려다니지 않고 돈 문제로부터 자유로워지기를 바라는 마음으로 지금도 열심히 살아가면서 주장하는 것이다.

무엇이 열심히 산 우리들을 힘들게 하는가?

큰돈먹는
하마 두마리

키우기

집

잘 풀리지 않는 어려운 주제,
하지만 해법은 있다

"노무현 정부 때 집값이 제일 많이 올랐어요."

노무현 대통령의 뜻과 상관없이 현실은 그렇게 됐다는 이야기다. 강화에서 한 경제강의 때 정대영 선생(송현경제연구소/소장)이 강조했던 말이다. 청중들은 대부분 박근혜 탄핵에 앞장섰던 사람들이고, 노무현에 대한 애정이 많은 사람들이었다. 이들에게는 이런 표현이 좀 불편한 대목이기는 하다. 그렇지만 명백한 현실이다.

정대영 선생의 주장은 이제 정치적 진보만으로는 안 되고, 실제 국민들을 이롭게 하는 정책이 필요하다는 것이다. 그 중에서 집 문제는 다섯 손가락 안에 드는 중요한 문제임에 틀림없다. 집 문제는 우리에게 절박한 문제다. 멀리 갈 것도 없다. 내 인생에서도 역시 그렇다.

내 어릴 때 기억으로 우리집은 거의 1년에 한 번씩 이사를 다녔다.

그래서 어릴 적 친구가 없기도 하다. 그러다 중학교 1학년 때 집을 샀다. 그때 어머니가 한 말이 기억난다.

"장손이 결혼해야 하는데, 집도 없다고 하면 누가 시집오겠어요."

어머니에게는 장손의 결혼과 집, 정말 절박한 문제였을 것이다. 아껴 모은 돈은 턱없이 모자랐을 것이고, 금융권 문턱이 높던 그 시절에 대출이란 건 꿈에도 생각하지 못할 일이었을 것이다. 그래서 어머니는 작은 아버지에게 도움을 요청했다. 그 과정에서 어머니와 작은 아버지 사이에 큰 다툼이 있었고, 그걸 본 나는 친척들 간의 우애가 별게 아니라는 느낌을 받았다. 한편으로는 '집이란 게 사람들을 이렇게 힘들게 하는 거구나' 하는 생각을 하게 됐다.

그 후로 우리는 그 집에서 수십 년을 살았다. 대전천(대전광역시에 흐르는 하천)이 바로 바라보이는 둑가의 그 작은 집에서 참 오래 살았다. 나야 대학에 들어간 이후로는 오가기만 했지만, 부모님은 돌아가실 때까지 그 집에서 살았다. 그나마 그런 작은 집이라도 있었던 건 참 다행스런 일이다. 대학 다닐 때 부르던 노래 중에 '우리에게 땅이 있다면 얼마나 좋을까, 콩도 심고 팥도 심고 고구마도 심으련만…' 하는 노래가 있었는데, 땅을 집으로 바꿔도 딱 맞는다.

대지 28평에 건평 18평이고 방이 셋인 집이었는데, 그나마 방 하나는 세를 줬다. 또 집 앞에 10평쯤 점유해서 쓰던 땅이 있었는데, 아버지는 거기에 방 하나를 무허가로 지었고 그것도 세를 주었다. 옥상에도 역시 무허가로 방 2개를 만들어 그것도 세를 주었다. 70년대에서 80년대에

무엇이 열심히 산 우리들을 힘들게 하는가?

걸친 얘기다. 지금 생각하면 생각하기 어려운 얘기다.

내가 어른이 되어서도 집은 정말 어려운 주제였다. 결혼하기 전에는 정말 허름한 자취방들을 떠돌았고, 결혼한 이후에도 2년에 한 번씩 이사하는 불편을 너무도 당연하게 여기며 살아야 했다. 그냥 이사하는 불편함과 비용만의 문제가 아니었다. 전세나 월세가 너무 많이 올라 서민들은 고통스러웠다. 심한 경우에는 전세난이라고 해서 온 나라가 그 문제로 들썩이기도 했다. 그러던 중에, 오른 전세방값에 비관해 자살하는 사람들 얘기가 뉴스에 나오곤 했다.

90년대 중반, 내가 대우자동차 다니던 시절에 회사 사람들과 이 얘기를 하는 자리가 있었다. 당연한 얘기지만, "그렇다고 자살까지 해서야 되겠느냐"며 안타까워했다. 그때 나는 이렇게 말했다.

"돈 때문 만이라면 자살하지는 않았을 겁니다."

다들 무슨 뜻인가 궁금해 했다.

"형님이 좀 여유가 있어요. 그 형님이 도와주면 될 거 같아요. 그런데 그게 안 돼요."

사람들은 조용히 내 말을 들었다.

"그나마 형님은 돈을 빌려줄 생각이 있는데, 형수가 반대해요."

사람들은 그 느낌을 이해했다. 그런 것이다. 믿었던 형님, 그런데 그 형님의 뜻과 형수의 뜻이 또 다르다. 핏줄과 처지가 다른 것이다. 형수 입장에서는 자기 자식들이 먼저 고려해야 할 대상이다. 이건 꼭 인품과 원칙만의 문제는 아니다. 형수, 다시 말해 엄마 입장에서는, 자식을 잘 돌봐야 한다는 게 유전적으로 몸에 각인되어 있다. 어찌 되었든, 믿었던 한 가닥 희망이 꺾였을 때 사람은 좌절한다. 살 낙이 사라지게 된다.

사람들은 내 말에 공감한다는 듯 고개를 끄덕였다. 한편으로는 사람의 깊은 속을 헤아리는 것에 대해 좀 뜻밖이라는 표정을 지었다. 그런데 이것은 앞에서 말한, 어려서 본 어머니와 작은 아버지의 다툼 속에서 느꼈던 것에서 비롯된 생각이었다.

사람은 단지 돈이 없다거나 일이 힘들다고 해서 죽지 않는다. 희망이 사라지고, 관계가 끊어지고, 무시당하거나 업신여김을 당했을 때 죽는다. 아니면 의로운 일을 하기 위해 죽는다. 여기서 말하는 건, 아파서 죽는 게 아닌 스스로 죽는 경우를 말한다. 그러나 아프게 되는 것도 이런 것들의 영향을 많이 받는다. 꿈과 낙이 사라지면, 몸의 활력이 떨어지고 건강을 잃게 된다.

그래서 나는 집 문제에 대해서 이렇게 생각한다. 다른 돈 문제와 마찬가지로, 집도 단지 물질로써의 집 문제로만 봐서는 안 되고, 사람의 자존이 존중되고 최소한의 존엄이 유지될 수 있는지의 문제로 봐야 한다는 것이다. 결국 이것도 격차와 최소한의 보장 문제이다. 또한 집의 질에 대한 사회적 능력의 문제이기도 하다.

한국전쟁 때는 비바람을 피하는 것만으로도 다행이었다. 70~80년대까지만 해도 연탄보일러에 석유곤로로도 잘 살았다. 90년대까지도 가난한 노동자들은 이른바 닭장집이라는 아주 좁은 단칸방에서 견딜 수

무엇이 열심히 산 우리들을 힘들게 하는가?

있었다. 10평쯤 되는 방 두 칸짜리 집에서도 다섯 식구가 살던 시절이 있었다. 그러나 이제 시절이 달라졌고, 사람들의 눈높이가 높아졌다.

여기에는 사회의 생산능력도 크게 작용한다. 겉보기에는 격차가 사람들을 힘들게 하는데, 그 밑바탕에는 '우리도 더 나은 집에 살 수 있는데…' 하는 박탈감이 알게 모르게 깔려 있다. 어떤 이들은 수십 억짜리 아파트에 산다. '그 사람들이 돈을 많이 벌어서 그런 좋고 비싼 집에 산다는 것을 인정할 수는 있어. 그런데 세상이(국가가 또는 정부가) 우리에게도 15평짜리 싼 임대아파트 지어줄 수 있는 거 아냐?' 이런 생각이 자연스럽게 들지 않을까?

70년대에는 15평짜리에 괜찮고 싼 임대아파트를 기대하지도 않았다. 2010년대의 대한민국은 그런 정도를 충분히 제공하고도 남을 국력(또는 생산력)이 된다고 느껴진다. 그런 기대가 실현되지 않을 때 우리는 낙담하게 된다. 그래서 지금 문재인 정부는 청년을 비롯한 주거 취약자들에게 우리 사회의 생산력과 눈높이에 맞게, 사람의 자존을 유지할 수 있는 정도의 주거를 싼 값에 대량 공급해야 한다. 이 문제를 정책의 최우선 과제 중 하나로 삼아야 한다.

집 문제도 다른 문제와 마찬가지로 주관과 객관의 상호작용이다. 주택보급률을 단지 집 수와 세대 수만으로 볼 게 아니라, 사람들이 살고 싶어 하는 수준의 주택이 어느 정도인지도 같이 봐야 한다. 최근에 강화군(인천시) 정책을 살펴보면서 관련한 자료를 봤는데, 2013년도의 강화 주택보급률이 120%였다. 전국 평균을 훨씬 웃도는 수치다. 그런데 문제는 낡은 집이다. 다른 지역도 낡은 집이 문제이긴 하지만, 강화 역시 낡은 집이 많다. 한 예로 교동면은 준공연도를 알 수 없는 주택을 포함해 30년 이상 된 주택이 70%나 됐다. 부모가 연백(황해도 연백군)에서 피난 와서 교동(강화군 교동면)에서 살고 있는 사람에게 물으니, 피난민들이 지은 집이 굉장히 많다는 것이다. 70년대 풍이라며 요즘 사람들이 많이 찾고 있는 대룡시장의 가게와 집들이 그런 것들이라는 것이다.

대도시도 마찬가지다. 예전에는 옥탑방에도 많이 살았고, 반지하 방에서 애까지 키우며 살았다. 그러나 이제는 그런 집들은 세도 잘 나가지 않는다. 창고로 쓰는 곳들도 많다. 나도 살았고 친구들이 많이 살았던, 가리봉동의 닭장집들도 이제는 사라져야 한다. 최소한의 자존을 보장하는 집을 제공하기 위한 혁신적인 주택정책을 펼쳐야 한다. 지금 한국의 경제력 정도면 정책을 잘 펴면 충분히 해낼 수 있는 일이다.

그런데 집 문제를 전부 사회문제로만 봐서는 안 된다. 그건 큰 틀의 문제이고, 각자의 삶은 자신의 구체성 속에서 더 많이 달라진다. 다른 것들도 마찬가지 원리지만, 특히 집에 대한 개인의 생각과 실천이 더 중요한 건 개인과 가정의 재무(살림살이)에서 집이 차지하는 비중이 가장 높기 때문이다.

이에 대한 나의 결론은 그 비중을 낮추는 것이다.

오래 전부터 거론된, 선진국에 비해 가계 자산에서 부동산이 차지하는 비중이 월등히 높은 것은 여전히 문제다. 각자 일부러 부동산 투자를 많이 해서 그런 게 아니라, 집값이 비싸니 자연스럽게 그렇게 된 거다. 집이든 상가든, 임대료가 무척 부담스럽다. 대한민국은 어떤 면에서는 임대료공화국이다. 그렇지만 노태우 정부 때도 검토된 적이 있는 토지공개념 제도 같은 건 굉장히 많은 연구가 필요하고 실행하더라도 시간이 많이 걸린다(1980년대 후반 들어 3저호황의 여파로 부동산 투기가 광풍을 일으키고 있었다. 노태우는 택지초과소유부담금제, 개발이익환수제, 토지초과이득세를 골자로 하는 토지공개념을 도입했다. 토지를 일종의 공공재로 본다는 취지였다. 기득권층의 드센 반발과 저항을 불러일으켰음은 물론이다).

당장은 공공이 시장에서 집과 상가의 임대료를 낮추는 데 영향을 줄 정도 물량을 싸게 공급하는 일부터 해야 한다. 한편으로는 소유 개념이 아닌 사용 개념으로 전환하는 토대를 계속 만들어 나가야 한다. 왜냐하면 부동산을 소유하게 되면 부동산 소유자가 가격이 오르는 것을 바라는 건 너무도 당연한 일이기 때문이다. 사회 전체에서 부동산 값이 오르는 걸 바라는 심리 자체를 줄이도록 해야 하고, 그 기본은 소유자를 줄이는 것이다. 국가나 준공공이 소유하는 임대주택이 많게 하자는 것이다. 민간임대주택도 도움이 될 거라고 본다.

이런 정책 흐름에 맞게 개인도 소유가 아니라 임대해서 쓰는 걸 자연스럽게 생각해야 한다. 다행스러운 점은 요즘 서울시가 앞장서서 이런 정책을 추진하고 있다. 그런데 문제는 그 양이 너무 적다는 것이다. 아직 시장에 영향을 미치기에는 그 양이 너무 적다. 서울시 차원에서 새로운 것을 시행하다 보니, 갑자기 크게 하기에 부담스러워서 그럴 수도 있다. 이제 몇 년 동안 검증을 했고, 정부도 바뀌고, 청년을 비롯한 주거 취약자 문제도 심각한 수준이니, 값싸고 질 좋은 임대주택에서 장기간 살 수 있는 정책을 과감하게 확대 추진해야 한다.

그동안 국가의 주거지원 정책은 대부분 가계가 집을 소유하게 하는 정책에 초점이 맞춰져 있다. 예를 들어, 생애첫주택자금대출과 같은 것들이다. 집을 소유하는 것을 다 나쁘게 보거나 막을 필요는 없지만, 그에 못지않게 임대주택 비율을 높이기 위해서는 집값과 임대료를 낮출 필요가 있다. 앞에서 말한 것처럼, 소유 중심의 주택정책은 집값과 임대료가 올라가는 동력이 되기 때문이다.

우리나라의 공공 임대주택 비율은 2014년 기준으로 5.4%에 지나지 않는다. 그런데 유럽의 선진국들은(21개국, 2014년) 9.3%나 된다. 특히 주거정책이 잘 되어 있기로 알려진 네덜란드는 한때 공공 임대주택 비율이 41%에 이르렀고(1990년), 신자유주의 정책 때문에 그 비율이 낮아졌다고는 해도 2013년 33%에 달했다.

새로 임대주택을 지을 때는 1인 가구가 늘어나는 점을 감안해, 공용 공간을 함께 사용할 수 있도록 설계하면 적은 비용으로 더 많은 사람들에게 싸고 질 좋은 주택을 공급하는 데 도움이 될 것이다. 개인 전용공간은 서너 평이어도 괜찮을 수 있다. 화장실을 개인 전용공간에 넣는다면, 그 면적은 좀 넓어져야 할 것이다. 개인에 따라서는 화장실도 공용으로 사용할 수도 있다. 또 주방, 세탁실, 거실, 베란다 등을 함께 사용

무엇이 열심히 산 우리들을 힘들게 하는가?

하면 된다.

아예 가까이 사는 수십 명이 함께 사용하는 이른바 마을부엌을 배치하면, 싼 값에 좋은 식사를 함께 하면서 이웃과 어울리는 좋은 효과도 거둘 수 있다. 개인전용 공간에 간단한 주방을 원룸처럼 설치할 수도 있고, 아예 설치하지 않는 것도 한 방법이다. 넓고 쾌적한, 말하자면 카페 같은 공간도 마을부엌처럼 같이 이용하면 된다. 지금처럼 각 가정마다 거실을 꼭 둬야 할 건 아니다. 경제성을 따지더라도 그건 비용이 많이 드는 구조이고, 가정의 구성원이 줄어드는 시대에 맞지 않는 방식이다.

이런 얘기는 청년 1인 가구에 가장 적합하다. 그러나 신혼부부, 자녀를 둔 가정, 노년 부부나 홀몸 어른들에게도 통할 수 있는 얘기다. 60대 이상의 부부가 사는 경우를 생각해 보자. 만약 위와 같은 마을부엌이나 마을카페, 더 나아가 공용세탁소나 찜질방 같은 것이 있다면, 부부가 사는 공간은 10평만으로도 충분할 것이다. 간단한 조리를 할 수 있는 작은 주방과 작은 세탁기 등이 있으면 되고 거실도 그리 크지 않아도 된다.

이런 얘기를 하면 반박하는 사람들이 있다.

"명절 때 자녀들이 찾아오면 어떻게 해?"

이럴 때를 대비해서 마을부엌이나 마을카페가 있는 거 아닌가. 그동안은 이런 것을 각자가 해결했다. 그러니 나이가 들어 두 부부만 살아도 큰 거실, 주방, 세탁기, 냉장고 등이 필요했다. 이렇다보니 활용도가 떨어지는 집에 돈이 대부분 묶이게 되는 것이다.

"살다 보면 이런저런 짐이 많은데, 그 좁은 집에 그걸 다 어떻게 보관해?"

이런 생각도 바뀌어야 한다. 앞에서 말한 것처럼, 큰 물건들은 같이 사용하고, 꼭 필요하지 않은 것들은 과감히 버려야 한다. 옷도 그렇다. 과거에 옷은 참 소중한 자산이었고 상대적으로 비쌌다. 그러나 지금 옷은 정말 싸고 질도 좋아졌다. 아주 고급스런 것이 아닌 바에는 막 입고 버리고 새로 사도 크게 부담될 일이 아니게 됐다. 큼직한 장롱을 차지하던 두툼한 이불 같은 것도 이제는 없어도 된다. 이제는 난방이 힘들고 돈이 많이 들던 시절이 아니다. 얇은 이불 몇 개면 된다.

각자 소유하던 걸 되도록 함께 사용하는 방식으로 생활이 바뀌면 공간도 적게 필요하고 돈도 적게 든다. 자동차도 꼭 각 가정이 한 대 이상씩 가질 필요가 없어졌다. 위와 같은 주거라면 여럿이 함께 이용하는 차가 적당히 마련되면 되고, 아예 그걸 업으로 하는 회사들도 많다. 인터넷 사용만 해도 그렇다. 각 가정마다 몇 만 원씩 내고 각자 가입할 필요 없이 공용 와이파이를 사용하면 된다. 텔레비전 수신료도 절약될 것이다. 부엌의 크고 작은 살림살이도 각자 가지고 있을 필요가 없다. 그러니 개인 전용공간이 적어도 되고, 살림살이 사는 비용과 유지비도 많이 적어질 것이다.

아예 농촌으로 간다면 비용을 더 파격적으로 줄일 수 있다. 개인주택을 마련하는 경우에도 대도시와 비교해 엄청 싸겠지만, 농촌에서 위와 같은 방식으로 산다면 비용은 상상 이상으로 적게 들 것이다. 귀촌은 널리 알려졌지만, 아직 귀촌해서 공동주거까지는 확산되지 않았다. 이른바 은퇴농장이란 것도 앞으로 다양한 방식으로 더 많이 활용되리라 본다.

아울러 내가 하나 더 주장하고 싶은 것은 기존 전세제도를 적극 활용해 여럿이 모여 살면서 주거비를 낮추고 함께 어울려 사는 문화를 만들어 나가는 것이다. 대도시에서 정책적으로 주거취약자를 위한 주택을 지을 때 자칫 지역민의 민원 때문에 어려움에 처할 때가 있다. 행복주택 사업이 바로 그렇다. 또 새로 짓는다는 건 돈과 시간이 많이 든다.

그런데 전세제도는 이미 시장에 있는 주택을 활용하는 것이기 때문에 일단 시간이 전혀 들지 않고, 이웃주민들의 민원도 거의 생기지 않는다. 기존 전세자금 지원제도를 활용하면 되는데, 그 양이 늘더라도 대출이기 때문에 소모되는 예산이 아니다. 저리지만 이자를 받고 운영되는 자금이고 나중에 돌려받는 자금이다.

나는 2015년부터 대학 선후배들과 함께 '큰바위얼굴'이라는 주거협동조합을 만들어 서울대생 16명을 대상으로 공동주거사업을 하고 있다. 서울시의 연 2%짜리 청년주거지원 정책자금을 받아 방 4개짜리 아파트 두 채를 전세로 얻었다. 2층 침대 네 개씩을 마련해 한 채에 8명씩 사는 방식이고, 재임대 조건은 보증금 500만 원에 월세 20만 원씩이다. 관리비는 8명이 같이 부담한다.

한 사람당 면적은 4~5평인데, 이는 괜찮은 원룸 면적이다. 그러나 임대료는 같은 면적의 원룸에 비해 반 정도밖에 안 된다. 유럽의 선진국은 1인당 주거면적이 12평 정도라지만, 우리는 아직 7평 정도에 지나지 않는다. 일단은 현실을 인정할 수밖에 없고, 사람들의 눈높이도 유럽 수준의 주거면적을 기대하는 건 아니다. 문제는 화장실과 사생활이다. 원룸은 화장실을 혼자 쓰는데, 이 공간에서는 8명이 화장실 2개를 같이 사용해야 한다. 또 독방이 아니고 둘이 같이 쓴다.

그렇지만 원룸에 비해 좋은 점도 많다. 화장실, 거실, 주방, 베란다 등이 넓고 쾌적하다. 거실에 에어컨을 설치했지만, 거의 사용하지 않았다. 양쪽 창문을 열면 맞바람이 불어 견딜 만하기 때문이다. 보통 원룸은 복도를 사이에 두고 양쪽에 방이 있기 때문에 맞바람이 불지 않는다. 한밤중에도 에어컨을 켜지 않으면 잠을 자기 어렵다.

함께 어울리는 이점도 있다. 같이 밥이나 간식을 사먹기도 하고, 식구회의를 하며 자잘한 일을 함께 논의하기도 한다. 함께 하는 문화가 만들어지는 것이다. 첫 해에는 청소상태도 좋지 않고, 서로 함께 하는 것들도 적었다. 주방에는 식용유만 하나 덜렁 있었고, 화장품 같은 개인용품은 거실에 나와 있지 않았다. 간식거리도 각자 소유가 분명했다.

그런데 둘째 해에는 많이 달라졌다. 소금, 간장, 된장 등 양념류가 늘었고, 간식거리도 나눠 먹었다. 각자 사용하는 화장품도 거실에 놓고 썼다. 쓰기야 각자 것을 쓰지만, 이런 것들을 자기만의 공간에 둬야 하는 답답함이 사라진 것이다.

청소상태가 나아진 건 당연한 일이다. 새로 입주하는 학생을 안내하러 남자 아파트에 갔던 조합원이 현관문을 열고 깜짝 놀랐다고 한다. 현관과 거실이 너무도 잘 정돈돼 있었기 때문이었다. 나중에 회의 때 그 친구는 농담 삼아 이렇게 말했다.

"고참 애들이 군기를 세게 잡은 거 아냐!"

그러나 그게 아니고, 같이 오래 살게 되면서 서로 믿고 의지하고 협력하게 돼서 그렇게 생활문화가 좋아졌다는 것이다.

그런데 이건 이런 걸 좋아하는 사람들에게만 해당되는 얘기다. 좁고 불편하거나, 비싸더라도 혼자만의 공간을 원하는 사람들도 많다. 이것도 현실이다. 멀리 갈 것도 없이 나의 아들 온달이도 그렇다. 대학원에 입학할 때 기숙사에 들어가지 못했다. 나는 조합에서 운영하는 아파트에 들어가는 걸 권했다. 신중한 온달이는 이것저것 꼬치꼬치 물었다. 방은 몇 개냐, 평수는 어느 정도냐, 깨끗하냐 등등. 나는 인터넷에서 아파트 도면을 찾아 보여주기도 하고, 그동안 어떤 변화가 있었는지, 그래서 지금은 살만한 공동주거 아파트가 됐다는 얘기를 사례를 들어가며 장황하게 설명했다. 그러기를 며칠, 결국 온달이는 들어가지 않았다. 이유는 간단했다.

"모르는 사람들하고 같이 지내고 싶지 않아."

'이건 뭐야! 그럼 처음서부터 그렇게 얘기하지.'

그렇기는 하지만 고객이 왕이니 어쩔 수 없는 일이다. 그래서 나는 앞으로 공동주거용 집을 새로 짓는다면, 이런 온달이 같은 사람들도 별 불만 없이 입주할 수 있는 구조로 지으면 좋겠다고 생각한다. 아마 머지않아 그런 집들이 많아지리라 생각한다. 당장 내가 속한 큰바위얼굴 협동조합도 우리의 이런 생각을 담을 집을 준비하고 있다. 내년 봄에 대학생과 청년 그리고 어르신 등 50여 명이 함께 사는 공동주택을 지을 예정이다. 건축사와의 첫 회의가 끝나고 나는 건축사에게 이렇게 얘기했다.

"잘 설계해서 상 받아 봅시다."

건축사도 고개를 끄덕이며 해보자는 의지를 보였다. 김칫국부터 마시는 것일 수 있으나, 나는 전혀 허황된 건 아니라고 생각한다.

우리는 돈을 적게 들이면서, 사는 사람들의 관계도 이어주는 집을 지으려고 한다. 이것은 지금 우리 사회에 절실하게 요구되는 사항이다. 그러면서도 공학 측면에서도 뛰어나고 아름답기도 해야 할 것이다. 그렇다면 시대의 모범이 되는 것이고 상을 받는 게 당연하지 않을까?

집을 지을 땅에는 골목이 세 개나 붙어 있다. 그러니까 세 방향에서 들어갈 수 있는 곳이기도 하고, 세 골목의 막다른 곳이기도 하다. 그리고 그 골목마다 높이 차이가 있는데, 가장 낮은 곳과 가장 높은 곳의 차이는 무려 7미터가 넘는다. 참 특이한 부지다. 그러니까 이 땅을 경계로 주변이 단절되어 있다.

이런 지형을 미리 충분히 조사하고 온 설계사는 이렇게 설명했다.

"세 방향의 입구를 만들 수 있어서 재밌는 건축이 될 수 있습니다."

무엇이 열심히 산 우리들을 힘들게 하는가?

보통 사람의 기준으로 보면 좋지 않은 부지일 수 있으나 건축사 눈에는 오히려 더 멋질 수 있다는 것이다. 또 지하층을 자연스럽게 만들 수 있어서, 전체 용적률에는 적용되지 않으면서 건축면적을 늘릴 수 있다. 건축사는 여기에 덧붙여 지나가는 말로 하나 더 제안했다.

"A 골목과 B 골목을 잇는 샛길을 낼 수도 있을 거 같습니다."

그렇게 되면 현재 집을 경계로 차단되어 있는 앞뒤 동네 사람들이 자연스럽게 교류할 수 있게 된다는 것이다. 세 방면의 막힌 집이 세 방면으로 통하는 집이 되는 것이다. 이런 경우 영업 목적이라면 아주 좋다. 우리는 영업 목적의 건축물을 짓는 건 아니지만, 그 집에 사는 사람들, 나아가 이웃집들과 소통하는 공간을 생각하기에 그건 아주 좋은 구상이다. 이 대목에서 나는 이 집이 건축상을 받을 거라는 느낌을 받았다.

적은 건축비용과 어울리는 삶, 그래서 결국 사는 비용도 적게 드는 방식이 지금 시대 우리가 추구해야 할 방향이다. 그렇다고는 하지만, 집 사는 걸 반대하는 건 아니다. 집 살 여유가 되고 그럴 필요가 있으면 집을 사야 한다. 집을 투자 수단으로 볼 게 아니라는 뜻이지, 삶의 보금자리로써 나의 집도 소중하다. 이사 다니지 않는 고정된 삶의 공간은 우리의 삶에 안정감을 제공한다. 그러기에 국민주택 이하 규모의 집을 소유하는 지원정책은 더 과감하게 펼쳐져야 한다.

1) 귀농귀촌은 주거비를 낮추는 가장 확실한 방법

보통의 중산층 가정이라면, 대도시의 집을 중소도시나 농촌으로 옮기는 것만으로도 적절한 노후설계가 가능하다. 이제 집을 자산증식 수단으로 보는 건 위험하다. 주거 그 자체로 봐야 한다. 대도시에서도 되도록이면 주거 그 자체에 많은 돈을 들이지 않는 방법을 연구해야 한다.

작은 집, 적은 살림, 적게 드는 유지비 등을 고려해야 한다. 더 벌려는 것보다 덜 쓰는 게 쉽고 안전한 방법이다. 집이야말로 그런 원칙을 적용해야 할 가장 중요한 부문이다.

2) 몇 가지 생각할 지점들

가) 땅 또는 집 사는 시기 : 귀농귀촌하면서 곧바로 땅이나 집을 사는 것보다 처음에는 전세나 월세로 살아보면서 적절한 물건을 찾는 게 좋다. 처음에 정착하려고 했던 지역에서 마음이 바뀌거나 사정이 달라질 수도 있기 때문이다. 그렇게 기다리다 보면 뜻밖에 싸게 나오거나 맘에 쏙 드는 물건이 나타나기도 한다.

나) 크기 : 농촌에서는 집이 작아도 도시보다 답답하지 않다. 도시에서는 집 안만이 '나'의 공간이지만, 농촌에서는 집 밖으로 나와도 '내' 공간이라는 느낌을 받는다. 그렇기에 집과 집터가 작아도 크게 문제되지 않는다. 더욱이 노후에는 같이

사는 식구가 적기 때문에 크지 않아도 된다. 여유가 있다면 별채를 짓는 게 좋다. 손님이 왔을 때 그래야 서로 편하다. 이것이야말로 도시에서는 하기 힘든, 농촌 생활의 장점이다. 혹시 공동체를 지향하는 곳이라면, 공동으로 이용하는 공간(모임장소 등)이 있다면 더욱 좋다. 텃밭도 꼭 내땅으로 마련하지 않아도 된다. 노는 땅이 많다. 빌려서 해도 되고, 결코 넓은 땅을 경작하기가 쉽지 않다.

다) 지을 것인가 고칠 것인가 : 기존 농가주택 등을 고쳐서 사용하는 것도 좋다. 기존 주택을 재활용하면 건축 인허가와 상하수도 문제로 마음고생을 덜 하게 되고 돈도 훨씬 적게 든다.

라) 위치 : 기존 마을에 너무 깊숙이 위치하는 것이 도시에서 온 사람에게는 부담스러울 수도 있다. 그렇다고 너무 떨어지는 것은 마을 사람들과의 소통에서 문제가 된다. 떨어진 듯 만 듯한 거리가 좋다.

마) 난방 : 농촌에서는 여름은 도시보다 훨씬 시원하다. 그러나 겨울철 난방은 잘 대비해야 한다. 태양광이나 지열 등을 활용한다거나, 난방재료 등을 신중하게 고려하는 게 좋다.

자녀교육비

분위기에 휩쓸리지 말고,
현실을 보라

"자식농사는 광구가 제일 잘 지었네."

모처럼 모인 서울법대 운동권 친구들 모임에서 친구들이 나를 부추겨 세웠다. 사회를 보는 친구가 나를 소개하면서 온달이가 서울대 다닌다는 얘기를 한 것이다. 친구들은 애를 어떻게 키워서 그러냐는 등 수군거렸다.

"잘 나가는 분들께서 왜 그러서."

나는 잠시 너스레를 떨었다. 그리고 한 마디 더 던졌다.

"확률이야."

생뚱맞게 '확률'이란 말이 나오자, 다들 그게 뭔 뜻이냐는 표정을 지었다.

"셋 키워봐. 그럼 그 중에서 한 놈쯤은 잘 하는 놈 나와."

웃음소리가 터져 나왔다. 한 친구는 "나도 셋인데?" 하며 반론을 제기하기도 했다. 웃자고 한 얘기지만, 사실 진실도 많이 담겨 있는 말이다. 억지로 공부시킨다고 되는 게 아니기에, 여럿 키우다 보면 그 중에는 공부에 소질이 있는 아이도 있기 마련이다. 거기에 부모가 좀 더 잘 도와주면 좋은 성과를 낼 수도 있는 것이다.

웃음소리가 그치자마자 나는 얼른 화제를 돌려 다른 얘기를 시작했다. 서울에서 돈벌이 하던 직장에서 잘렸다는 둥, 새로 하는 일은 장애인들과 함께 쌀을 도정해서 파는 일이라는 둥, 강화 지역사회를 위해 그리고 내년 지방선거를 앞두고 지역 사람들과 모임을 하고 있다는 등의 얘기를 떠벌였다.

무엇이 열심히 산 우리들을 힘들게 하는가?

내가 이렇게 온달이 얘기를 얼른 마무리 지은 이유는 이런 얘기가 누군가에게는 자칫 불편한 얘기가 될 수도 있기 때문이다. 특히 부모의 학식이 높거나 사회적 지위가 괜찮은 사람들이 모인 자리에서는 더 조심스럽다. 왜냐하면, 그런 사람들에게 유독 애들 문제가 걱정거리인 경우가 있기 때문이다.

당장 법대 친구들 모임에서도 아이들과 아내를 외국에 보낸 친구들도 있다. 그런 친구들에게, '사교육비 안 들이고도 서울대 보냈다더라' 하는 식의 얘기는, 뜻하지 않았는데도 잘못하면 비교가 되게 하고 평가받는 것으로 느껴질 수 있기 때문이다.

주변에 보면, 자녀를 해외로 일찍 보내는 사람들이 꽤 많다. 그런데 돈의 효율성과 심리적 측면에서 생각해 볼 게 있다.

해외유학을 보내거나 아내까지 같이 보내는 사람들은 나름 그만큼 돈이 있기 때문이다. 내 주변의 친구들 몇몇은 확실히 그렇다. 동수가 그렇다. 사업체가 제법 자리잡은 동수는 일찍부터 가족을 해외로 보냈다. 인터넷 사업을 하는 그는 해외에서도 직원들 업무관리를 할 수 있어서인지, 해외의 가족들과 함께 하는 시간도 많다.

가족들이 처음엔 싱가포르로 갔는데, 뉴질랜드를 거쳐 지금은 캐나다에 정착했다. 아이들도 잘 적응했다. 첫째는 대학을 졸업하기도 전에 세계 최고의 기업인 아마존 취업이 확정됐다. 둘째는 미 동부 명문대학에 진학했다. 이쯤 되니 아내가 캐나다에 있을 필요가 없어졌다.

"안식구 언제 들어오냐?"

동수를 만날 때마다 친구들이 묻는 말이다. 해외에 나가 살면 아내들이 한국에 들어오기 싫어한다는 말 때문에 묻는 말이다. 동수 부인은 곧 들어오기로 했다고 한다. 내가 보기에, 동수네는 참 잘된 경우다. 동수가 홀어머니를 모시고 살고, 아내와 아이들이 방학 때마다 들어와 함께 지냈다. 동수가 나가 같이 지내는 시간도 많았다. 그리고 아이들이 진학과 취업을 잘 했고, 이제 아내가 다시 들어와 같이 살게 될 거라니 말이다.

그러나 실제는 동수네만큼 만족스런 경우는 많지 않을 거라고 본다. 가끔 언론에 나오는 기러기 아빠에 관한 좋지 않은 소식을 통해서도 짐작할 수 있다. 또 주변에서 그런 소식을 종종 듣게 되는 걸 보면 말이다.

가족이 함께 해외에 나가 있는 비용은 보통 가정에서는 감당하기 어려운 수치다. 공무원이나 회사 주재원으로 나가 있는 경우라면 모를까 말이다. 게다가 그렇게 조기유학을 포함한 해외유학을 해서 얻을 일자리는 어떨까? 이것 역시 갈수록 신통치 않다.

둘째 온달이가 수학으로 미국 유학을 갈까 고민할 때 친구 동수는 계속 반대했다.

"내가 미국 실정을 좀 알지 않냐. 미국 사회에서 교수들 별 거 아냐."

이렇게 말하며 동수는 한국 사회도 곧 그렇게 될 거라고 했다. 그런 교수 자리를 위해 뭐하러 힘들게 미국 유학을 가느냐는 것이다. 아직까지 한국에서 대학 교수는 꽤 좋은 자리지만, 곧 급격하게 그 지위는 떨어질 것이다. 주요 대학은 그렇지 않겠지만, 그 좁은 주요 대학 교수자리는 얼마나 들어가기 힘들겠는가. 그래서인지 결국 온달이는 미국 유학 생각을 접었다. 나는 그 과정을 지켜보면서 이런 생각도 했다.

'이제 한국과 선진국 학문의 차이가 그리 크지 않은 거지.'

90년대까지만 해도 격차가 무척 컸다. 그때는 선진국 유학은 무척 가기 힘든 기회였지만, 갔다 오기만 하면 좋은 일자리가 보장됐다. 그러나 2000년대에 들어서면서부터는 그렇지 않다. 유학파라고 해서 괜찮은 일자리가 주어지던 시대는 지났다. 국내 박사들도 넘쳐난다. 조기유학을 포함한 해외유학의 효용성에 큰 변화가 생겼다.

우리나라의 해외 유학생 수가 전 세계적으로 손꼽는 정도인 것은 이제 어제오늘의 얘기가 아닌데, 이는 그만큼 우리나라의 경제력이 커졌다는 뜻이기도 하다. 나는 거기에 더해 국내의 학문 수준도 많이 올라갔다고 생각한다. 주변에서 그렇게 짐작하게 하는 얘기를 듣곤 한다.

한국예술종합대학을 다닌 연규가 더 공부하기 위해 파리로 유학을 떠났다. 그런데 그 청년의 삼촌한테 들으니 그 청년이 곧 돌아오겠다고 한다. 나는 처음에 돈이 모자라거나 프랑스의 엄격한 학사운영을 못 견뎌 그러는 줄 알았다. 그런데 사실은 정반대였다.

"한예종에서 배운 걸 거의 같은 수준에서 하더라는 거야."

결국 거기서 더 배울 게 없다는 결론을 내렸다는 것이다.

어릴 적 강화에서 본 연규의 당찬 모습이나 연규 부모의 인품을 알기에, 나는 처음 그 말을 들었을 때는 그 청년만의 특수한 문제라고 생각했다. 그러나 얼마 되지 않아 이런 게 상당히 보편적인 문제인 것 같다고 생각을 바꿨다. 그러니 이제 유학에 그렇게 많은 돈과 정력을 바칠 필요는 없다고 본다. 나아가 국내의 고학력에 대해서도 마찬가지다. 많은 돈과 시간을 들여 학력을 쌓은 것이 그만큼 값어치를 하느냐는 문제를 진지하게 생각해 봐야 한다.

그렇지만 사람들은 여전히 고학력을 좇고 있다. 그리고 그것을 '조부모의 재력' 농담까지 동원하며 돈으로 모든 걸 설명하려 한다. 처음에 그 농담을 들었을 때 나는 한참 웃었다. 누군지 모르지만 비유를 참 잘했다고 생각했다. 시간이 조금 지나자, 그 농담 속에 섞여 있는 사람들의 낙담과 아픔이 느껴졌다. 그러던 어느 날, 한 국회의원이 이른바 '손자학비지원법'이란 걸 만들려 한다는 소식을 듣고, 그 낙담과 아픔은 분노로 바뀌었다.

당시 새누리당 의원이 발의한 법률인데, 손자의 학비를 지원하는 금액에 대해 세금을 면제해 주자는 것이었다. 안 그래도 부의 대물림이 학력 때문에 조장되는 게 문제인데, 조부모의 재력까지 동원해 양극화를 심하게 하라고 국가가 인정해 주자는, 참 말도 안 되는 법을 주장한 것이다.

그런데 나중에 가만히 그 의원의 입장을 생각해 보니, 그가 그런 법을 제안한 것은 '그들 입장에서는 당연한 거겠구나' 하는 생각이 들었다. 그리고 더 생각해 보았다.

'그럼 나와 우리의 입장에서는 어떤 법을 만들어야 하지?'

그래서 생각한 게 있고, 그 즈음 나는 친구들과 술을 마실 때 그 얘기를 하곤 했다.

"내가 의원이 되면, '자녀학비지원금지법'을 만들겠어!"

친구들은 뭔 뚱딴지같은 얘기냐는 반응을 보였다. 그럼 나는 힘주어 이렇게 설명하곤 했다.

"고등학교 졸업한 이후로 자녀 학비를 지원하면 감옥 보내는 거야!"

감옥 얘기가 나오니 친구들은 더 어이없어 했다. 그렇지만 나는 내 주장의 논거를 설명했다. 집집마다 재산 차이가 나는 건 어느 정도는 어쩔 수 없다. 그 재산 차이에 맞게 살아야 하는데, 사람이 사회적 동물인지라 그렇지 못하다. 남들 하는 대로, 세상 분위기대로 따라 하는 게 더 많다. 게다가 자녀교육은 더 하다. 교육을 국가가 책임지지 못하니, 각 개인의 책임과 능력에 맡겨지게 되고, 진학 여부에 따라 이후 삶이 달라지니 어느 부모인들 무리하지 않을 수 있겠느냐는 것이다.

그러니 대학부터는 자녀들이 각자의 능력으로 다니던가 말던가 하게 하자는 것이다. 대출 받아 다닐 수도 있고, 포기하고 일찍 사회에 진출할 수도 있다. 이것이 자연스런 사회현상이어야 하는데, 지금은 인위적으로 무리하게 자녀교육비를 쓰는 게 문제인 것이다. 특히 상류층이 그걸 과도하게 해서 사회분위기를 안 좋게 몰고 가는 걸 방지하기 위해 고등학교 졸업 이후의 학비는 스스로 해결하게 하자는 것이다. 이것은 대학 이후의 교육을 국가 차원에서 할 것인가 하는 문제와 별개로, 각 가정의 재정 능력으로 교육이 좌우되게 하지 말자는 취지다.

그렇다고 모든 부모가 지원을 안 하지는 않을 것이다. 그렇지만 적어도 사회분위기가 '아, 대학부터는 애들이 각자 알아서 하는 거지' 하는 식으로 자리잡도록 해야 한다는 것이다. 그래야 정말 가난한 가정의 부모들이 '내가 무능해서 아이들을 제대로 못 가르치는구나' 하는 허탈 감에 빠지지 않는다. 자녀들도 '왜 우리 부모는 내 교육비를 못 대주지' 하며 부모를 원망하지 않고 스스로 앞날을 헤쳐나갈 것이다. 사람들이 돈이나 학력 또는 지위 때문에 마음고생하게 하지 말아야 한다. 그러면 모두가 다 당당하게 살아갈 것이다.

이렇게 해야 당당하게 살아가는 것과 더불어 요즘 문제가 되고 있는 노후자금 문제도 해결될 수 있다. 어느 대기업 은퇴연구소는 이렇게 분석했다. 보통 가정들이 은퇴자금의 30% 정도를 40대에 자녀교육비로 허비한다고 한다. 거기에 더해 50대에는 자녀의 결혼비용으로 은퇴자 금의 50%를 사용한다는 것이다. 그렇게 자녀들한테 은퇴자금의 80%를 쏟아 부으니 늙어서 노후가 힘들다는 것이다.

위 은퇴연구소의 주장을 소개한 다큐 프로는, 그렇게 은퇴자금이 없는 상태로 노후를 맞이한 노인들의 외롭고 힘든 삶을 적나라하게 보여 주면서 결국 고독사로 끝맺었다. 옆에서 보던 아내는 내게 또 푸념을 했다.

"우리는 어쩔 거야~."

아내가 내게 하는 밑도 끝도 없는 잔소리 중 하나다. 나는 그럴 때마다 "걱정마셔~" 하며 넘기곤 하는데, 아내도 그렇고 나도 그렇고 몇 년째 이어지는 똑같은 대사다. 나는 아내의 그 말이 어느 가정에서나 있

무엇이 열심히 산 우리들을 힘들게 하는가?

는, 괜한 불안감의 하나라고 생각한다. 실제는 그렇지 않은데 말이다.

최근 몇 년 사이에 우리 집은 자산이 늘었다. 넉넉한 친구들에 비하면 형편없는 수준이지만, 우리보다 더 어려운 집도 많은 게 현실이다. 상대적인 비교는 의미가 없고, 우리 집의 10년 전, 5년 전과 비교해서 어떻게 달라졌는지를 봐야 한다. 그렇게 볼 때 우리 집의 순자산은 마이너스에서 플러스가 됐고, 앞으로 받을 채권까지 생각하면 많이 늘었다. 빚은 서울에 있는 아이들 전세방 관련한 전세자금 대출인데, 이건 자산에 보탬이 된 빚이니 그리 걱정할 일은 아니다.

이렇게 얘기하는 것은 아내의 '우리는 어쩔 거야' 하는 걱정이 별로 사실에 근거한 걱정이 아니라는 뜻이다. 5년 전, 10년 전에 비해 나이가 더 들었으니, 노후 걱정이 좀 더 될 거라는 것은 이해되는 일이기는 하다. 그러나 수치상으로 보면 분명히 전에 비해 훨씬 나아진 것이다. 그렇다면 아내의 걱정은 상당부분 마음의 문제에서 시작되었다. 이런 점은 아내뿐만 아니라, 대다수 다른 가정도 마찬가지일 것이다.

위 다큐 제작자의 뜻도 그렇고, 그 내용 중에 나오는 은퇴연구소의 주장도 마찬가지다. 되도록 자녀들에게 돈을 덜 들이고 본인들의 은퇴 준비를 하라는 것이다. 대기업 은퇴연구소의 그런 내용을 바탕으로 해서 그 그룹의 금융사 직원들은 고객들에게 은퇴설계에 적합한 금융상품을 팔게 할 것이다. 그런 영업에 필요한 적절한 자료인 것이다.

그 논리가 영업에 활용된다는 점이 조금 거슬렸다. 20년쯤 전에 보험사들은 가장이 죽었을 때 남은 가족을 생각하라며 종신보험을 열심히 팔았다. 10년쯤 전에는 수익을 많이 내야 한다며 펀드와 변액상품을 많이 팔았다. 이제 베이비붐 세대가 대거 은퇴하는 시대를 맞아 은퇴자금에 필요한 상품을 팔고 있고, 그에 필요한 논리를 홍보하는 것이다. 그렇기는 하지만 그 논리가 시대에 적합한 면이 있고, 10년 전, 20년 전에 비해 바람직한 방향인 것 같아 그리 나쁘지는 않았다.

그 논리대로 자녀교육비나 결혼비용을 지나치게 쓰지 말고 미리미리 은퇴자금을 준비하면 좋겠다. 다만, 그것도 각자의 처지 즉 자신의 재무상황(살림살이)과 취향에 맞게 하면 좋겠다. 남들 하는 분위기, 금융사나 언론사가 부추기는 흐름에 빠져 무조건 많이 준비하는 게 좋겠다는 조바심을 갖지는 말았으면 좋겠다.

무엇이 열심히 산 우리들을 힘들게 하는가?

내 체질에
맞는

살림살이

– "아이 해외유학비 줄이럽니다"

　　40대 초반 수원(가명) 씨 부부는 둘 다 사기업체에 다니는 맞벌이 부부다. 서울 외곽에 별로 값나가지 않는 작은 아파트를 갖고 있고, 자녀는 아들 하나다. 모아놓은 자산은 살고 있는 아파트가 전부이다. 대신 빚은 하나도 없고, 현재는 소득이 많아져 저축을 많이 하고 있다. 수원 씨는 자신들에게 적절한 노후생활비는 어느 정도인지를 확인하고, 언제까지 소득활동을 해야 할지를 판단하기 위해 재무설계 상담을 신청했다.

　　순정(가명) 씨와 난희(가명) 씨 부부에 비해 수원 씨 부부는 소득도 적고 직업 안정성도 떨어지는 편이다(40대 초반 순정 씨는 여자 변호사이고 남편은 중앙 부처 공무원이다. 자녀는 초등생 아들 하나다. 40대 중반 난희 씨는 중앙부처 공무원이었다가 얼마 전 그만두고, 관련업계의 선배가 하는 기업으로 자리를 옮겼다. 남편은 판사고, 자녀는 셋이다). 모아놓은 자산은 훨씬 더 적다. 그러나 현재 저축률은 더 높고 금액도 더 많다. 왜 그럴까? 몇 가지 이유가 있다.

첫째, 순수 소비성 지출이 적다. 수원 씨 가정은 월 소득이 800만 원이 넘는다. 그런데 그 당시 수원 씨 부부가 소유한 차는 마티즈 한 대뿐이었다. 특히 자녀교육비 지출이 아주 적었다. 근처에 사는 아는 음악가에게 음악 과외를 아주 싸게 시키는 게 전부였다.

둘째, 비소비성 지출도 적다. 먼저 대출상환 금액이 하나도 없다. 수원 씨가 가진 주택은 순정 씨와 난희 씨에 비해 자산가치가 떨어지는 서울 외곽의 작은 아파트이기는 하지만, 그 당시 대출 잔액은 없었다. 종신보험도 무리하게 가입한 게 없어서 보험료 지출도 적은 편이었다.

재무 상태를 보면 그 가정의 과거와 미래를 예측할 수 있다. 수원 씨 가정의 적은 자산은 그 가정의 과거 소득이 많지 않았고, 주택마련에 이미 많은 돈을 지불했다는 것을 뜻한다. 또 현재 저축률이 높다는 것은 미래 돈 걱정이 적을 것이란 점을 암시한다. 다만, 노후설계를 어떻게 하느냐가 관건이다. 수원 씨는 그 노후설계를 확인하기 위해 재무설계 상담을 신청한 것이다.

수원 씨는 은퇴 후에 그동안 관계했던 단체 사람들이 함께 모여 사는 충청도의 농촌 마을로 이사하기로 되어 있었다. 서울 근교의 비싸지 않은 주택이기는 해도 그 주택을 처분하고 가면 충청도 농촌마을에서의 은퇴 후 생활은 충분히 여유가 있었다.

게다가 이 부부의 은퇴 후 생활이 더 바람직하게 보였던 것은 당시 다니던 직장을 그만둔 후에 새로운 업으로 심리상담 일을 미리 준비하고 있었기 때문이었다. 수원 씨의 남편은 현 직장의 정년이 꽤 남았는

무엇이 열심히 산 우리들을 힘들게 하는가?

데도 미리 그 준비를 하고 있었고, 배우는 것을 현 직장에서 일부 활용하고 있었다. 일을 하면서 배우고, 배우면서 그것을 활용하고, 그렇게 해서 전문성이 쌓이면 은퇴한 후 그 일을 업으로 하겠다는 계획인 것이다. 큰돈을 벌 일은 아니지만, 착착 잘 돌아가는 체계다. 욕심을 부리지 않고, 미리 앞날을 내다보면서 계획하는 수원 씨 부부이기에 충분히 가능한 일이라고 보여졌다.

이뿐만이 아니었다. 수원 씨 부부는 자신들이 기획하고 있던, 어려운 사람들을 위한 지역 차원의 금융 사업에 무려 5천만 원이나 기부하기로 했다. 요즘 기업이 사회공헌사업을 위해 큰돈을 내놓는 소식을 심심찮게 듣지만, 평범한 가정에서 이 정도 되는 돈을 사심 없이 내놓다는 건 여간 어려운 일이 아니다. 그것도 나중에 천천히, 즉 은퇴 즈음에 내겠다는 게 아니었다. 바로 그 즈음부터 몇 해에 걸쳐 5천만 원을 기부하겠다는 계획이었다. 그러고도 수원 씨 부부의 은퇴설계는 아무 문제 없이 잘 짜여졌다.

나는 이 부부의 은퇴설계 자금계획을 짜면서 여러가지 면에서 내가 생각하는 가장 바람직한 계획이라는 생각을 여러 번 했다. 먼저 눈에 띄는 것은, 많지 않은 자산과 대단하지 않은 소득이지만 알뜰한 쓰임새와 돈이 많이 들지 않는 은퇴 후 생활이다.

그 다음은 잘못된 금융상품 가입이나 욕심 부린 투자가 없다는 점이었다. 대부분의 가정은 이런 게 있다. 주변에 보험을 적극 권유하는 영업사원들이 많고, 고수익 난다며 투자하자는 제안도 수없이 많기 때문이다. 그런데 권유하고 제안하는 사람만 탓할 건 아니다. 자신의 마음 속에 쉽게 큰돈을 벌고 싶은 욕심이 똬리를 틀고 있기 때문에 그런 말에 쉽게 넘어가는 것이다. 원칙을 지키려는 마음이 있으면 그런 권유에 쉽게 넘어가지 않는다. 꼭 전문지식이 있어서 넘어가지 않는다고 할 건 아니다. 수원 씨 부부가 바로 그런 사람들이다.

그 다음으로 정말 중요한 건, 돈 설계에서도 사람이 먼저라는 원칙을 이 부부는 알고 실천하는 사람들이라는 점이었다.

합정동의 어느 제과점에서 나는 수원 씨에게 흐뭇한 마음으로 상담 파일을 건넸다. 그간의 내용을 내가 요약해서 설명했다. 부부는 조용히 경청했다. 다 끝나고 잠시 말이 없었다. 그때 수원 씨가 말을 꺼냈다.

"당신, 좀 쉬세요."

그 전에 없던 얘기이기도 하고, 쉰다는 게 얼마를 쉬는 건지도 모르겠고, 감이 잡히지 않아 나는 말없이 두 사람의 표정만 살폈다. 남편은 무슨 뜻인지 알아들었던지, 잠시 생각하는 듯하더니 이렇게 대답했다.

"알았어, 한 달 쉴게."

그러자 수원 씨가 좀 단호하게 말했다.

"아니! 한 달 말고, 일 년 쉬세요."

나는 좀 당황스러웠다.

'설계를 다 끝냈는데, 1년을 쉬다니. 그럼 수치가 달라지는데….'

그런데 상황은 더 달라졌다. 남편이 아내의 말에 동의하자 수원 씨는 한발 더 나아갔다. 1년이 아니라 2년을 쉬라는 것이다. 내년에 1년 쉬고, 6년쯤 일하다가 다시 1년 쉬고, 그런 다음 6년쯤 일하다가 은퇴하라는 것이었다.

재무상담사에게 필요한 재능 중에는 수리능력도 중요하다. 나는 그 얘기를 들으면서 수치 계산을 했다. 2년이면 약 1억 원 정도 수입이 줄어든다. 나는 수원 씨에게 조심스럽게 물었다.

"그럼 돈이 모자라는데, 어떻게 할까요?"

적지 않은 돈이고, 쉽지 않은 결정이다. 그런데 수원 씨는 잠깐 생각하더니 이렇게 말했다.

"애 유학비를 줄이죠."

이 설계에서 목돈 중 하나는 자녀의 해외유학비 2억 원이었다. 수원 씨는 그 돈 2억 원을 1억 원으로 줄이겠다는 것이었다. 1억 원에 맞는, 말하자면 단기유학을 보내겠다는 계획이었다.

나는 그때 수원 씨의 거침없는 생각과 해법에 좀 놀랐다. 그런데 지금 이 글을 쓰면서 생각해 보니, 수원 씨는 그런 생각을 평소에 많이 하고 있었던 것 같다. 아이의 유학비로 돈을 쓰는 것보다 더 소중한 건 남편, 곧 아이 아빠의 건강이라고 생각하고 있었던 것이다. 남편은 그 전해에 좀 큰 병을 앓았다. 자신은 육아휴직을 쓰기도 하면서 1~2년 직장을 쉬기도 했는데, 남편은 쉬지 않고 계속 일만 했다는 것이다. 그래서 병도 나고 그랬는데, 건강하게 사는 게 가장 중요하다고 본 것이다.

그렇다 하더라도 이건 쉽지 않은 결정이다. 아이의 유학은 눈에 보이는 과정이고 유학비 2억 원 정도가 든다는 건 상식이다. 그런데 남편이

휴직을 해야 더 건강하게 살 거라는 건 미래의 알 수 없는 예측이다. 꼭 그렇게 하지 않아도 될 것 같고, 당장 급하게 느껴지지도 않는 일이다.

보통 이런 결정을 내리기는 쉽지 않다. 남편의 건강을 생각하는 것까지는 한다고 해도, 아이의 유학비 예산을 줄일 생각은 잘 하지 않는다. 줄이더라도 다른 것을 줄이던가, 아니면 수입을 더 늘리는 결정을 하곤 한다. 아이의 사교육비를 위해 엄마가 부업을 한다는 건 이제 다 아는 상식이고, 더 나아가 좀 위험한 투자를 하기도 한다. 이른바 재테크를 하는 것이다. 그러다 돈이 묶이거나 손해를 보곤 하는 것이다. 이게 보통인데 수원 씨 부부는 전혀 다른 선택을 한 것이다. 그런데 그것이 내가 생각하는 가장 올바른 재무설계(살림살이) 원칙이다. 사람이 먼저고, 있는 자산으로 문제를 해결하고, 수익을 늘리는 건 신중해야 하고 안전하게 해야 한다.

이런 모든 점에서 수원 씨 부부는 가장 모범이었다. 마치 모범 정답을 써나가는 듯했다. 그리고 이 상담은 서로 참 편했고 느낌이 좋았다. 그 이유는 수원 씨 부부의 돈에 대한 생각이 자연스러웠기 때문이었다. 부부는 남들이 하는 대로 따라 하지 않았다. 자신들만의 생각대로 살아왔고 앞으로도 그럴 생각이었다.

성실히 일하고, 적게 쓰고, 부동산 투자 안 하고, 노후는 아는 사람들과 지방 농촌으로 내려가 돈 적게 들이고 살 생각이고, 남편 건강 생각하며 무리하지 않게 일하고, 은퇴 후 작은 일거리를 미리 준비하고, 아이 유학비 채우려고 무리한 투자 안 할 생각이다. 이 모든 게 남다른 생

무엇이 열심히 산 우리들을 힘들게 하는가?

각이다. 또 그들에게 몸에 밴 사고방식이다. 이렇게 자신들의 체질에 맞게 사는 것, 그렇게 돈 문제를 푸는 게 가장 올바른 해법이고 편한 방식이다.

중년의 어려움을
헤쳐 나가는

온달아빠의 힘

낙관주의

있는 그대로 보면
불안감이 덜어진다

수학과 물리를 좋아하는 온달이는 수학으로 미국 유학을 생각했었다. 그러다 그게 쉽지 않겠다는 생각을 하고 진로에 대해 많이 고민했다. 그럴 즈음에 온달이가 나와 아내에게 물었다.

"엄마 아빠는 노후준비 해놨어?"

뜻밖의 질문에 나는 잠시 당황했다. 아내는 이때다 싶었던지 온달이의 말을 빌미로 나를 공격하기 시작했다.

"해놓은 게 뭐 있겠니? 나리아빠, 우리 늙으면 어떻게 살아!"

나리와 보리도 아빠 정신 차리라는 둥 한마디씩 거들었다. 거기에 더해 아내는 온달이의 유학 고민이 돈 때문이라며 나를 몰아붙였다. 이쯤 되자, 지나가는 말로 했던 온달이가 어이없어 하는 표정을 지었다. 왜냐하면, 온달이가 유학을 고민하는 이유는 돈 때문이 아니라 유학 이

무엇이 열심히 산 우리들을 힘들게 하는가?

후의 진로가 불투명하기 때문이다. 이런 사실을 알면서도 아내는 부모가 돈이 풍족하면 온달이가 유학을 쉽게 생각할 거라는 주장을 하곤 했다. 나는 목소리를 낮춰 차분하게 얘기했다.

"온달아, 엄마 아빠도 우리 사회에서 능력 있는 사람이야. 만약 엄마 아빠의 노후가 문제될 거 같으면 대한민국 문 닫아야 할 거야."

그러자 아내, 나리, 보리는 일제히 나에게 손가락질을 하며, "말도 안 되는 소리 그만두라"는 식의 말을 쏟아냈다. 그러자 온달이가 아빠를 너무 몰아붙이지 말라고 말렸다.

사람마다 다 성향이 다르겠지만, 이십여 년 동안 같이 산 우리집 식구들도 많이 다르다. 아내와 나리는 감성이 앞서는 편이고, 나와 온달이는 반대로 이성이 앞서는 편이다. 목소리를 높이는 건 감성이 앞선 사람들이다. 나와 온달이는 어떤 상황에서도 거의 목소리를 높이지 않는다. 그렇다고 감성이 앞선다는 게 이성이 앞서는 것보다 문제가 있다는 뜻은 아니다. 다만, 차이일 뿐이다.

'이런 차이의 근원은 뭘까?'

여러 가지 이유가 있겠지만, 내가 생각한 논거 중 하나는 낙관주의다. 나는 아무리 큰 어려움이 있어도 크게 당황하지 않는다. 될 일은 될 것이고, 안 될 일은 안 될 거라고 생각한다. 같은 말을 되풀이 하는 것 같지만, 사실 그 중간에 사람의 의지가 들어가 있다. 이런 나의 생각은 대학 때 선배와 나눈 나의 대답에서도 드러난다. 그때 선배가 아주 상식적인, 그러면서도 근본적인 얘기를 꺼냈다.

"운동이 뭐지?"

그 당시 학생운동을 하던 우리에게 운동이란 학생운동, 노동운동, 시민운동, 민족주의운동들처럼 이해관계를 같이 하는 집단이 오랫동안 목적을 달성하기 위해 하는 조직적인 운동을 말하는 것이었다. 막 학교에 들어온 1학년도 아닌, 이제 학생운동을 마감해야 할 3학년 말에 들은 너무도 당연한 질문에 나는 잠시 생각하고 이렇게 대답했다.

"되는 걸 되게 하는 겁니다."

그러자 옆에 있던 친구가 하나마나한 얘기를 하느냐며 핀잔을 주었다. 그러나 질문을 한 선배는 내 얘기를 경청해 주었다. 그때 내 논리는 이런 거였다.

안 되는 걸 되게 할 수는 없다. '하면 된다'는 식의 논리는 권위주의로 밀어붙이는 방식이다. 그게 아니라, 여러 가지 조건이 충분해서 될 만한 것을 해야 한다. 그런데 될 만한 조건을 갖추었다 해도 그것이 저절로 되지는 않는다. 왜냐하면, 모든 것을 충족시키는 완벽한 조건이란 없기 때문이다. 자연현상이 아닌 사회문제는 더욱 그렇다. 거기에 사람의 의지가 개입해서 될 만한 것을 확실하게 되게 하는 것이다. 이것이 실천이고 운동이라고 나는 생각했다.

이 명제의 앞부분 '되는 것(또는 될 만한 것)'은 누가 판단하는가? 실천하는 내가 판단하는 것이다. 어떻게 판단하는가? '있는 그대로'를 차분하게 살펴봐야 한다. 자신의 고정관념으로 보면 안 된다. 고정된 생각을 버리고 사물이나 현상을 잘 봐야 한다. 그럴수록 감정에 휘둘리지 않고 차분해진다.

　노후, 아직 닥치지 않았고 눈으로 볼 수 없는 것이기에 어느 정도 불안한 건 기본이다. 적정한 노후준비 자금, 똑 부러지게 얼마라고 정해진 기준이 없다. 상황에 따라 너무 다르고 매우 주관적인 문제다. 은퇴 자금의 이런 성격은 생각하기에 따라 문제 해결을 매우 쉽게 하기도 하고, 풀기 어려운 문제가 되게 하기도 한다. 나는 이 문제를 주관과 객관을 잘 살펴 해결하자고 말하는 것이다. 아무런 객관근거도 없이 '잘 되겠지' 하고 낙천적으로 봐도 안 되지만, 그렇다고 마냥 걱정스럽게만 볼 것도 아니라는 것이다.

　나는 여기서 낙천주의와 낙관주의를 생각해 보았다. 사전을 봐서는 별다른 차이점을 모르겠다. 한문으로는 낙천樂天과 낙관樂觀의 차이다. 낙천에는 하늘 천天 자가 들어 있고, 낙관에는 볼 관觀 자가 들어 있다. 학문 수준의 차이는 모르겠으나, 낙천 하면 객관적 조건을 잘 따져보지 않고 그냥 잘 되겠지 하고 기대하는 게 느껴진다. 그에 비해 낙관 하면 객관성에 근거해서 좋은 쪽으로 만들어 나가려는 의지가 느껴진다. '잘 되겠지' 하는 믿음과 '잘 되게 해보자'는 의지의 차이가 아닐까 싶다.

　여기서 중요한 건 볼 관觀 자다. 어떻게 볼 것인가의 문제인데, 보고 싶은 대로 보거나 남들이 보는 대로 보는 게 아니라 '있는 그대로'의 현실을 잘 봐야 한다. 또 보는 주체는 당연히 행위의 주체인 바로 '나'다. 이런 점들을 감안해서 나는 낙천주의라는 말을 쓰지 않고, 낙관주의란 말을 사용한다.

다시 가족과 나눈 은퇴자금 얘기로 돌아가 보자. 내가 온달이에게 "엄마 아빠의 노후가 불안할 것 같으면, 대한민국 문 닫아야 할 거야"라는 얘기는 괜히 해보는 소리는 아니다. 나름 근거가 있는 얘기다. 그 근거를 살펴보자.

나와 아내는 국민연금을 꾸준히 납입하고 있다. 다른 어느 금융상품보다 수익률도 좋고 안전한 은퇴상품이다. 보통 가정에서 돈이 많이 들어가는 자녀의 대학 학자금이나 결혼자금 등은 우리 집에서는 거의 들어가지 않는다. 집은 실평수 24평짜리 집이 있다. 채권과 땅도 조금 있다. 실손보험과 종신보험도 보장내역이 크지는 않지만 각자 하나씩 들어 있다. 몇 년만 더 불입하면 납입기간도 끝난다. 그리고 앞으로도 꽤 오랫동안 큰 돈은 아니지만 생활비를 벌 것이다. 소비도 그리 많이 하지 않는다. 경차와 중고차로도 편하게 잘 이용하고 있고, 집에 에어컨을 설치하지는 않았어도 잘 견디고 있다. 남들 따라 해외여행을 즐겨하지도 않고, 외식도 별로 하지 않는다. 그리고 갈수록 노인에 대한 복지혜택은 늘어날 것이다. 이런 정도인데 뭐가 걱정이란 말인가. 걱정해야 한다면 돈이 아니라 건강이다.

아파도 돈 걱정은 거의 하지 않아도 된다. 건강보험도 잘 되어 있고, 개인 실손보험으로 비용이 다 충당된다. 돈 문제가 아니라 삶의 질 때문이다. 아프면 일도 못하고 사는 것도 즐겁지 않기 때문이다. 보이지 않는 미래의 일이라고, 근거 없이 노후의 돈 걱정을 하다 보면 괜히 병만 생길 뿐이다. 이렇게 하나하나 근거를 따져보면서 일이 잘 되게 조금씩 노력하면 된다.

예를 들어보자. 우리 형편에는 해외여행을 하는 건 무리다. 어쩌다 한번 적은 비용이라면 모를까, 삼사백만 원씩 들여 호주나 유럽을 가는 건 무리다. 백만 원 이내의 돈으로 일본이나 동남아 등을 다녀오는 건 가끔 하고 있다. 그렇지만 지난 봄에 모임 분들이 호주여행을 가자고 했을 때는 사양하다, 아내만 가는 것으로 결론지었다. 이런 정도의 절제가 필요한 것이다. 세상을 이렇게 보면서 즐겁게 사는 게 낙관주의 아닐까. 이렇게 살면 마음이 편해지고 몸도 건강해진다.

**일하기 싫으면
죽어야 한다는
어머니의 말**

역사교과서에 나오는 고인돌은 강화 하점면 부근리富近里 고인돌이다. 제법 큰 고인돌이 들판 가운데 떡 버티고 있다. 그런데 부근리 고인돌 주변에는 그보다 작은 고인돌들이 10개 정도씩 무리지어 있는 곳들이 있다. 이른바 고인돌군이다. 이것들도 세계문화유산으로 등록되어 있다. 아는 사람들이 강화에 와서 고인돌을 보고 싶다고 하면 나는 이런 고인돌군으로 안내한다.

한번은 그렇게 찾아간 내가면 오상리鰲上里 고인돌군에서 정말 고인돌의 용도가 뭘까 하는 얘기를 나누게 됐다. 정말 무덤인가? 그런데 어떤 이는 고인돌을 당시 사람들이 우주와 소통하는 장소라고 했다. 어떤 근거로 그렇게 해석하는지는 모르겠으나, 그런 시각도 있다는 걸 알게 됐고 오랫동안 기억에서 사라지지 않았다.

소통, 참 중요하다. 가정과 사회 그리고 국가 모두 연결되어 있고, 사회의 문제는 사람들 사이의 관계의 문제다. 돈 문제도 마찬가지다. 돈은 돈 그 자체만으로는 의미가 없다. 돈의 기능 중에 증식하는 기능이 있다고 배웠으나, 나는 그런 이론은 쓸데없는 이론이라고 생각한다. 돈은 사람들이 함께 일하고 나누는 관계를 편리하게 해주는 도구일 뿐이다.

노동은 사람들이 서로 소통하는 가장 기본 중의 하나다. 일하면서 관계를 맺는 것은 인간관계 중에서 가장 중요한 것이다. 일은 그 결과물이 우리를 유익하게 하고, 일하면서 우리는 서로 관계하게 된다.

그런데 관계를 편리하게 해주는 도구였던 돈이 우리를 지배하게 된 것처럼, 일도 우리를 유익하게 하고 관계하게 하는 것에서 우리를 힘들게 하는 것으로 변했다. 일하고 돈 버는 자체가 힘들고 무익한 것이 돼버렸다. 이 커다란 흐름을 바꾸겠다는 운동은 여전히 세계 곳곳에서 다양한 방식으로 행해지고 있다. 그것은 공동체운동으로 나타나기도 하고, 기본소득이나 사회복지로 표현되기도 하고, 협동조합운동으로 실현되기도 한다. 다만 이 책은 개인과 가정이 어떻게 돈 문제로부터 자유로워지고 행복해질 수 있는지를 다루는 것이기 때문에 개인과 가정의 실천에 대해서만 다루기로 하자.

개인과 가정이 돈과 노동의 거꾸로 가는 큰 흐름을 거스르기는 쉽지 않다. 하지만 그 속에 빠져 허우적대서는 안 된다. 정신을 똑바로 차려야 한다. 그 첫 번째는 죽을 때까지 계속 일하겠다는 생각을 분명히 하는 것이다. 그 일이 꼭 돈을 버는 것에만 한정된 것은 아니다. 우리의 부모님들은 돌아가실 때까지, 건강이 허락하는 한 계속 일을 했다.

나의 어머니는 집안일을 하면서 이런 혼잣말을 하곤 했다.

"에고, 일하기 싫으면 죽어야 한다는데…."

그럴 때마다 나는 '아, 어머니가 많이 힘드시구나' 정도 생각을 했다. 이십대가 되어 도올 김용옥 교수가 쓴 책(여자란 무엇인가?)을 보면서, 어머니의 혼잣말이 인류 보편의 생각이라는 걸 이해했다. 책에서 김 교수는 어느 프랑스 영화를 소개했다. 영화 '바렌'(원제는 The Savage Innocents. 니콜라스 레이 감독. 1960년 제작)은 에스키모의 삶을 보여주는 내용이었다. 어느날 늙은 어머니가 딸 부부에게 자신의 장례를 부탁한다. 아직 죽지도 않았는데 말이다. 다음날 부부는 썰매를 타고 집에서 멀리 떨어진 눈 쌓인 들판으로 가서 약간의 요깃거리와 함께 어머니를 두고 온다. 고려장이 이런 것인지….

김용옥 교수는 이 얘기를 이렇게 해석한다. 노인은 사위가 잡아오는 북극곰의 고기를 이빨로 씹어서 다지는 일을 한다. 그것이 가족에게 기여하는 일이다. 그런데 이빨도 빠져 이제 더 이상 그 일도 할 수 없게 된다. 그러니 살 가치가 없게 됐다는 것이다. 그래서 들판에 두고 오면 그 노파를 북극곰이 잡아먹고, 그 곰을 다시 후손들이 잡아먹는다. 농경사회에서는 우리의 몸이 땅에 묻혀 곡식의 거름이 되고, 유목사회에서는 나무에 올려놓아 새가 쪼아 먹게 하는 것과 같은 이치라고 한다.

옛날에는 생산능력이 부족하니 먹고 사는 것 자체가 어려웠다. 그러니 모두가 일해야 했고, 일하지 않고 식량을 축내는 것이 가장 비난받는 일이었다. 바보라는 말의 어원이 밥보라는 걸 생각해 봐도 그렇다.

그런데 지금은 생산력이 너무나 발전해서 일하지 않는 사람도 참 많아졌다. 늙어 힘없는 사람들도 다 먹여 살릴 수 있는 세상이다. 꼭 땀 흘려 일하지 않아도 돈을 많이 벌 수도 있다. 예전에는 밥을 축내는 바보, 땀 흘려 일하지 않는 게으름뱅이 등이 가장 욕먹는 사람들이었지만, 지금은 그런 흉을 거의 보지 않는다. 참 세상 많이 달라졌다.

그렇기는 하지만 여전히 일은 중요하다. 돈과 관련해서도 그렇다. 쉽게 번 돈은 쉽게 나간다. 일하지 않으니 돈 쓸 시간이 많은 탓도 있다. 맞벌이 부부는 외벌이 부부에 비해 돈을 많이 쓰는 편이다. 특히 자녀가 어릴 때 자녀와 같이 지내는 시간이 적으니 돈으로 그 부족함을 메우려 한다. 돈 버는 일인지 돈 안 버는 일인지가 중요한 게 아니라, 우리의 삶을 유익하게 하는 일이냐 그렇지 않으냐의 문제다.

어머니가 자식에게 농사를 지어 맛있는 김치를 담아주는 일은 돈은 받지 않지만 매우 유익한 일이다. 봉사단체에서 김장을 담아 어려운 이웃들에게 나눠주는 일도 참 즐거운 일이다. 돈을 주고받는 것보다 일을 해서 물건을 나누는 것이 훨씬 정감도 있고 오래도록 잊혀지지 않는다.

15년 전쯤, 뒷집 사는 별이네가 독일로 이사를 갔다. 가기 얼마 전에

무엇이 열심히 산 우리들을 힘들게 하는가?

별이 아빠가 막내 보리에게 생일선물로 작은 책장을 만들어 주었다. 나는 지금도 그 책장을 보면, 별이 아빠의 선한 얼굴이 떠오르고 그 마음 씀씀이가 느껴진다.

일을 해서 필요한 돈을 벌거나 그 결과물을 이웃과 나누는 것은 참 기분 좋은 일이다. 나는 강화에 살면서 닭을 몇 마리씩 키우곤 했다. 어쩌다 손님들에게 달걀을 주곤 했는데, 주는 나도 그렇고 받는 사람도 좋아했다. 꼭 돈으로 환산되는 노동만을 일로 생각할 필요는 없다. 나와 이웃에게 도움이 되는 일은 우리가 죽을 때까지 계속 할 일이다. 그것도 계속 오래 하면 실력이 쌓이고 취미처럼 즐거움이 커진다.

몇 년 전부터는 집으로 들어오는 길 옆 풀밭에 꽃을 심기 시작했다. 버스정류장에서 집으로 꺾어지기 전까지 마을길이 오십 미터쯤 되는데, 목표는 그 전체를 꽃밭 길로 만드는 것이다. 해마다 조금씩 해서 지금은 반쯤이 꽃밭이 되었다. 내 땅은 아니지만, 내가 다니는 길이 풀밭보다 예쁜 꽃들이 피는 꽃길이면 좋은 것이다. 나도 보고 다른 마을 사람들도 함께 보고 즐기면 좋은 일이다.

은퇴자금이 부족한 것을 걱정할 일이 아니다. 되도록 죽을 때까지 작은 일이라도 계속 즐겁게 하는 게 더 중요하다. 돈이 많이 되고 적게 되는지는 그리 중요하지 않다. 돈이 안 되는 일이어도 좋다. 그 일이 할 만하고 즐거우면 된다. 일하면 돈 쓸 일도 적어지고, 일하면서 사람과 소통하고, 혼자서도 생각을 많이 하게 된다. 그러면 몸과 정신(마음)이다 좋아진다.

**직업 스무 개 시대,
새옹지마塞翁之馬
인생**

'뒤선 자가 앞서리라.'
 기독교 학교인 대전의 대성중고등학교를 다니면서 많이 들은 성경 구절 중 하나다. 누구에게나 역전드라마가 흥미로운 것처럼, 내게도 그 구절은 변화무쌍한 세상의 변화를 많이 생각하게 한 대목이었다.
 높은 산을 헉헉대며 오를 때, 맨 앞에 가던 친구가 이렇게 말했다.
 "이 길이 아닌가 보다. 뒤로 돌아가자."
 잠깐이지만, 그럴 때 뒤처진 친구들의 얼굴에는 미소가 번진다. 그런데 이건 놀 때 얘기고, 치열한 경쟁사회에서도 그런 일이 가능할까? '그렇다, 아니다'를 떠나, 나는 내 경험을 생각해 본다.

 나는 비슷한 처지의 친구들에 비해 꽤 많은 회사와 일을 경험했다. 일용직 용접공, 전기제품 조립회사, 자동차 부품회사, 철판 자르는 공장, 노동상담소, 자동차 정비공장, 대리운전, 철거회사, 부동산회사, 해외인터넷방송 기획회사, 두부공장, 대안학교, 영농조합, 재무상담사, 증권사, 쌀빵공장, 대우자동차의 기술연구소와 자동차 영업사원, 주거협동조합, 장애인 정미공장, 로컬푸드협동조합 등 스무 가지가 넘는다. 상장 증권사를 갖고 있는 지주사 대표이사도 해봤다. 돈 버는 것과는 거리가 멀지만, 노동운동과 감옥생활도 포함시켜야 할 것 같다.

예전 기준으로 치면, 이렇게 많은 걸 해본 건 경쟁력이 없는 걸로 통한다. 전문성이 없다는 것이다. 아이들은 이런 나를 흉보곤 했다.

"아빠는 도대체 3년 이상 해본 게 뭐야?"

그럴 때마다 나는 "대우자동차, 포도재무설계, 음…" 하며 더듬거리곤 했다. 그러다 몇 년 전부터는 기죽지 않고 이렇게 응수한다.

"세상 바꾸는 운동을 30년 넘게 했지."

그렇게 말은 하지만, 나 스스로도 '그동안 너무 원칙 없이 이것저것 했나?' 하는 생각이 드는 건 어쩔 수가 없었다. 그런데 언제부터인가, 아마 사십대 후반 즈음부터인 것 같은데, 이런 다양한 경험을 한 내가 오히려 지금처럼 복잡한 세상에서 경쟁력이 있다는 사실을 느꼈다. 다른 사람들에 비해 새로운 얘기를 빨리 이해하고 나름 해법을 찾는 나를 발견한 것이다. 말하자면, 스페셜리스트specialist가 아니라 제너럴리스트generalist인 셈이다.

'음, 이거 괜찮은데….'

뒤선 자가 앞서는, 반전이다.

조직이 잘 갖춰져 있지 않은 작은 회사에서는, 한 분야를 깊이 아는 것도 필요하지만 다양한 분야를 두루 아는 것이 매우 중요하다. 그리고 이제는 평생직장 개념이 거의 깨졌다. 지금 젊은이들의 세상은 직업을 스무 가지는 경험하며 사는 세상일 거라는 얘기를 곧잘 하곤 한다. 이게 거스를 수 없는 현실이고, 우리는 현실을 인정해야 한다.

이런 점에서 나는 시대를 앞서간 사람이다. 그러다 보니, 직업을 바꾸는 것에 대해 남보다 훨씬 두려움이 적고, 빠르게 적응하는 편이다. 증권사 직원들과 얘기를 나누면서 그걸 확실히 느낄 수 있었다. 최근 십여 년 동안 우리나라 증권사의 입지는 급격하게 바뀌었다. 특히 시장을 선도할 수 없는 중소 증권사의 처지가 더욱 그렇다. 과거의 영업 관행으로는 살아남기 힘들어졌다. 그래서 증권사마다 구조조정을 생각하지만 그게 쉽지 않다. 나는 다니던 증권사에서 직원들을 면담해 보았다. 대부분 오십 전후였고, 증권업계 경력이 이십여 년 되는 사람들이었다. 이름만 대면 다 아는 대학을 나왔고, 그 직장이 첫 직장이거나 두 번째 직장인 사람들이 대부분이었다. 세 번째 이상인 사람은 몇 되지 않았다.

그래서일까? 이들은 직장을 옮긴다거나 새로운 업종으로 변신하는 것에 대해 거의 상상하지 않았다. 이직을 큰일 나는 사건으로 생각하는 듯했다. 스무 번 이상 이직을 경험한 나는 처음에 그들의 태도가 이해되지 않았다. 실업급여나 이직 프로그램이 더 풍부해져야 하는 건 필요한 일이겠지만, 지금 사오십 대 사람들에게는 사회 분위기 자체가 달라져야 할 것이라는 생각이 들었다. 지금은 평생직장에서 스무 개의 직장으로 바뀌는 시대다.

나는 그런 시대 흐름을 가장 먼저 체득한 사람 중의 하나라고 할 수 있다. 끈기 없어 보이고, 불안정해 보이고, 전문성도 없어 보이는, 수많은 이직의 경험을 한 나, 그런 내가 지금 이렇게 변화무쌍하고 불안정

무엇이 열심히 산 우리들을 힘들게 하는가?

한 세상에서 상대적으로 편안하게 살고 있는 것이다. 반전이다. 그리고 나는 이것을 '인생 새옹지마'라고 부르고 싶다.

반전과 새옹지마는 흥미로운 일이기는 하지만, 또 한편으로는 불안한 것이기도 하고 불편한 것이기도 하다. 흥미는 잠깐이고 불안이나 불편은 오래 간다. 생각해 보라. 새 직업에 대한 흥미나 호기심이 익숙한 것과 결별하는 불안이나 불편을 감당할 수 있겠는가. 그러나 어쩌랴, 이미 우리는 직업 스무 개 시대에 살고 있으니 말이다. 그럼 우리는 차분히 나를 다스리고, 반전과 변화의 세상에 적응하는 인생관을 다듬어야 할 것이다.

내 인생의 가장 극적인 반전이자 새옹지마는 삼십 대 중반에 강화로 이사한 일이다. 사업이 망해 빚은 많고, 부천의 전셋방도 빼서 일부 빚을 갚아야 했다. 그 즈음 강화의 친구를 만나게 되면서 이사하게 됐는데, 보증금 200만 원에 월세 5만 원짜리 허름한 빈 농가였다. 수세식 화장실도 없었고 세면장도 따로 없었다.

그러나 좋은 점도 많았다. 뒷마당의 아담한 돌담, 안마당과 바깥마당, 텃밭, 집 뒤 우람한 느티나무, 탁 트인 들판과 떡 버틴 뒷산, 이 모든 것들이 도시에 살던 우리에게는 전에 느끼지 못했던 새로운 세상이었다. 거기에 더해 정말 중요한 건, 동네 학교의 훌륭한 선생님들이었다. 내가 본 건 이 새로운 것들이었다. 그리고 그 새로움은 나와 식구들을 늘 생기 있게 해주었다. 그 혜택으로 오늘의 우리가 있게 된 것인데, 나는 이 현실에 대해 고맙게 생각한다.

그 바탕을 나는 새옹지마塞翁之馬 철학이라고 말하곤 한다. 앞날을 정확히 알 수는 없는 것, 인간은 다만 지금 현재에 충실해야 하는 것, 현재의 노력이 쌓여 미래가 될 것이고, 미래가 어떠할 것인지에 대해 두려워 할 필요가 없다는 것 등이다. 알 수 없는 것을 억지로 알려 하거나 그 결과에 기대려는 것은 나약한 태도다. 한편으로는 신神에 대한 불경이다. 미래나 알 수 없는 것은 신의 영역이다. 인간인 나는 현재를 '있는 그대로' 보고 뚜벅뚜벅 실천하는 것이 최선이다. 낙관적인 자세로.

좋은 습관을 배게 해주신 어머니 살림살이

아내는 나에게 미맹이라고 한다. 맛을 모른다는 의미다. 뭐든지 맛있다고 하니 반찬 투정할 일이 없다. 그래서 아내는 밥상 차리는 일로 마음고생을 덜 하는 편이다. 음식을 먹다 내가 맛있다고 하면 아이들은 "아빠한테 맛없는 게 있었나?" 하며 반문하곤 한다. 오십 중반인 나는 아직도 밥맛이 너무 좋다. 더 먹고 싶은 걸 참아야 한다. 배가 더 나오면 불편하니까.

술을 아무리 많이 마셔도 다음날 아침 밥맛이 좋다. 늦잠을 잤다거나 하는 특별한 일이 아니면 늘 아침을 먹는다. 같은 반찬을 늘 먹어도 항상 맛있다.

그런데 이렇게 얘기하면 아내와 장모님이 서운해 하지 않을까? 우리네 식단에서 가장 중요한 건 김치인데, 장모님과 아내가 김치를 맛있게

무엇이 열심히 산 우리들을 힘들게 하는가?

해주니 내가 별 다른 반찬이 없어도 맛있게 먹는 건데 말이다. 장모님은 장아찌 등 밑반찬도 제법 많이 해주신다. 음식솜씨가 있는 편이다.

나는 뭐든 잘 소화하는 편이다. 어른이 돼서는 뭘 먹고 탈난 적이 없다. 같은 음식을 먹고 후배는 배가 아프다고 한 적도 있었으나 나는 멀쩡했다. 식성이 좋으니 밥과 반찬을 남기지도 않는다. 싹싹 긁어먹으니 뒷정리하기도 좋다. 나는 이런 나의 습관이 어릴 때부터 몸에 잘 배었기 때문이라고 생각한다. 그리고 그것이 나에게 가장 큰 자산이 되었다.

나는 나에게 이런 습관을 배게 해준 어머니에게 고맙게 생각한다. 어머니는 밥은 배고파서 먹는 게 아니라 때가 되면 먹는 거라고 했다. 아플 때도 먹어야 힘이 나서 낫는다며 밥을 차려줬다. 그만큼 규칙적인 식습관이 중요하다는 걸 강조했다. 한여름에도 찬물이 아니라 숭늉을 먹게 했다. 이빨 닦는 것과 발 씻고 자는 것도 잘 가르쳤다. 그래서 나는 건강하고 내 몸을 유지하는 데 돈이 적게 든다. 이것들이 나의 경쟁력이고, 이 모든 것에 나는 감사한다.

어릴 때 보면, 어머니는 반찬이 좀 시들해진다 싶으면 그걸로 볶음밥을 해주었다. 고추장으로 비비면서 들기름을 조금 넣으면 맛있는 볶음밥이 된다. 그러니 버리는 반찬은 거의 없었다. 그 시절엔 먹는 것도 부족할 판이니 어느 집이나 버릴 것이 없었을 것이다.

하지만 요즘은 반찬을 많이 버린다. 그만큼 풍부해졌다는 측면도 있고, 다른 한편으로는 살림살이를 알뜰하게 하지 못한다는 뜻이기도 하다. 버리는 반찬이 많은 요즘 세태를 보며 나는 어릴 적 어머니의 살림살이를 생각하곤 했었다. 그런데 몇 년 전 어떤 책에서 보니, 영국의 로 컬푸드 매장에서 그런 식으로 사업을 하는 것이었다.

창업주는 젊지만 원래 유명한 요리사였다. 지역에서 나는 안전한 먹 거리를 공급하는 차원에서 로컬푸드 매장을 운영했는데, 팔던 채소들 이 시들해지기 시작할 때 그것으로 요리를 했다. 요리한 반찬을 팔면 수익을 더 많이 낼 수 있다. 그 매장이 성공한 여러 요인 중 하나가 바로 이것이다.

나는 이 얘기를 최근에 일하기 시작한 인천의 로컬푸드협동조합 임 원들에게 했다. 마침 인천의 로컬푸드협동조합은 마을부엌 사업을 하 게 됐다. 140세대가 입주하는 주안 근처 행복주택이 있는데, 그 중 100 평에 로컬푸드 매장과 카페 그리고 마을부엌을 만들기로 했다. LH는 그 공간의 운영을 로컬푸드협동조합에 맡겼고, 관할 남동구청은 마을부엌 의 시설을 해주었다.

몇 년 전부터 나는 서울에서 청년들의 공동주거를 위한 협동조합 일 도 하고 있는데, 그 일을 하면서 청년들이 함께 밥을 해먹으면 좋겠다 는 생각을 많이 했다. 그러나 현실은 쉽지 않았다. 모두의 것은 자칫 누 구의 것도 아니게 되는 것처럼, 공동주거를 하며 같이 식사를 하는 게 관리가 안 되는 유쾌하지 않은 것이 될 가능성이 높았다.

그러니 누구도 선뜻 나서지 않아 같이 식사하는 건 거의 되지 않았 다. 청년들이 요리도 잘 못하고 관심도 없으니 저절로는 될 일이 아니 다. 그러던 중에 인천로컬푸드협동조합 일을 하게 됐고, 협동조합이 마을부엌 사업을 하게 된 것이다. 그러면 영국의 로컬푸드 매장처럼, 팔다가 조금 시간이 지나면 요리재료로 쓰면 된다. 이렇게 하면 버릴 게 거의 없게 된다. 수익성도 좋아지고 환경에도 좋은 일이 되는 것이다.

나는 이런 것을 통해 공동주거 하는 사람들이 식사를 맛있고 편하게 하면 좋겠다고 생각한다. 그러면서 이웃과 함께 어울리기도 하고, 좋은 음식을 싸게 먹는 것이다. 또 마을부엌에서 요리도 배워 때로는 스스로 하기도 하고, 나아가 남에게 요리도 해주게 될 것이다. 나는 이런 마을부엌이 생활 곳곳에 많이 자리 잡기를 바란다. 많은 사람들이 이렇게 식사를 해결하면 국민총생산은 수치상으로는 줄어들 것이다. 그러나 이것이 더 행복한 방법이다. 수치만 국민총생산이 오르는 건 의미가 없다.

사람들이 좋은 식생활 습관을 들이면 건강에도 좋고 돈도 적게 들어서 좋다. 마을부엌을 통해서 하면 이웃들과 관계도 좋아져서 사회 전체가 건전해진다. 바르게 살자고 말로만 할 게 아니라, 이렇게 생활을 바로잡는 게 사회가 바르게 되는 지름길이다.

이런 과정을 통해 사람들이 이웃과 교류가 많아지면, 마을을 깨끗하게 하는 일도 잘 될 것이다. 나는 우리의 생활환경이 더 깨끗해져야 한다고 생각한다. 주변에 쓰레기가 많고 정돈이 안 된 곳이 너무 많다. 아파트 이외의 일반 주택지도 아파트처럼 분리수거장을 만들고 잘 관리되도록 해야 한다.

나는 어려서 청소와 설거지 등도 어머니한테 배웠다. 학교에서 청소하는 것도 교육이라고 생각하는데, 나는 학창시절에 학교 교사들이 그런 거에 별 관심이 없는 거 같아 늘 실망스러웠다. 교실이 너무 지저분하고 더러워서 싫었다. 교사인 처제가 자기 학급에 장판을 깔았더니 학생들이 청소도 훨씬 잘 하고 깨끗해졌다는 말을 한 적이 있는데, 나는 이런 것이 가장 훌륭한 교육이라고 생각한다.

'내 것'과 '우리 것'의 차이에 대한 배움과 깨달음도 필요하다. 아주 어릴 때는 생존을 위해 자기에게 필요한 것만 좇는다. 어쩔 수 없는 생명의 본능이다. 그러나 커나가면서 자신과 이웃, 나아가 사회의 관계를 배워야 한다. 그것들이 서로 연관되어 있고 뗄래야 뗄 수 없는 밀접한 관계라는 사실을 알아야 한다. 배움과 더불어 적절한 깨달음도 있어야 한다. 어릴 때는 오로지 자기 몸만 생각하다가 조금씩 커나가면서 부모 형제 나아가 친구와 이웃을 배려하게 된다. 그 관계성은 더 넓어져야 하고 더 깊어져야 한다. 그래야 삶이 빈약하지 않고, 가진 돈이 많고 적음을 떠나 사는 게 여유로워진다. 이런 삶의 자세도 몸에 배어야 한다. 그러는 데에는 윗사람들의 도움도 필요하고 자신의 노력도 필요하다.

생활 속에서 늘 좋은 습관을 들여야 한다. 어릴 때부터 하면 더 좋다. 부모, 교사, 지자체 등은 생활이 잘 조직되도록 배려하고 연구해야 한다. 개인 차원에서 특히 더 많은 노력이 필요하다. 좋은 습관이 배어 있고 나 자신을 통제하는 데 어려움이 없을수록 돈이 나를 지배할 여지는 적어진다.

무엇이 열심히 산 우리들을 힘들게 하는가?

2부

자녀

돈은
적게 들이고,
꿈은 맘껏
키워주자

성인이
되면

독립시키자

– 보리야, 방값 내렴

'근면勤勉 성실誠實'

어릴 때 학교 교실에서 많이 보던 문구다. 부지런하고 성실한 게 옛날에는 가장 큰 덕목이었다. 기술혁신이 많지 않던 시절에 생산력을 좌우하는 건 숙련도와 노동시간이다. 그러니 부지런하고 성실한 사람이 돈도 많이 벌고, 사회에서 대접받는 건 당연한 이치였다. 한 가지 일을 꾸준히 오래 하는 건 기본이었다. 달리 여러 가지 할 일이 없기도 했다.

이런 관점에서 보면, 보리는 부족한 게 많다. 그러나 나는 별 걱정을 하지 않는다. 몸이나 정신에 장애가 있는 것도 아니고, 지적 능력이 특별히 모자라지도 않는다. 재치가 없지도 않다. 아빠인 나를 혼내는 것 말고는, 대인관계도 별 문제가 없다.

그래도 아내는 걱정을 한다. 대학을 다니지 않은 것과 안정된 직장이 없는 것을 특히 걱정한다. 나랑 관점이 좀 다르다. 나는 별 걱정을 하지 않는데, 문제를 좀 삼자면 늦잠 자는 것과 아침을 챙겨먹지 않는 것 그리고 몸에 별로 좋지 않은 시중음식을 많이 먹는 것 등을 걱정하는 편이다.

대학에 대해서 나는 이래라저래라 하지 않았다. 다만, 뚜렷한 생각도 없이 남들 가니까 따라 가는 식으로는 하지 않는 게 좋겠다고 조언했다. 그리고 대학을 가더라도 학비를 부모한테 달라지 않아야 한다는 건 언니 오빠의 선례가 있어서 굳이 얘기하지 않아도 될 일이었다. 나는 이 점에 대해 보리가 시비를 걸지 않아 참 다행스럽게 생각하기도 하고 보리한테 고맙기도 하다. 생각해 보라, 자식이 학비 대달라고 하는데 그걸 거절한다거나 들어주지 못하는 게 얼마나 불편한 일이겠는가.

우리가 선진사회로 나아가면서, 이런 건 아예 국가와 사회 차원에서 근본적으로 해결되어야 한다고 생각한다. 그래서 나는 앞에서 얘기한 것처럼, 아예 그런 것이 문제가 되지 않도록 '자녀학비지원금지법'을 만드는 게 좋다고 본다.

다행인 건, 아내도 보리가 대학에 다니지 않은 걸 걱정하기는 하지만, 보리한테 대학에 다녀야 한다고 강요하지 않는다는 점이다. 보리가 대학 갈 실력이 안 되어서도 아니고, 학비를 대줄 수 없어서도 아니다. 나리도 처음에 대학에 가지 않은 걸 전혀 뭐라 하지 않았다. 그리고 요즘 대학은 굳이 학비가 없어도 다니려면 다닐 수 있다.

내가 자녀교육에서 중요하게 생각하는 것은 몸과 마음의 건강, 원만한 대인관계, 자립심이다. 거기에 올바른 인생관을 더하고 싶은데, 이

건 살면서 끊임없이 나아져야 하는 것이기에 꼭 필요한 거라고 하고 싶지는 않다. 그러나 더 멋지고 행복한 인생을 위해서는 올바른 인생관이 가장 중요한데, 굳이 가르친다고 될 수 있는 것도 아니거니와 어떤 인생관이 올바른 것인지에 대해서도 장담할 수 없는 것이다. 그러니 스스로 깨달아 가도록 눈 뜨고 봐줄 일이다.

아이가 어릴 때에는 몸과 마음의 건강이 가장 중요했다. 원만한 대인관계와 자립심은 커가면서 중요해지는 항목들이다. 보리가 태어나기 전에 나는 요즘은 없어서는 안 될 존재로 자리 잡은 생활협동조합 일을 1년 반 동안 했다. 안전하고 건강한 먹거리에 대한 관심이 많았고, 남보다 좀 먼저 실천 활동을 한 셈이다. 그래서 더욱 나는 아이들의 먹거리에 대해 신경 썼고, 강화로 이사한 여러 동기 중 하나도 아이들의 건강 문제였다. 시중음식을 되도록 사주지 않았는데, 특히 콜라 등의 청량음료, 아이스크림 같은 찬 음식, 튀김닭 등을 사주지 않으려고 애썼다. 때로는 투쟁 수준의 다툼을 벌이면서까지. 이십여 년이 지난 지금, 아이들의 건강 면에서는 강화로 이사한 것이 크게 도움이 됐다는 결론을 내린다.

원만한 대인관계는 여건과 부모의 태도가 중요하다고 생각하는데, 일단 여건은 아이들에게 좋았다. 보리에게는 엄마 아빠의 형제들이 여럿인 것이 좋은 영향을 주었을 거라고 본다. 특히 외갓집에서는 나리와 온달이와 함께 가장 큰 아이들 중 하나로서 사촌동생들을 이끌며 재롱을 떤 것들도 원만한 대인관계 의식을 갖게 하는 데 큰 도움이 됐을 것이다. 외가 할머니 할아버지를 비롯해서 이모와 외삼촌들로부터 사랑을 듬뿍 받고 자랐다. 친가 분위기는 외가보다 포근하지 않기는 했으나 언니 오빠와 동생들이 여럿 있어서 어울리기에 좋았다.

더 좋았던 것은 강화에서 토요일마다 서당을 운영하면서 친하게 지낸 이웃들과의 관계다. 부모들끼리도 친하니, 보리 역시 아이들끼리도 친하게 지냈다. 어린 나이에 친구네 집에서 함께 자는 걸 스스럼없이 했다.

나와 아내는 보리가 원하는 것을 많이 들어주었다. 그런데 그 들어준 내용은 생각하기에 따라서는 독자들의 생각과 다를 수 있다. 앞에서도 얘기한 것처럼, 우리는 먹는 것에 대해서는 통제를 한 편이다. 가게가 없거나 멀기 때문에 아이들은 도시 아이들보다 군것질을 하지 않은 편이다. 우리가 들어준 특별한 것은 아래와 같은 것들인데, 다른 집 같으면 안 들어줬을 만한 것들이기도 하다.

학원 마음대로 다니기다. 피아노, 지점토, 비즈공예, 검도 등 학원을 다니다가 몇 달 만에 그만두겠다고 했을 때 우리는 언제든지 허락했다. 일반 학습학원을 보내달라고 했을 때는 보내고 싶지 않았으나, 하도 보내달라고 보채서 몇 달 보냈다. 결국 몇 달 다닌 다음에 이모와 진지한 대화를 나눈 다음에 그만두었다.

중학교 때는 전학도 시켜줬다. 강화여중을 다닐 때였는데, 무슨 맘이 들었는지 면 단위 학교로 전학을 보내달라고 했다. 남들은 면 단위에서 위장전입을 해가며 읍에 있는 학교로 보냈지만, 우리는 보리 뜻대로 전학을 시켜줬다. 학교에서는 혹시 보리가 불량학생인가 해서 꽤 의심스럽게 봐서 수속을 마치는 데 불편함이 많았다. 하지만 나는 아무 불평하지 않고 전학절차를 밟아주었다. 그 즈음 나는 사람들을 만나면 이렇게 자랑하곤 했다.

"우리 보리는 전교 3등이야."

보리는 그런 말을 들으며 미소를 지었다. 사실 그 학교는 한 학년 전교생이 스무 명이었다.

강화여고에 입학했을 때는 방과 후 공부를 하지 않겠다고 해서 나는 학교에 찾아가 빼달라고 요청했다. 농촌지역 학교가 진학률을 높이기 위해 도시 학교보다 더 자습을 많이 시킨다. 나는 그게 옳다고 보지는 않지만, 학교 정책을 간섭하고 싶지는 않았다. 다만 보리가 원하는 바를 들어줄 필요가 있기에 나는 담임선생을 만나 정중하게 요청했다. 명분은 두 가지였다.

"보리 오빠 온달이는 학원 안 다니고도 과학고 가서 1등 합니다."

당시 강화읍의 학교에서는 온달이 존재를 다 알고 있어서 설득력이 있는 논리였다. 그 다음 명분은 집이 멀다는 점이었다. 우리 집은 민통선 안쪽이어서 버스가 일찍 끊어지거니와 여학생 혼자 늦게 다니기에 위험하다는 것이었다. 결국 담임의 허락을 받았는데, 보리한테 나중에 들으니 담임은 다른 학생들에게 보리가 자습에 빠지는 이유를 온달이 오빠처럼 혼자 잘 할 거니까 빼준다고 했다고 한다. 그리고 나서 좀 있다가 인가형 대안학교인 산마을학교에 결원이 생겨 추가모집을 할 때 보리는 그 학교에 가겠다고 해서 전학을 했다.

산마을학교에서도 입시에 찌들지 않고 맘껏 뛰어놀며, 이것저것 사회탐구를 하는 공부를 많이 했다. 입시공부로 치면 많이 부족했지만, 그 나이에 탐구심을 자극할 만한 활동은 많이 했다. 외부의 작가가 진행하는 수업도 참여하고, 사회탐구 활동으로 주기적으로 도시로 나가는 수업도 했다. 축제와 자치활동은 물론이고, 보리가 친구들과 새로운 신문을 만드는 팀을 꾸리기도 했다.

그렇게 고등학교를 졸업하면서 보리는 대학을 가겠다고 두 군데를 지원했다. 그러나 모두 떨어졌고, 보리는 미련을 두지 않고 서울시의 청년일자리를 신청해 1년 동안 구로의 마을공동체지원센터에서 청년 활동가로 일했다. 거기서 만난 선배들과 서울문화재단에 지원사업 공모를 해 선정됐고, 그 일을 또 1년 했다. 그 다음 해에는 회사도 다녀보고 알바를 하기도 했다. 그런 다음 모은 돈으로 친구랑 두 달 동안 유럽여행을 하기도 했다. 중간중간 길고양이를 위한 행사에 참여하기도 했다.

이런 보리를 우리는 눈 뜨고 지켜봤다. 내 원칙은 이렇다. 예전에 어른들이 하던, '눈 뜨고 못 봐줘' 식이어서는 안 된다는 것이다. 그건 부모 기준에 맞지 않는 아이의 행태를 받아들이지 않겠다는 자세다. 아이의 선택을 존중하지 않는 방식이다. 그래서는 안 된다. 아이가 어느 정도 크면, 그게 딱부러지게 언제라고 할 수 있는 건 아니지만, 아이의 결정을 존중해 줘야 한다는 것이다. 아이의 결정을 눈 크게 뜨고 자세히 바라봐야 한다.

'그게 무슨 뜻이지?'

'왜 그렇게 생각하지?'

'그게 잘 안 되면 어떻게 할래?'

자세히 듣고 잘 살펴보고 이렇게 물어봐야 한다. 아이의 대답에 허점은 없는지, 비약은 없는지를 따져봐야 한다. 그런 대화를 통해 아이는 자신의 생각을 더 다듬을 수 있다. 그리고 자신의 결정에 책임을 지게 된다.

그러면서 강력히 요구해야 할 것이 있다. 바로 자립심이다. 특히 고등학교를 졸업할 즈음이 되면 이 점이 분명해야 한다. 자립심은 생각과 행동의 자립을 뜻하기도 하고, 돈 문제에 대한 자립이기도 하다. 대학을 갈 건지 안 갈 건지, 간다면 학비를 어떻게 댈 건지 등을 진지하게 나눠야 한다.

이런 대화를 하면 아이는 어떤 반응을 보일까?

더 어릴 때부터 스스로 결정하는 여건에서 크지 않은 아이라면, 당혹스러울 수 있을 것이다. 잘하지 못할 수도 있다. 결정 장애라는 말이 있는 것처럼, 어려서부터 작은 것이라도 스스로 결정하는 습관을 들이지 않은 아이라면 어려움이 있을 것이다. 그것이 심해서 사회에 나와서도 부모의 결정을 기다리는 사람들이 있다는 말을 우리는 우스갯소리처럼 듣곤 한다.

나는 부모와 자녀 간에 믿음과 사랑이 기본으로 깔려 있는 관계라면, 다시 말해 큰 문제없는 관계라면, 자녀들은 부모가 자녀 스스로 결정할 것을 요청해 갈수록 점차 부모에 대한 믿음이 커질 것이라고 생각한다. 또한 자립심 역시 커질 것이다. 그렇게 스스로 해나가는 자신의 모습에 자신감을 가질 것이라고 본다.

특히 돈 문제는 더 중요하다. 성인, 다시 말해 고등학교를 졸업할 즈음이 되면, 나는 자녀들이 부모에게 돈을 달라는 일은 특별한 일이 아니면 없어야 한다고 본다. '돈에 끌려 다니지 말자'는 주장을 글과 말로 많이 하는 나로서는 이 대목에 더 신경을 쓰는 편이다. 내가 그동안 빚에 시달려 돈이 풍족하지 못한 탓도 있지만, 더 중요한 것은 고비용사회인 한국에서 성인이 된 자녀들에게 돈을 대줘야 하는 50대 부모들의 삶이 결코 좋아 보이지 않기 때문이기도 하다.

각 가정의 돈 부담을 줄여줘야 사회가 안정된다. 그래야 부모의 경제력에 따른 박탈감도 적어진다. 그래야 양극화 해소와 가난의 대물림을 해결하는 데도 도움이 된다. 여러 번 주장하지만, 이렇게 되려면 국가나 사회 차원의 해법이 중요하다. 그러나 그것에만 기댈 수 없고, 또 그렇게 되었다 해도 개인 차원의 각성과 실천은 여전히 필요하고 중요하다. 그런 차원에서 부부가 이런 문제의식에 공감하고 함께 노력해야 한다. 부부의 생각과 행동이 엇박자가 나면 곤란하다.

이렇게 말하는 나와 아내 사이에도 가끔 엇박자가 나곤 한다. 보리의 이빨 교정사건도 그 중 하나다. 보리는 오래 전부터 교정을 해달라고 했다. 나는 다른 부작용은 없고, 단지 앞니가 큰 정도라면 미용에는 좀 안 좋더라도 건강에는 원래의 이빨이 더 낫다고 보기 때문에 허락하지 않았다. 나름 잘 방어하고 있었는데, 어느 날 보리는 엄마한테 승낙을 받고 신용카드를 받았다.

'이게 아닌데….'

속으로는 이렇게 생각하면서도 나는 아내의 결정을 뒤집지는 않았다. 보리가 간절히 원하고, 엄마인 아내가 허락했을 정도라면 그 결정도 존중해 줄 필요가 있다고 생각하기 때문이다. 그것이 정말 위험한 결정이거나 감당할 수 없는 엄청난 금액이 아니기 때문이기도 했다.

내 원칙이 무너졌지만, 나는 그렇다고 큰일 났다고 생각하지는 않는다. 예외 없는 법칙 없다는 말처럼, 어떤 원칙을 정했다는 것은 현실에서 그 원칙이 안 지켜질 일이 많다는 뜻이기도 하다. 그걸 우리의 의지로 바꿔보자는 것인데, 그 과정에서 어긋나거나 무시되는 경우도 있다고 봐야 한다. 안 지켜진 일이 있으면 무조건 안 지킨 사람만 탓하거나 허탈해 할 것이 아니다. 왜 그랬는지, 원칙이 현실에 맞지 않는 건 아닌지 등을 잘 살펴볼 일이다. 또 구성원들에게 충분히 공감되어 정해진 원칙인지도 따져볼 일이다.

나는 내가 정한 원칙이 우리 현실에서는 무리인 측면도 있다고 인정한다. 그러나 어떻게든 지금 우리 사회의 문화와 제도를 올바른 방향으로 바꿔보자는 의지의 표현이다. 이런 노력들이 모아져 큰 물결이 되고 축적되어 변화가 일어나리라 믿는다.

지켜지느냐 지켜지지 않느냐보다 더 중요한 건 그 실행과정을 통해

구성원들이 얼마나 문제를 자신의 문제로 인식해 나가는지, 서로 관계가 깊어지는지, 그 과정에서 보람을 느끼는지 등의 문제다. 그래서 나는 때로는 강하게 나의 원칙을 밀어붙이기도 하지만, 때로는 원칙이 깨지더라도 관대하게 넘어가기도 한다. 원칙보다 사람과 관계가 더 중요하기 때문이다. 보리한테서 방값을 받는 과정 역시 그렇다.

보리가 고등학교를 마치고 서울에서 일을 시작할 때 나는 서울에서 직장을 다니고 있었고, 강화에서 출퇴근할 수 없어 전세방을 얻어 살면서 주말부부 생활을 하고 있었다. 거기 방 하나를 보리와 온달이가 같이 썼다. 어느 날 나는 온달이와 보리에게 저녁을 사주며 진지하게 얘기했다.

"이 집을 유지하는 데 월 45만 원쯤 들어."

보리는 눈을 동그랗게 뜨고 무슨 허점이라도 찾을 듯이 내 말에 집중했다.

"그러니 우리 셋이 3분의 1씩 내자."

나는 '3분의 1씩 내라'는 명령식으로 하지 않고, '같이 내자'고 권유했다. 온달이는 순순히 응했다. 온달이는 당시 대학생이었지만 장학금으로 생활비도 일부 받고, 과외로 또 수입이 있어 여유가 있었다. 보리도 직장생활을 하고 있으니 수입이 있던 터다. 그러나 보리는 자신의 수입이 얼마인지 우리에게 얘기하지 않았다. 왜 알려 주지 않았는지는 아직도 모른다.

'급여가 많으면 많이 부담하라고 할까봐 그랬을까?

"왜 45만원이나 돼?"

보리가 물었다. 나는 조목조목 설명해 주었다. 전세자금 대출이자, 전기 가스 수도요금과 반찬값 등 생활용품 값을 합치면 그 정도 된다고 했다. 보리는 생활용품을 자기 돈으로 산 적도 있다는 등 몇 가지 반박을 했다. 내가 동의하지 않자 보리는 이번엔 읍소작전을 폈다.

"딸내미가 비정규직으로 몇 푼 벌지도 못하는데, 그걸 빼먹으려고 하냐!"

듣고 보니 안 되기는 했다. 이 시대 많은 젊은이들의 처지가 바로 보리와 다르지 않기에 더욱 짠했다. 그렇다고 이런 일로 양보할 수는 없다. 나도 내 입장을 설명했다.

"아빠 용돈이 제일 적어."

이번에는 보리도 내 설명을 조용히 들었다.

"아빠가 너희보다 소득은 많지만, 엄마한테 생활비 줘야지, 대출이자 나가지, 할머니 용돈 드리지, 여기저기 후원금 나가지, 보험료 나가지, 그래서 아빠가 순수한 용돈으로 쓰는 돈은 너희보다 적을 걸!"

정말 더 적은지는 잘 모른다. 나, 온달, 보리는 비슷할지도 모른다. 나리는 워낙 알뜰해서 소비지출은 적을 거라고 짐작하고 있다. 보리도 내 말이 터무니없다고 생각하지는 않는지 더 반박하지는 않았다. 그래서 월 15만원씩 방값을 받기로 했다. 그런데 방값을 매달 받는 건 쉬운 일이 아니었다. 지로나 고지서를 발행하는 것도 아니고, 애들이 자동이체를 걸어놓은 것도 아니기 때문이다. 가끔 따져서 받아내곤 했다. 그나마 온달이는 순순히 주는데, 보리는 이 핑계 저 핑계를 대며 내지 않는 때가 많았다.

어떤 때는 실업상태라며 하소연하기도 했다. 나는 그럴 때에도 이렇게 반박했다.

"만약 아빠가 없거나 아빠도 돈이 없다고 생각해 봐. 그때도 보리는 아빠한테 기대며 살 생각인가? 불가능하잖아."

보리는 조용히 내 말을 들었다. 나는 좀 더 이어나갔다.

"이제 성인이잖아. 세상에 보리 혼자 있다고 생각하고 살아야 해. 아빠랑 여기서 살지 않으면 돈을 더 많이 내야 할 걸?"

참 눈물 나는 현실이다. 최저생계비를 버는 청년이라면, 방값으로 소득의 20% 이상을 내야 한다. 그나마 보리는 적게 내는 것이다. 공동주거를 하는 이점이다.

빚쟁이 독촉하듯이 가끔 방값을 받아내는 게 나로서는 귀찮은 일이기도 하다. 그렇지만 대충 넘어가는 게 옳다고 생각하지는 않는다. 성인이 되었으면, 경제적으로 자립해야 한다는 철저한 자각이 필요하다. 좋은 직장에 다니는지, 소득이 많은지 등은 그 다음 문제다. 남에게 의지하지 않고 철저히 자신의 노동으로 세상을 살아가야 한다는 자세가 필요하다. 젊은 때 배워야 할 것은 이런 원칙들을 몸에 배게 하는 것이다. 기술이나 돈은 그 다음이다. 그래서 나는 지금도 보리에게 요구한다.

"보리야, 방값 좀 내렴."

대학
학비는

자기 힘으로

– 온달이의 상급학교 선택과정

"온달이가 유학 포기한 건 당신 때문이야!"

어느 집이나 비슷하겠지만, 아내는 내 탓을 많이 한다. 온달이가 유학을 포기한 것도 내가 충분히 학비를 대주지 않아서라며 나에게 큰소리를 친다. 아내의 말이 맞는지 틀리는지를 떠나 이 말을 들으면 온달이는 어떻게 생각할까? 온달이는 한두 번 아니라고만 답할 뿐이다. 온달이는 아마 속으로 이렇게 생각했을 것이다.

'내가 알아서 한 건데, 엄마는 왜 그래~. 괜히 아빠 괴롭히려고.'

인천과학고를 나와 서울대 자유전공학부를 들어간 온달이는 2학년 때부터 수학과 경제학을 복수전공했다. 특히 수학에 집중했고 성적도 좋았다. 어릴 때부터 수학을 좋아했기에 잘 된 일이다. 그래서 주변에서는 다들 수학공부를 더 하기 위해 미국으로 유학 갈 거로 생각했고,

온달이도 그럴 생각이었다. 그랬던 온달이었는데, 최종 결정은 유학이 아니라 서울대 법학전문대학원이었다. 이 역시 남들이 다 부러워하는 곳이기는 하지만, 아내는 온달이가 자신이 하고 싶은 걸 돈 때문에 포기한 걸로 생각하고 나를 탓하는 것이었다.

그동안 온달이는 자신의 진로선택을 철저히 본인의 뜻대로 했다. 중학교 입학을 앞두고 나와 아내는 온달이에게 대안학교를 권했지만, 온달이는 일반학교를 가겠다고 했다. 그래서 우리는 온달이의 강화중학교 입학을 위해 양도면에서 강화읍으로 이사했다. 고등학교를 들어갈 때도 나는 인가형 대안학교인 산마을학교를 권했지만, 온달이는 마다하고 인천과학고를 가겠다고 했다. 이때도 역시 나는 온달이가 인천과학고 입시에 불이익이 없도록 인천시 교육청과 다투는 일을 했다.

고등학생이 된 온달이는 자기 결정권이 더 세졌다. 대학 진학과 관련해서 논의하던 어느 날 온달이는 내게 이렇게 말했다.

"아빠, 이제 아빠가 아는 게 나보다 많다고 할 수 없어."

낮은 목소리로 건방지지 않게 얘기했지만, 태도는 단호했다. 사실 그랬다. 복잡한 입시제도를 나는 잘 몰랐다. 학교 설명회에서 조금 들은 걸 토대로 온달이와 대화를 나눴는데, 온달이는 자기 문제이기도 하고 더 많은 정보를 얻고 생각을 많이 해서 그런지 나보다 판단이 정연했다. 한편으로 나는 마음이 편해졌다.

'음, 걱정할 필요 없구나. 알아서 잘 하겠네.'

온달이 성적은 대전에 있는 한국과학기술대와 서울대 둘 다 가능했다. 학교에서는 박사학위를 빨리 따려면 과기대가 낫고, 출세를 위해서라면 서울대가 낫다고 말해주었다. 수학을 좋아하니 과기대가 낫다고 생각해서 권했는데, 온달이는 서울대를 택했다. 그 즈음 나는 영농조합일을 하면서 집 짓는 일에도 관심이 많았고 건축가들에 대한 책도 몇 권 읽던 중이었다. 건축과가 문과와 이과를 넘나드는 멋진 학문인 것 같아 나는 건축과를 권했다. 담임은 재료공학과를 권했다. 뽑는 인원이 많아 온달이는 걱정할 필요 없이 합격할 것이라며 권한 것이었다. 그런데 온달이는 자유전공학부를 가겠다고 했다.

"그건 뭐지?"

내가 다닐 때는 없던, 처음 들어보는 학부다. 알아보니 법학전문대학원 만들면서 법대가 없어지고, 문이과를 통섭하는 학문을 하겠다며 만든 학부라고 했다. 나는 왜 자유전공학부를 가려는지 물었다. 온달이는 이렇게 대답했다.

"아직 내가 수학을 얼마나 잘하는지, 수학 말고 또 어떤 게 맞는지를 잘 모르겠어. 자유전공학부에 1년 다녀보면서 충분히 생각해 보고 결정하려고."

말이 되는 논리였기에 나도 동의했다. 그래서 자유전공학부 다니면서 대학 수학을 들어보니 충분히 해볼만하다는 판단이 들었고, 그래서 온달이는 2학년에 올라갈 때 수학전공을 택했다. 입학 때 수학과를 지원하는 것은 조금 위험한 지점도 있다고 했다. 선행학습을 하지 않아서 고1 수학성적이 조금 부족해서 그렇다는 것이다. 이렇게 해서 온달이는 결국 자신이 하고 싶었던 수학을 전공했다.

그러고 보니 중학교 선택부터 내 의견이 반영된 것은 하나도 없다. 나는 온달이에게 정보를 전달하고 의견을 제시했지만, 결국 모두 온달이가 선택했다. 군대와 대학원 선택도 마찬가지로 자신이 선택했다. 그렇지만 온달이는 그런 결정과정에서 내게 의견을 많이 물어봤다.

군대도 그랬다. 대다수 남자들이 그렇듯이 처음에는 군대를 가지 않는 방법을 물어왔다. 처음엔 원칙적인 얘기를 했다. 가는 게 옳다, 왜 가지 않으려고 하느냐? 그러나 온달이는 단호했다. 더 얘기했다가는 요즘 애들 심정을 통 모르는 문외한으로 취급되겠다 싶어 그만두었다.

"살 빼면 면제되지 않을까?"

이것저것 많이 생각하고 알아본 것 같았다.

"아빠 친구 중에 그렇게 해서 면제받은 친구가 있기는 해. 그런데 걔는 너보다 키가 훨씬 작아. 너는 안 돼."

대신 나는 방위사업체 근무를 권했다. 그러나 온달이는 싫다고 했다. 기간도 좀 더 길고, 방산업체에 갔다가 불미스런 일들을 당했다는 얘기를 많이 들은 모양이었다. 그리고 나서 온달이는 카추샤에 지원했으나 추첨에서 떨어졌다. 그 다음 해병대에 지원했다. 그래서 포항에서 훈련받고 와서 강화 집 앞 철책선을 밤마다 가서 지키는 근무를 했다.

군을 제대하고 3학년을 마칠 즈음부터는 진로를 걱정했다. 나는 당연히 수학으로 미국 유학을 생각할 줄 알았다. 그럴 때마다 온달이는 고개를 저었다. 순수수학으로 박사학위를 받는다는 게 쉽지도 않거니와 귀국해 괜찮은 대학의 교수 자리를 얻는다는 건 더 어렵다는 것이다. 나는 여기저기서 들은 얘기를 동원해 설득했다. 요즘 금융사들이 수학과 출신을 우대한다는 얘기를 하면서 말이다.

온달이는 고시, 행시, 한국은행, 금감원, 법전원 등 여러 가지 가능성을 검토했다. 심지어 의대도 생각했다. 나는 그것만은 말리고 싶었다. 의사가 아무리 돈을 많이 번다고는 하지만, 정말 적성에 맞는 게 아니라면 안 하는 게 좋다고 봤다. 의사 자녀를 둔 친척은 여러 번 온달이에게 의대를 권하던 중이기도 했다. 나는 친구들 사이에 떠도는 얘기를 해주었다.

"검사는 친구들이 행세해서 좋고, 변호사는 마누라가 좋은 거고, 판사는 소신껏 일하니 혼자 좋대. 의사도 마누라가 좋지 의사 본인은 일만 하다 마는 거야."

최종 결정은 온달이가 할 것이고, 내가 해줄 수 있는 건 많은 참고자료를 주는 것이다. 나는 판사 친구랑 같이 만나는 자리를 만들었고, 한국은행 퇴직한 선배랑도 같이 식사하는 자리를 만들었다. 이런 치열한 고민을 오래 거치고 나서 온달이는 법학전문대학원 진학을 결정했다.

학비가 비싸서 걱정했는데, 1학기 때는 한국장학재단의 장학금을 받았다. 학교에서 주는 월 30만 원의 생활비 장학금도 추가로 받았다. 2학기 때는 대기업의 장학금 공모에 신청해 선정되었다. 이번에는 월 50만 원의 생활비도 함께.

온달이는 고등학교를 졸업한 이후로 부모 돈을 받지 않았다. 대학 때는 인천과학고 시절의 성적이 좋아 대통령장학금을 받았는데, 학기에 200만 원의 생활비 지원도 받았다. 그렇지만 그것만으로는 부족해 과외를 했다. 나는 주변에 수소문해서 과외자리를 알아봐줬다. 나는 가끔 농담으로 소개비 내라고 졸라 술을 얻어 마시기도 했다.

독자 중에는 온달이가 공부를 잘한 탓에 경제적으로 독립한 거라고 생각하는 사람도 있겠지만, 나는 온달이의 장학금이 아닌 자립하려는 뜻을 말하려고 한다. 나는 나리와 온달이에게 오래 전부터 대학 때부터는 돈 문제를 스스로 해결하자고 제안했고, 애들은 나의 제안을 진지하게 받아들였다. 부모의 뜻을 강요하지 않고 스스로 선택하게 했던 탓인지, 아이들은 경제적으로 독립하라는 요청도 좋은 뜻으로 받아들였다. 간혹 아내는 내가 돈을 많이 벌지 않아 애들이 어쩔 수 없이 받아들인 거라며 나를 탓하지만, 나는 그렇지 않은 측면이 더 크다고 생각한다.

만약 대통령장학금을 받지 못했더라도, 나는 온달이가 어떤 식으로든 스스로 해결했을 거라고 생각한다. 방법은 많다. 과외를 더 많이 했을 수도 있다. 그러면 당연히 시간을 많이 뺏길 테니, 공부시간이 줄 수도 있고 특히 동아리활동이나 친구들과 노는 시간을 아꼈어야 했을 것이다. 서울대가 아니라 전액장학금이나 그 이상의 혜택을 주는 사립대를 선택했을 수도 있다. 장학재단의 장학금과 학자금 대출을 받는 방법도 있다.

어떤 이는 그렇게 되면 돈 때문에 진로가 바뀐다거나 학창시절을 충분히 즐기지 못하니 불행한 거 아니냐고 문제제기를 할 수 있다. 그러나 나는 그렇게 생각하지 않는다. 내 주변에도 학비 때문에 가고 싶은 대학을 낮춰 간 친구들이 있는데, 나는 그런 친구들이 인생을 더 당당하게 살아왔다는 느낌을 받는다. 문제는 주어진 상황을 얼마나 스스로 헤쳐 나갔느냐는 점이다. 자신의 의지가 빠지고 좋은 조건만으로는 결코 성공도 행복도 오지 않는다.

아내는 온달이가 학비 때문에 유학을 포기한 측면이 크다고 나를 몰아붙였다. 그렇지만 온달이가 유학을 선택했더라도, 장학금과 생활비 지원을 받을 가능성이 많고, 설사 그렇지 않더라도 다양한 방법으로 해결할 수 있을 거라고 온달이도 생각했을 것이다. 법전원 진학도 마찬가지다. 장학금과 생활비 지원이 없더라도 온달이는 스스로 해결할 생각이었다. 일단 공부가 먼저니 시간을 최대한 아껴 쓸 생각으로 하던 과외를 그만두었다. 그리고 오목교 근처 방을 학교 근처로 옮겨 달라고 했다. 오가는 시간도 아끼겠다는 것이었다.

나는 돈을 대주지는 않았지만, 이런 요구는 성실하게 들어주었다. 학교 근처 방을 구하기가 쉽지 않던 참에 적당한 방이 있어 일단 그 방부터 계약을 했다. 그런데 계약기간이 남은, 먼저 살던 방이 빠지지 않았다. 어렵게 계약이 되긴 했는데, 시차가 한 달 반이나 됐다. 전세금 1억 2천만 원을 구해야 했다.

투자했던 돈을 사정을 해서 회수하고, 처갓집에서 일부 구하고, 마이너스 통장도 동원하고, 나리 돈도 빌렸다. 계약을 보리 이름으로 해서 전세자금 대출을 2,700만 원 받았다. 마지막으로 온달이도 대출을 받도록 했다. 그렇게 법석을 떨어 전세자금을 해결했다. 이런 수고야 기꺼이 서로 하는 것이지만, 이제 성인이 된 주체로서 학자금과 생활비 정도는 스스로 해결하는 건 기본이다.

온달이는 만약 대학원에 진학해서 장학금과 생활비를 받지 못하면 대출을 받겠다고 했다. 3년 동안의 학비와 생활비가 꽤 되겠지만, 졸업 이후 열심히 벌면 감당할 수 있는 정도라고 본 것이다. 부모가 여유 있으면 대주면 좋지 않겠느냐는 생각이 들 수도 있다. 자녀가 그걸 바랄 수도 있다. 그러나 나는 대줄 능력이 되더라도 대주지 않는 것을 원칙으로 삼았으면 좋겠다고 생각한다. 특히 정치인, 공직자, 성공한 사업가나 유명인들이 그런 원칙을 실천하기를 나는 원한다. 그것이 자녀들을 씩씩하고 건강하게 키우는 방법이며, 세상을 더 밝고 맑게 만드는 길이다.

돈 때문에 열등감을 느끼게 하는 사회가 아니었으면 좋겠다. 오로지 능력과 노력과 자신의 선택으로 진로와 일자리가 구해지고 그에 따라 대접받는 세상이 오기를 바란다. 부모가 가진 돈의 양에 따라 자녀의 앞날이 달라지는 세상이 아니기를 정말 바란다. 우리 아이들도 이런 큰 뜻을 기꺼이 받아들이고, 건강하게 자신의 앞길을 헤쳐나가리라 믿는다.

직업선택도
자녀의

뭇

– 나리의 생태전문가 성장과정

"나 독일 유학 갈 거야!"

녹색연합에서 생태지킴이 활동을 하던 나리가 어느 날 집에 와서 한 선언이다. 나는 순간 당황했다. 말 그대로, '이건 뭐지?' 수준이었다. 그도 그럴 것이, 나리는 대안학교를 나와 대학도 다니지 않은 상태였기 때문이었다. 비약이란 느낌이었다. 한편으로는 주변의 시선에 굴복한 건 아닌가 하는 생각도 들었다.

고등학교를 졸업하고 강화에서 시민단체가 운영하는 갯벌센터에서 일하면서 나리는 주위 어른들로부터 대학을 가라는 말을 많이 들었다. 나리에게 그건 약간 스트레스이기도 했다. 왜냐하면 나리는 굳이 대학을 가지 않아도 일을 잘할 수 있다고 생각하는데, 어른들이 대학 가라고 하는 건 자신을 위해 해주는 말이라고는 해도, '대학은 다녀야 한다'

는 기존 관념 때문이라는 생각이 들기 때문이었다. 나 역시 대학 가지 않고도 할 일이 많다는 소신을 갖고 있고, 실제 대학을 졸업하지 않고도 하고 싶은 일 충분히 다 하면서 살아 왔기 때문에 더욱 그렇게 생각한다. 이런 면에서 나리와 나는 생각이 같아 다른 사람들의 그런 얘기에 대해 충분히 얘기를 잘 나눌 만한 상대였다.

갯벌센터를 떠나 녹색연합이라는 중앙의 환경단체 일을 하면서, 대학을 다니는 게 좋겠다는 비슷한 조언을 들었거나 생각하게 되는 계기가 있었을 거라고 나는 생각했다. 아무튼 명분은 독일이 갯벌을 비롯한 환경산업의 선진국이니 가서 배워야겠다는 것이었다.

나리가 내게 독일 유학과 관련한 돈을 대달라고 요구하는 것 같지는 않았다. 일단 자신의 뜻을 나눠보고 의견을 구하는 것이었다. 내가 해줄 일은 그에 대한 정보를 쉽고 정확하게 얻게 해주는 것이었다.

독일 유학을 다녀온 선배를 만나도록 해줬다. 나리는 내가 소개한 선배와 유학전문 학원을 찾아가 자세한 내용을 파악했다. 정규 고교를 졸업하지 않은 나리는 일단 국내 대학에서 2년 이상을 공부해야 한다는 결론이 났다. 그렇다면 수능공부를 해야 했다. 그렇게 해서 나리는 서울의 전세방에서 수능공부를 시작했다. 그리고 독일어 공부가 기본일 테니, 독일 문화원에서 독일어 공부를 했다.

나리는 중고등학교를 비인가 대안학교를 나왔다. 그러니 상급학교를 가려면 검정고시를 봐야 한다. 대학입시에서는 그게 내신으로 평가되는데, 나리가 예전에 본 검정고시 성적은 별로 좋지 않았다. 나리가 다닌 제천간디학교는 대학진학을 목표로 하는 학교가 아니어서 검정고시 공부도 각자 알아서 하는 정도였고, 아이들도 그걸 중요하게 생각하지 않았다. 교사, 부모, 학생들 모두가 소신 있는 집단이었던 셈이다. 대학 입시를 앞두고 그게 문제가 됐다.

나리가 들어갈 과는 해양생태학과다. 전국에 몇 개 되지 않았다. 충남대, 제주대, 부산해양대 등 몇 개 대학을 대는데, 그 중에 서울대도 있었다.

"그래? 그럼 서울대 원서 내라."

그러나 나리는 시무룩하다. 내신성적이 안 좋아 안 될 거라는 것이다. 수능성적도 그리 좋은 게 아니란다.

"그래도 내봐, 떨어지면 어때."

전혀 반응이 없다. 나는 속으로 생각했다.

'왜 그러지? 응시료가 뭐 엄청난 것도 아닌데 말이야.'

나는 여러 가지 논리를 늘어놓으며 설득했다. 지역균형 선발이 있지 않느냐, 나리는 실제 현장에서 일한 경험이 있지 않느냐, 만약 아빠가 교수라면 그냥 대학부터 오는 학생보다 너처럼 현장경험 쌓은 학생을 뽑겠다는 등의 논리를 설명했지만, 나리는 좀처럼 움직이지 않았다. 그런데 대화 중에 나리가 보인 반응이 있었다.

"괜히 떨어질 걸 왜 해~."

또 남들에게 어디 원서 냈다는 식의 얘기를 하지 말라고 나를 압박했다. 그런 반응을 보면서 나는 생각했다.

'아, 사람들 눈을 많이 의식하는구나.'

나 같으면 응시료 좀 손해 본다 생각하고 도전해 봤을 것이다. 말 그대로, 밑져야 본전이다. 그런데 나리는 서울대 넣었다 떨어졌다는 게 사람들에게 웃음거리가 될까봐 우려하는 것 같았다. '실력도 안 되면서…' 하는 식의 흉을 들을 걸 걱정하는 눈치였다. 실제로 애들 얘기를 들으면, 친구들 사이에 그런 얘기들이 오간다는 것을 나도 알고 있었다. 나와 우리 젊은 시절과 다른 면이 확실히 있는 것 같았다.

'음, 용기부족이로군.'

나는 속으로 이렇게 생각하며 설득을 포기했다. 그렇지만 아쉬움은 남았다. 지금 이 글을 쓰면서 다시 그때 아쉬움이 떠오른다. 정말 이렇게 현장에서 먼저 경험을 쌓고, 다시 관련 학문을 공부한다는 게 더 바람직하기 때문이다. 독일과 스위스가 그런 식이다. 대학진학률이 40%대도 안 된다. 고졸만으로도 충분히 기능을 쌓고 사회생활을 잘한다. 필요하면 나중에 대학을 간다.

나도 우리사회가 그런 식으로 변해가기를 바란다. 지나친 대학진학으로 필요 이상의 비용을 들이고, 아까운 청춘을 보내지 말자는 얘기다. 지금의 과잉학력은 학부모, 학생, 산업계를 포함한 사회구성원 모두에게 손해를 끼친다. 다만, 학원과 대학 관련자들만 이익을 본다. 그렇지만 새로운 선순환구조가 만들어지면, 그들도 더 적합한 역할을 하면서 사회에 적응할 것이다. 교육계와 산업계, 나아가 사회 전체의 협력으로 지금의 입시구조와 인력충원방식 그리고 보상구조를 혁신해야 한다.

나리는 안양대학교 강화분교를 신청했다. 강화갯벌센터에서 일할 때 도움을 받았던 교수가 있는 곳이고, 강화 집에서 다닐 수 있기 때문이었다. 그렇지만 그마저도 합격은 쉽지 않았다. 대기자 명단에 들어 있다가 마감 직전에 연락이 와서 급히 등록금을 내고 등록했다. 검정고시와 수능 성적이 별로였던 것이다.

등록금을 어떻게 낼 것인지가 문제가 됐다. 오래 전부터 나리는 자신의 힘으로 학비를 댈 생각이었고, 모아둔 돈도 충분했다. 그러나 나리엄마는 다른 주장을 했다.

"아니, 아빠가 대학 입학금도 안 대주냐!"

아내는 막무가내로 나더러 입학금을 내라고 밀어붙였다. 나리는 그냥 가만히 있었다. 온달이와 보리도 아무 반응을 보이지 않았다. 내 생각에 아내의 그런 태도는 나리에 대한 엄마의 애정표현 같았다.

'엄마 아빠가 얼마든지 밀어줄 테니, 네 맘껏 하고 싶은 것 하렴.'

나는 그런 아내의 속마음이 느껴져 더 이상 논쟁하지 않고 양보했다. 그래서 첫 등록금은 내가 대췄는데, 다음 학기부터는 과에서 1등을 해서 전액장학금을 받았다. 들어갈 때는 꼴찌로 들어갔지만, 목표의식이 분명하니 남달리 열심히 한 결과다.

학교에 다니면서 나리는 현장경험이 있어서 조교활동도 하고, 교수를 도와 갯벌 프로젝트도 진행했다. 그러면서 용돈도 꽤 버는 것 같다. 방학 때나 주말에는 갯벌에 놀러오는 아이들에게 체험학습을 해주며 강사비도 제법 받는다. 그래서 지금도 나리는 계속 자산이 늘어난다.

최근에 친구랑 같이 강화읍에 있는 전세방을 얻어 독립했는데, 자기 몫의 돈을 자신이 해결했다.

2학년이던 어느 날 나는 나리에게 물었다.

"독일 유학은 어떻게 해?"

"2학년 마치고 갈 건 아니고, 일단 여기 졸업을 하는 게 좋겠어."

그리고 한마디 덧붙였다.

"독일 간다는 게 꼭 학위 목표는 아니었으니까."

지금 다니는 학교에서 배우는 게 충실하고, 처음 생각했던 학문적 욕구는 제법 채워지는 모양이었다. 나는 수정안을 제시했다.

"여기 졸업하고 어디 갯벌센터 같은 데서 일하다가, 실습과정이나 교환 프로그램 있으면 일이년 다녀오는 건 어때?"

"응, 좋아."

나리는 고개를 끄덕이며 경쾌하게 대답했다. 독일 유학에 대한 생각이 수정된 것이다. 나는 이런 유연함이 좋다고 본다. 원칙도 없이 맘대로 자꾸 바뀌는 건 안 되지만, 상황에 맞게 목표를 고쳐나가야 마음고생도 적고 돈도 적게 들고 성과도 더 좋을 거라고 본다.

처음 생각과 달리 대학에서 공부하다 보니, '독일 가서 4년씩이나 공부해야 하나?' 하는 생각이 들었던 모양이다. 왜냐면, 나리는 독일에서 꼭 학위를 받겠다는 생각이 아니라, 갯벌에 대한 선진국의 내용을 배우는 게 목표였기 때문이다. 앞에서 말한 것처럼, 나리는 학위가 아니더라도 충분히 실력을 쌓고 일을 잘할 수 있다고 생각한다. 중고등학교를 비인가 대안학교에서 공부하면서 이런 신념이 쌓인 것이다. 그런데 주변에서 대학도 안 다녔다니 좀 무시하는 것 같기도 하고, '대학에 가면 배울 게 있겠지' 하는 생각을 한 모양이었다.

나리가 이렇게 스스로 자신의 앞길을 찾아나가게 된 가장 큰 이유는 당연히 어릴 때부터 스스로 제 할일을 하는 버릇을 들였기 때문이라고 생각한다. 초등학교 입학 직전에 강화로 이사 왔는데, 초등학교를 맘껏 뛰어다니며 재밌게 다녔다. 비인가 학교인 마리중학교와 제천간디학교는 입시공부는 전혀 하지 않고, 생활에 필요한 공부와 체험활동을 많이 했다. 특히 해외여행이 나리의 시야를 틔워주는 데 큰 도움이 됐을 거라고 생각한다.

초등학교 때 이미 마리학교 준비과정으로 만주의 고구려 유적을 다녀왔고, 마리학교에서는 속초에서 배를 타고, 연해주를 거쳐 백두산과 만주여행을 했다. 간디학교에서도 북경을 거쳐 티베트까지 가는 여행을 했고, 필리핀에서도 제법 오래 머무르며 국제평화학교 등을 경험했다. 그런 여행비가 당시 내게 조금 부담이 되긴 했지만, 그 외로 다른 사교육비가 전혀 들지 않았으니 다른 집에 비하면 교육비를 적게 쓴 편이다.

대안학교에서는 그런 여행을 할 때마다 단순한 여행으로 그치지 않게 아이들 스스로 사전학습을 준비하게 했다. 갔다 와서도 그 결과를 정리했다. 마리학교를 졸업할 때는 다른 중학생들에게는 전혀 생소한 졸업논문이란 걸 작성했다. 미술을 소재로 심리상태를 정리하는 것이었는데, 나리가 교정을 부탁해 도와주며 자세히 읽어봤다. 그 즈음 나는 친구들에게 술자리에서 이렇게 말하곤 했다.

"야, 나리는 중학교 졸업하면서 졸업논문 쓴다."

그러자 친구가 내게 손가락질 하며 말했다.

"너도 논문 안 썼잖아."

나는 대학을 졸업하지 않아서 졸업논문을 안 쓴 거 같지만, 사실 졸업을 했더라도 쓰지 않았을 것이다. 왜 그런지 알 수 없지만, 서울법대는 졸업논문이 없다. 대신 졸업학점이 다른 단과대학에 비해 10학점 더 많다. 공부할 내용이 많아서 그런 건가? 다른 학문이라고 공부할 내용이 없을까? 내 기준으로는 실망스런 규정이다. 법률가가 법률 내용만 많이 알 게 아니라, 법에 대한 자신의 철학을 세워나가야 하는데 말이다.

고3 때는 아이들이 기획해서 인문학당을 조직하기도 했다. 노동, 여성, 역사 등의 분야에서 좋은 강사들을 섭외해 학교 아닌 다른 곳에서 강의를 조직했다. 그 내용과 방식은 이미 대학교 수준 이상이었다. 그리고 졸업 전에는 두 달 정도를 장차 자신의 직업에 맞는 곳을 찾아가 실습을 하게 했다. 나리는 녹색연합의 월간지를 내는 출판사('작은 것이 아름답다')와 지역신문으로 가장 잘 운영된다는 옥천신문사에서 근무했다.

대기업에서 해외출장을 다녀오면 보고서를 써야 하는데, 사람들은 그런 보고서 쓰느라 머리를 쥐어짠다. 그런데 대안학교 다닌 친구들은 어릴 때부터 스스로 그런 일을 해봤기에 잘 하리라 본다. 실제로 나리가 갯벌센터에서 일을 잘 했고, 늦게 들어간 대학에서도 성적이 좋은 것은 중고등학교 때의 그런 훈련 덕이 클 것이다.

그렇게 고등학교를 나온 나리는 대학에 가지 않고 강화에서 사회적 기업 일을 했다. 이어서 갯벌센터에서 일했는데, 그때 자신의 특기를 마음껏 발휘했다.

나리는 어릴 때부터 갯벌을 좋아했다. 초등학교 입학 전에 처음 강화 갯벌에 놀러왔을 때, 나리와 아내는 발목을 걷어붙이고 곧장 갯벌로 들어가 게와 조개들을 잡기 시작했다. 온달이는 발에 모래가 묻을까봐 불편한 표정을 지었고, 나는 어린 보리를 안고 그늘에서 기다렸다. 그 후로도 갯벌에 갈 때는 늘 나리가 앞장섰다.

나리는 또 남들 앞에 서서 이끌어 가는 걸 좋아했다. 나, 온달, 보리와 달리, 반장선거에 나가는 것도 거리낌이 없었고, 학교 행사에서 사회를 보는 것도 거뜬히 해냈다. 엄마를 닮아 사물을 금방 잘 분별하는 능력도 좋다. 이런 끼를 나리는 갯벌센터에서 일하며 마음껏 발휘했다. 갯벌에 오는 아이들에게 갯벌의 생태를 설명하는 걸 잘했던 것이다. 교육에 필요한 소품도 잘 만들었다.

한번은 전국의 갯벌 등 생태 관련 일꾼들이 모여 생태교육 경연대회를 하는데, 나리가 1등을 했다. 부상으로 동아시아 평화유람선 승선권을 받았다. 그런데 그 유람선에서 또 즉석 대회를 하는데, 거기서도 1등을 했다. 그러니 생태교육 전문가로 살아가는 건 나리의 적성에 딱 맞는 일이다.

생태교육 전문가, 이런 일이 돈을 많이 벌거나 사회적 지위가 높은 일은 아니다. 그렇지만 보람도 있고, 나름 경쟁이 적으면서 새롭게 성장하는 분야다. 흔히 말하는 블루오션이다. 나리는 그런 생태전문가로서의 자신의 삶에 긍지를 느낀다. 이 정도면 괜찮은 거 아닌가?

무엇을 해야 할지 모르겠고 남보다 더 대접받는 일만을 좇는 요즘 세태에 비하면 나리의 인생항로는 소신이 분명하고 즐거워 보인다. 갯벌에서 흙 묻히고, 때로는 뙤약볕에서 아이들을 가르치지만, 쉴 새 없이 변하는 갯벌 생태계와 함께 살아가는 거, 아름다운 삶이다. 지겹지 않고 꾸준히 오래 할 수 있는 일이다. 그러면 갈수록 전문성도 쌓일 것이다. 분야도 넓혀질 것이다. 지금도 갯벌의 저어새로부터 시작한 관심이 일반 새 분야로 넓혀져 새 탐조 활동에도 열심히 참여한다. 같이 다니다 보면, 전혀 모르는 새 이름을 내게 알려주곤 한다.

나리처럼 대안학교 교육을 받은 청년들이 우리 사회 곳곳에서 열심히 살아가고 있다. 이들이 우리 사회의 교육과 청년 일자리 문제를 해결하는 데 있어서 좋은 본보기가 될 거라고 본다.

결혼에
대한

새로운 생각

― 새로운 사람들이 만나는 장

결혼은 인생 최대 투자다.

생명을 만들고 가족을 이뤄 사회와 국가를 유지하는 신성한 결혼을 이렇게 표현하면 자칫 속물스럽다는 비난을 받을 위험이 있지만, 위험을 무릅쓰고 결혼에 대한 새로운 생각을 해보려고 한다.

결혼이 인생 최대의 투자라는 것은 여러 가지 점에서 그렇다. 부부가 재산을 공유한다는 점에서 그렇다는 건 누구나 쉽게 생각하는 것이다. 꼭 가끔 언론에 나오는 재벌가나 유명인들의 이혼소송에서 위자료나 재산분할 문제만 그런 건 아니다. 평범한 사람들에게도 결혼과 이혼은 돈 문제에서 가장 커다란 사건이다. 함께 가정을 꾸리고 자녀를 낳고 키우는 점, 의사결정과 행동을 같이 하는 점 등 결혼이 인생 최대의 사건이자 투자라는 건 누구도 부정하지 않을 것이다. 이런 상식 말고 위험 측면을 생각해 보자.

자녀

결혼을 투자로 본다면, 이혼이라는 위험이 있다. 일반적인 투자에서도 수익을 내는 것보다 더 중요한 건 위험관리다. 결혼도 그렇다. 이혼이라는 위험이 별 해가 되지 않는 가벼운 것이라면 지금 청년들이 결혼을 훨씬 쉽게 생각할 것이다. 저출산 대책을 많이 세우는데, 집 문제나 자녀 양육 문제만을 볼 게 아니라 이혼했을 경우의 위험관리를 어떻게 해줄 것인지도 대책을 세워야 한다. 특히 여자 입장에서 위험이 더 크다.

이혼한 모녀가 법이나 경제 그리고 사회분위기상 불이익을 받지 않고 살 수 있어야 한다. 재혼도 자연스러워야 한다. 결혼하지 않은 사람들을 결혼하게 하는 정책보다 이혼하거나 사별한 사람들이 새로 가정을 꾸릴 수 있도록 법 개정과 지원정책에 더 신경을 써야 한다. 지금은 이혼한 엄마가 재혼할 경우 자녀의 성을 재혼한 남편의 성으로 바꿀 수 있는데, 이외에도 이혼이나 재혼에 따른 불이익이 없도록 제도를 개선할 것이 무수히 많다. 나아가서 이혼과 재혼이 아무런 흉이 아니게 사회분위기가 조성되어야 한다.

우리 집 아이들을 포함해서 요즘 아이들은 결혼하지 않겠다는 말을 많이 한다. 결혼에 따른 경제적 정신적 부담이 크고, 앞에서 말한 것처럼 이혼에 대한 위험부담도 잠재되어 있으리라고 본다. 여기서는 경제적 부담과 마음고생을 얘기하려고 한다.

나는 50이 되기 전에 이미 세 번이나 주례를 섰다. 사회적 지위로 보면 결코 그럴 일이 아닌데, 내게 주례를 서달라는 후배들이 있었기 때문이다. 번듯한 주례 선생을 모실 처지가 아니기에 내게 부탁을 했을 텐데, 거절하기가 미안해 받아들인 탓이다.

주례는 보통 이름 있는 분을 세운다. 그런데 그런 분을 선뜻 모시기 어려운 사람들이 우리 주변에는 참 많다. 직접 관계가 있지 않으면 부탁하기도 쉽지 않거니와 어떻게 예우를 할 것인지도 큰 고민거리다. 그러다 보니 전혀 모르는 사람이 주례를 서는 경우도 많다. 돈 주고 주례를 사는 것이다. 심지어 하객도 산다고 한다. 기뻐야 할 결혼식이 이렇게 형식적으로 치러진다는 건 얼마나 안타까운 일인가. 사회 분위기도 바꿔야 하고, 각자의 처지에 맞는 즐겁고 행복한 결혼식을 생각해 봐야 한다.

다행인 것은 요즘 젊은이들이 새로운 시도를 해나가고 있다는 점이다. 주례를 구하기 어렵기도 하고 주례 방식이 의미가 적으니, 아예 주례 없이 결혼식을 치르는 경우도 많아졌다. 그 점에서는 내가 선구자다. 이미 1991년도에 주례 없이 결혼식을 올렸으니 말이다. 그때 나의 고민은 이랬다.

결혼식은 형식이고, 결혼의 내용이 중요하다. 형식은 내용과 어울려야 하는데, 지금도 상당히 그렇지만 당시 내가 본 결혼식들은 전혀 그렇지 않았다. 그냥 치르고 넘어가야 할 요식행위였다.

내가 생각한 결혼의 내용은 '새로운 사람들이 만나는 장'이었다. 각기 다른 주체가 한 살림을 차리겠다는 게 결혼이다. 그런데 신랑 신부 두 사람만 같이 사는 게 아니다. 두 사람이 각기 속해 있던 집단이 두 사람의 결혼을 매개로 만나는 것이다. 모르는 사람들, 사는(노는) 문화가 다른 사람들이 만났으니 어색하기도 하고 예의와 행동방식이 다르다. 이런 불협화음을 잘 해소하고 원활하게 결합할 수 있도록 정식 절차를 마련하는 게 결혼식이다.

그러자면 각자가 어떤 사람들인지를 아는 것은 기본이다. 신랑 신부에 대해서는 더욱 그렇다. 신랑의 친척과 친구들은 신부가 어떤 사람인지를 알아야 한다. 신부 측 입장에서도 마찬가지다. 얼굴만 본다고 아는 게 아니다. 더 많이 충분히 알아야 한다. 그래서 옛날에 그리고 지금도 세계의 다른 여러 곳에서 결혼식을 며칠에 걸쳐 하는 것도 이런 이유 때문일 것이다.

우리의 현재 결혼식 문화는 결혼의 이런 내용 측면도 담지 못하고, 형식면에서도 서구 기독교 양식을 따른 것으로 보인다. 신의 대행자로서 목사가 결혼의 두 당사자를 축도하는 형식이다. 우리의 전통방식은 식의 집도자로서의 주례가 아니라 진행을 돕는 도우미 정도일 뿐이다.

결혼식의 주인공은 신랑과 신부 그리고 양가 집 식구를 포함한 참가자 전체가 되어야 한다. 그런데 지금의 결혼식에서는 신랑 신부가 주례만 쳐다보고 있다. 양쪽 집안 식구나 축하객들은 신랑 신부의 뒤통수만 본다. 둘이 어떻게 커서 어떻게 만났고 앞으로 어른들을 포함한 이웃들과 어떻게 잘 살아갈 것인지를 나누는 자리는 전혀 없다. 백년해로하겠다는 서약도 단지 주례의 물음에 "예"라고 대답하는 것으로 끝난다.

다행히 요즘 젊은 친구들은 결혼식 방식을 새롭게 바꿔나가고 있다. 살아온 얘기, 살아갈 얘기를 하기도 하고, 주례 없이 신랑 신부가 하객들을 바라보며 진행하기도 한다. 양가 부모들에게 마이크를 넘기기도 한다. 나름 바람직한 방향이다. 나는 거기에 더해 더 많은 변화가 있어야 한다고 생각한다.

먼저 참가자 범위는 줄이고, 참가한 사람들은 서로 충분히 교류하는 분위기여야 한다. 그러자면 지금처럼 좁은 건물 내에서 짧은 시간에 하는 방식이 아니라, 마당 등 여유로운 공간이 있는 곳이면 좋겠다. 그것이 꼭 호텔이나 전문예식장처럼 비싼 비용을 들여야 하는 곳일 필요는 없다. 농촌 같으면 마당이 있는 마을회관이나 교회 또는 절에서 하는 것도 생각해 볼 일이다. 도시라면 지자체에서 공원 같은 곳에 이런 예식이 가능하도록 배려하면 좋겠다. 나리 친구는 낙성대 공원에서 했는데, 참 운치 있고 좋았다.

도시의 공공기관을 무료로 빌려주는 곳도 많다. 더 생각한다면, 탄소 줄이기 운동에 동참하는 결혼식 기획 회사를 찾아갈 수도 있다. 시민운동 차원에서 시작한 사업인데, 신랑 신부가 결혼식 전에 나무심기를 하고, 식장은 화려하고 비싼 화환 대신에 작은 화분으로 장식한 다음 식이 끝난 다음 하객들에게 그 화분을 선물로 준다. 식장은 당연히 공공기관이나 대기업에서 무료로 제공하는 장소다. 음식, 촬영, 화장 등은 예식장보다 싸게 제공한다.

식 진행과 관련해서 주례가 아닌 돕는 이 방식이면 좋겠는데, 꼭 주례가 필요하다 하더라도 신랑 신부는 하객들을 향해 서있으면 좋겠다. 또 참여자들이 되도록 돌아가면서 얘기를 많이 하는 방식이어야 한다. 그럼으로써 서로 눈을 맞추고 마음을 나누는 예식이 되어야 한다. 이후 피로연도 시간을 많이 갖고 충분히 서로 마음과 생각을 나누는 자리여야 한다. 그런 점에서, 앞에서도 말한 것처럼 초청 범위가 좁아야 한다. 신랑 신부와 관계가 깊은 분들이 만나 축하와 나눔을 충분히 하는 게 옳다.

하나 더 말하자면, 신혼여행을 꼭 당일에 떠나지 않았으면 좋겠다. 하객들과 충분히 함께 하는 게 좋다. 그리고 꼭 해외로 가야 하는지도 생각해 보자. 나는 이렇게 생각한다. 사랑하는 사람 있고, 시간 있고, 쓸 돈 있으면 어디에 있어도 행복하다. 돈이 많으면 모르겠거니와 그렇지 않으면 굳이 해외여행 가지 않아도 우리는 충분히 즐겁고 행복할 수 있다.

우리는 논산에서 결혼식 올리고, 기차 타고 남원에 갔다가 지리산과 순천을 다녀왔다. 충분히 즐거웠다. 이번 여름휴가에는 단 둘이 정처 없이 차를 몰았는데, 수덕사 대천 변산반도 등을 들렀다. 돈도 얼마 안 들고 볼거리도 많이 보고 얘기도 많이 나눴다. 참 좋았다.

결혼식은 결혼이라는 내용을 주위 분들에게 알리는 형식이다. 혼인 신고는 법적 형식이다. 살림을 꾸리는 것도 결혼의 한 형식이라고 할 수 있다. 살림을 마련하는 것도 여간 부담스러운 게 아니다. 특히 수도 권에서는 더 그렇다. 당연히 집 때문이다.

사랑하는 사람 있고, 주위 시선에 끌려 다니지 않는다면 신혼집과 살림살이도 자신의 형편에 맞게 하면 된다. 그런데 그게 쉽지 않다. 우리 사회가 유난히 겉치레를 의식하는 사회라서 그렇다는 말도 있다. 언론이 자유로워져서 보고 듣는 게 많아지고, 덩달아 눈높이가 전반적으로 높아진 탓도 있다. 참 대책이 없는데, 나는 이 역시도 교육비와 마찬가지로 자녀들 스스로 해결해야 한다는 원칙을 갖고 있다. 그런데 갑자기 이런 생각이 든다.

'그래서 우리 애들이 결혼하겠다는 말을 안 하나?'

이게 나만의 억지 원칙이 아니고, 선진사회로 가는 경로라는 예를 하나 들어보자.

애가 셋이고 남편이 외국인 신분 교포인 부부 상담사례다. 본래 부부가 같이 상담을 받아야 하는데, 이 부부는 따로따로 받았다. 상담신청을 한 부인이 그렇게 하자고 했는데, 같이 하면 남편이 부인의 말에 밀려서 자신의 속내를 드러내지 못할 것 같아서 배려하는 것이라고 했다. 실제 따로따로 만나보니 정말 그랬다. 하나하나 너무 달랐다.

부인은 애들에게 대학교육비를 각자 4천만 원씩 준비해 두자고 했고, 결혼지원금으로는 1억 원씩 마련해 주겠다고 했다. 남편이 외국계 기업 사장이라고는 해도 적지 않은 금액이었다. 왜냐하면 다른 돈 쓸 일도 많았기 때문이었다. 부인을 만난 다음 남편을 찾아갔다. 남편의 생각은 전혀 달랐다.

"애들 학비를 왜 내가 대주죠?"

너무도 당연하다는 듯이 반대했다.

"한국에서는 그래도 대학 학비까지는 많이들 대줍니다."

내가 한국의 현실을 얘기해 주니, 마지못해 동의했다. 그 다음 결혼 지원금 얘기에서는 아주 단호하게 반대했다.

"아니, 그거야말로 자신들이 벌어서 마련하면 되는 거 아닌가요?"

나는 이 대목에서는 뭐라고 설득할 수가 없었다. 정말 나도 그렇게 생각하기 때문이었다. 대학 나와서 몇 년 동안 돈 벌어서 결혼비용 마련하면 된다. 그 정도 앞가림도 못하고서야 결혼할 자격이 없는 거 아닌가 하는 생각이다.

신혼집을 사주거나 전세방이라도 얻으려면 자녀들의 경제력으로는 감당할 수 없는 게 현실이라는 반론을 제기하는 사람들이 많을 것이다. 그래서 어쩌자는 걸까? 그러니까 부모들은 그런 지원까지 하느라 허리가 휘고, 요즘 말로 하자면 노후가 불안해지고, 그런 지원을 못 받는 청년들은 결혼을 하고 싶어도 못한다고 할 것이다. 그러나 그건 옳지 않다.

성인이 된 자녀들은 자기 힘으로 결혼을 책임져야 한다. 자신들의 경제력으로 감당할 수 있는 정도의 신혼집을 마련해야 한다. 터무니없이 높아진 사회적 눈높이를 자신의 현실에 맞게 낮춰야 한다. 이런 정도 소신이 없으면 곤란하다. 신혼 초에 18평이나 24평 아파트에 살아야 한다는 법 있는가? 그보다 훨씬 싼 주택에서도 충분히 살림은 가능하다.

내가 아는 어떤 부부는 애가 있으면서도 다른 청년들과 함께 방이 셋인 공용주택에서 함께 살림을 하는 경우도 있다. 이건 특별한 예이기는 하지만, 얼마든지 살아갈 방도는 있다.

청약통장을 활용해서 임대주택을 얻는 것도 한 방법이다. 나는 나리가 첫 직장을 다닐 때 재무설계를 조언하면서 실손보험과 청약통장을 권했다. 큰 병에 대한 대책이 필요하고, 집이 필요할 때 싸게 살 집을 구하라는 뜻이었다.

다시 원칙으로 돌아와 보자. 자녀의 결혼, 당사자한테도 무척 어려운 주제지만 부모에게도 부담스런 얘기다. 그 비용 자체가 크기 때문이다. 나는 이 비용을 자녀들이 스스로 해결해야 한다고 생각한다. 아울러 정부에서는 싸고 쾌적한 임대주택을 많이 공급해야 한다. 사회분위기는 부모가 결혼자금을 대주지 않는 것으로 만들어 나가야 한다.

3부

집

이제는
집 걱정에서
해방될 때

가진 건,
집 한 채

뿐이랍니다

"집 한 채밖에 없습니다."

자산과 부채를 살펴보면서 선정 씨 남편이 한 말이다. 내가 말없이 자료를 보는 사이에 그는 덧붙여 말했다.

"보험도 없고, 적금도 하나도 없고, 대신 빚도 전혀 없어요."

특히 "빚도 전혀 없어요" 하는 말은 좀 더 힘을 주어 말했다. 살펴보니 정말 그렇다. 이런 가정은 흔치 않다. 좋은 건가? 한마디로 말한다면, 좋은 것이다.

농담으로 이런 말을 하지 않는가. "남자친구가 좋아 결혼했는데, 은행 빚이 따라왔어요."

그렇다. 대부분의 중산층에는 빚이 있다. 은행 빚만 있으면 그나마 다행이다. 미국에서 금리를 올렸으니 우리도 올려야 하는데, 가계 빚이 너무 많아서 그럴 수도 없다는 식의 뉴스를 우리는 자주 들으며 산다.

그걸 뉴스에서 듣자니 남 얘기인 것 같지만 사실 우리 모두의 얘기다.

집 한 채뿐이라고는 했지만, 선정 씨 집은 대한민국에서 가장 비싼 지역인 강남에 있는 아파트다. 당시만 해도 8억이 넘었고 지금은 10억을 훌쩍 넘는 고가 아파트다. 그런데도 은행대출이 하나도 없으니 얼마나 좋은 재무 상태인가.

사실 이 아파트는 그 부부만의 힘으로 구한 건 아니고, 부모로부터 물려받은 것이다. 당시는 대출이 꽤 있었으나 그동안 열심히 아껴 모아 대출을 다 갚았다. 그러니 이제 빚 걱정도 없고 얼마나 좋은가. 그런데 남편은 좀 불만인 듯했다. 말투가 그랬다. 말 그 자체만으로 보면, "우리 집은 빚이 하나도 없어요" 하며 좀 자랑스럽게 얘기하는 거지만, 말투는 '글쎄 빚 갚는 거 말고는 아무 것도 한 게 없다니까' 하는 불평이 묻어 있었다.

누구나 그렇지만, 더구나 조심스런 성격인 선정 씨 역시 빚을 좋아할 리 없다. 선정 씨는 보험도 안 들고, 투자상품 같은 건 거들떠보지도 않고, 오로지 빚만 갚았다. 남편 입장에서는 돈이 필요할 때 집을 쪼개 쓸 수도 없고, 답답하기만 했다. 돈이 필요하면 집을 담보로 빌려 쓸 수는 있겠지만, 선정 씨가 지금껏 빚만 갚아온 걸로 봐서는 집담보대출을 동의할 것 같지는 않다. 남편은 그런 것이 불만스러웠던 것이다.

그런데 나는 이런 방법도 심하지만 않으면 나쁘지 않다고 본다. 집이야 특별한 사태만 아니라면, 자산가치가 폭락할 것은 아니니, 젊어서

활용하지 못했더라도 늙어서 노후자금으로 잘 활용하면 된다. 지금은
주택연금제도를 이용하면 노후설계로 안성맞춤이다. 죽을 때까지 연금
으로 받아서 쓰고 집값이 남으면 자녀에게 상속하면 된다.

당시 나는 주택연금으로 노후설계를 계산하지는 않았다. 주택연금
요건 중에는 9억 원 이하인 주택만 해당된다는 조건이 있기 때문이기
도 하지만, 아직 고객의 나이가 젊어 노후설계를 구체적으로 할 필요는
없었기 때문이었다. 다만, 당시 집값을 따져서 월 생활비와 노후기간을
계산해 집값으로도 노후가 충분하다는 설명을 해드렸다. 주택연금을
활용하든 담보대출을 하든, 그건 그때 가서 판단해도 될 일이다.

주택연금이란?

9억 원 이하 1주택을 가진 부부가 자신의 주택에 살면서 주택을 담보로 평생 연
금을 받는 상품이다. 부부 중 한 명이 죽더라도 연금액이 줄지 않고 계속 지급되
고, 부부가 모두 죽은 후 주택의 처분금액이 받은 연금보다 적어도 상속인에게
청구되지 않고, 반대로 남으면 상속인에게 지급된다. 국가가 보증하는 상품이
며, 여러 세제 혜택도 있다.

이렇게 가장 큰 걱정거리였던 노후자금이 해결됐다고 생각하니 부
부의 돈 문제는 덜 심각해졌다. 이제 나머지 중 돈이 가장 많이 드는 건
자녀교육비인데, 특별히 남다르게 조기유학을 보낸다거나 하지 않는다
면 이 가정에서는 충분히 감당할 만한 문제다. 게다가 자녀도 하나다.

그러니 이제 걱정 끝.

그래서 이 가정은 그 이후로 부부 간에 돈 문제로 다툼도 적어졌고, 남편의 이직 등에 대해서도 생각이 유연해졌다. 아주 초보적이지만, 미래의 돈 문제 불안을 숫자로 확인해 보고, 부부가 상담사와 같이 마음을 터놓고 얘기하면서 뜻을 서로 확인하면서 얻은 성과다.

선정 씨는 내 책을 읽고 상담을 받으러 온 고객이다. 남편이 다니던 직장을 그만두고 싶어 하는데, 선정 씨는 걱정스러웠다. 집 말고는 자산이 하나도 없는데, 남편이 대기업 직장을 그만두겠다는 게 통 맘에 들지 않았다. 남편은 자신이 보기에는 별 돈도 되지 않는 별자리 사진 찍는 걸 좋아하는데, 지금 다니는 직장은 근무시간이 너무 길어 시간을 뺄 수 없다면서 선배가 하는 작은 회사로 옮기겠다는 것이었다. 이런 문제로 갈등이 깊어지던 중 내가 쓴 책을 선정 씨가 읽게 됐고, 같이 상담을 받아보면 좋겠다는 생각에 남편과 같이 온 것이었다.

선정 씨 역시 대기업에 다니고 있었다. 자녀는 아들 하나다. 둘이 대기업 다니는데도 검소한 편이어서 소비지출은 많지 않은 편이었다. 그렇게 십년 가까운 결혼생활 동안 아파트 담보대출을 다 갚은 것이었다. 대신 다른 자산은 정말 하나도 없었다. 한편으로는 빚을 다 갚았으니 안심되기도 하고, 또 다른 한편으로는 다른 자산이 하나도 없으니 걱정스럽기도 했다. 이런 애매한 상태에서 남편은 돈을 더 적게 버는 직장으로 옮기겠다고 하니 선정 씨 고민이 깊어졌던 것이다.

상담을 하기 전에 선정 씨가 보내온 재무상태표를 보면서 나는 선정 씨네 재무상태가 '다른 가정들과 많이 다르구나' 하는 생각은 하면서도 '이런 상태인데, 무슨 걱정이 있지?' 하는 생각도 했다. 유료 재무상담을 받는 고객들은 다른 사람들에 비해 소비지출 면에서는 건전한 편이다. 평균소득도 조금 높은 편이다. 그렇지만 대부분 빚이 있고, 써야 할 돈(재무목표)을 맞추기에 다소 벅차게 느껴지는 상태다. 그런데 선정 씨네는 빚도 없고, 재무목표도 과한 게 전혀 없었다. 아직 30대라 젊은 탓도 있지만, '그냥 죽 이렇게 살면 되겠네' 하는 느낌이 들었다.

상담을 해보니 미래의 불안에 대한 느낌이 부부가 서로 달랐다. 누구나 오지 않은 미래에 대해 정도의 차이가 있으나 불안은 있기 마련이다. 불안의 가장 큰 요인은 불확실함이다. 재무상담은 그 불안을 줄이기 위해 수치를 동원한다. 장차 필요한 돈과 준비 가능한 돈을 숫자로 맞춰보는 것이다. 그런데 몇 십 년 앞의 상황에 대한 수치가 어찌 제대로 맞겠느냐마는, 그래도 전혀 하지 않은 것보다는 훨씬 낫다. 선정 씨네가 정말 그런 경우다.

보통 상담을 하면 부인이 말을 많이 한다. 그런데 선정 씨는 반대였다. 재무상태표는 부인이 준비했는데, 상담할 때는 남편이 말을 더 많이 했다.

"이 정도면 괜찮은 재무상태인데요."

처음 만났을 때 내가 이렇게 느낌을 말하자, 남편은 자신의 생각이 바로 그렇다는 듯이 정색을 하며 말을 받았다.

"그렇다니까요. 그런데 이 사람은 괜히 걱정이 많아요."

내가 "빚이 없네요.", "다른 금융자산이 없네요.", "집값은 어떻게 알아본 건가요?" 등 질문을 할 때마다 남편이 대답했다. 남편은 내가 자신의 뜻과 통하는 바가 있다고 느껴지자 다소 활기차게 얘기했다. 선정씨는 큰 눈을 껌벅이며 열심히 들었다. 그러다 소득추이를 얘기하게 되자 선정 씨가 말문을 열었다.

"이 사람은 대책 없이 직장을 그만두겠다는 거예요."

남편이 곧바로 말을 받았다.

"그게 아니고…."

이런 과정을 거쳐서 첫 상담을 마쳤다. 나는 부부가 말한 내용을 있는 그대로 설계에 반영했다. 당연한 얘기지만 별 문제없이 노후설계까지 잘 해결됐다. 노후까지는 많은 시간이 남아 변수가 많다고는 하지만, 대략 큰 문제없이 잘 될 거라는 결론이었다.

두 번째 상담에서 이런 흐름을 보여주자 선정 씨의 낯빛이 많이 밝아졌다. 선정 씨가 내 설명에 많이 동의하자, 남편은 자신의 이직하려는 주장이 설득력을 얻게 되어 좋아하는 눈치였다. 그렇게 무난하게 상담은 끝났다. 큰 논란이나 걱정이 없는 좀 평범한 상담이었다.

그래서 나는 좀 잊고 있었는데, 한 일 년쯤 후에 선정 씨한테서 연락이 왔다. 남편과 함께 저녁을 같이 하자는 거였고, 그 자리에 부부는 아이도 함께 데리고 왔다. 그 사이 남편은 앞에서 말한 대로 다니던 대기업을 그만두고 작은 회사로 옮긴 상태였다. 그런데도 부부의 낯빛은 더 밝아보였다. 하긴 뭔가 더 좋아진 일이 있으니 나를 보자고 한 것일 거다.

"선생님 덕에 저희 부부 사이가 좋아졌어요."

조금 짐작은 했지만, 선정 씨가 이렇게까지 얘기하니 나는 조금 멋쩍어졌다.

"내가 뭐 해준 게 있나요."

나는 이렇게 얼버무렸는데, 선정 씨는 상담 이후 부부 사이에 얘기가 잘 되고 사이가 더 좋아졌다며 내 공이 컸다며 나를 부추겨 세웠다. 그런 얘기를 듣는 나도 기분이 좋았다. 그런데 사실 가장 큰 공을 세운 사람은 선정 씨 자신이다.

첫째, 재무상담을 받을 마음을 먹은 공이 크다. 시작이 반이라는 말처럼, 돈 문제도 차분히 한번 따져보자고 생각하는 것 자체가 가장 중요하다. 사람들은 남들보다 더 많이 벌 생각만 하지, 왜 언제까지 얼마를 벌어야 하는지에 대해서는 별로 생각하지 않는다. 벌고 쓰는 문제를 의식하고 설계한다는 생각은 거의 하지 않는다. 그런 면에서 재무설계는 효과가 있고, 상담을 받을 마음을 먹는다는 것 자체로 반은 해결되었다고 해도 지나친 말은 아니다. 그러니 선정 씨 공이 큰 것이다.

둘째, 선정 씨의 남편에 대한 태도가 달라진 탓이다. 선정 씨의 미래에 대한 불안이 적어졌기 때문에 남편의 생각을 편하게 듣게 된 것이고, 이내 남편의 이직까지도 동의한 것이다. 이렇게 선정 씨가 남편의 뜻에 동의해 주자, 남편 역시 삶에 더 활력이 생기게 된 것이다. 그러니 애한테도 좋은 분위기가 조성되었을 것이고, 식사 자리에 아이도 데리고 나온 것 아닐까?

그 후로 또 한참 시간이 흐른 다음에 만났을 때는 온달이와 보리도 함께 만났다. 역시 선정 씨 아이도 함께 왔다. 그 다음 만났을 때는 선정 씨가 남편이 쓴 책을 내밀며 자랑스럽게 말했다.

"남편이 책도 내고 신문과 방송에도 나왔어요."

남편이 오로라에 대한 책을 냈고, 그것 때문에 언론에도 나가고 대기업 광고에도 출연했다고 했다. 그 책을 온달이와 보리가 읽었는데, 그 후로 온달이가 친구들과 오로라를 보러 가는 여행계획을 세우기도 했다.

남편은 그 후로 계속 그 분야에서 유명해졌다. 울릉도에서 독도 일출장면을 사진으로 찍은 건 온라인에서 한참 유명세를 타기도 했다. 그래도 소득은 전에 그만둔 대기업보다는 적었다고 한다. 그렇지만 이제 선정 씨는 그 정도 소득 차이는 전혀 걱정스럽지 않다. 세 가족이 행복하게 사는 게 가장 중요했다. 그런 느낌이 정말 확실해졌을 즈음, 선정 씨는 자신이 다니던 직장을 과감하게 그만두었다. 아이와 조금이라도 더 많은 시간을 갖는 게 좋겠다면서.

그만두었다는 말을 하기 전 만남에서 선정 씨는 내게 자신이 육아휴직 제도를 처음으로 신청한 사람이라며 조금은 자랑스럽게 얘기했다. 그 얼마 전에 주간지에서 나와 우리 아이들을 취재한 적이 있는데, 그 글을 썼던 기자도 그 후로 육아휴직을 신청했었다. 나는 선정 씨로부터 직장 일이 너무 힘들다는 얘기를 여러 차례 들었다. 특히 끝나는 시간이 늦는 게 문제였다. 그러면 남편이 아이를 돌봐야 했다. 남편에게도 미안하고 아이에게도 좋지 않을 것 같기 때문이다. 그렇지만 선정 씨 태도로 봐서는 결코 그 직장을 그만둘 것 같지 않았는데, 남들 거의 안 쓰는 육아휴직을 쓰고, 결국은 그만두는 결단을 한 것이다.

처음 상담을 받을 때로부터 선정 씨가 직장을 그만둘 때까지 6~7년은 걸린 것 같다. 미래가 불안해서 남편의 이직을 걱정하던 선정 씨, 남편의 소득이 적어졌지만 남편의 일에 만족하고 가족이 더 행복해지는 걸 느낀 선정 씨, 아이를 위해 또 자신을 위해 육아휴직과 사직을 결단한 선정 씨, 그녀는 계속 변화해 왔다. 부부의 수입 합계는 계속 줄어드는 방향으로, 반대로 가정의 행복감은 늘어나는 방향으로.

처음에 선정 씨는 나 때문에 자신들이 행복해졌다며 나에게 고맙다고 했다. 그런데 그 후로 선정 씨는 계속 스스로 진화했다. 뭔가 큰 흐름이 잡히자 그 다음 일들은 어렵지 않게 해결해 나갔다. 나는 옆에서 계속 그 모습을 확인하기만 했다. 그리고 그런 모습을 살펴보는 건 참 즐거운 일이다. 지금 이 글을 쓰면서도 기분이 좋다.

집으로부터
자유로운

살림살이

'청춘, 이는 듣기만 하여도 가슴이 설레는 말이다.'

고등학교 때 배운, 이미 수십 년이 지난 지금도 생각나는 구절이다. 입시공부 열심히 한 탓에 지금까지도 기억하는 건 아닐 것이다. 배운 게 수없이 많지만, 지금까지 이렇게 선명하게 기억나는 게 많지 않은 걸 생각하면 그렇다. 문장의 느낌이 몸에 확 와 닿았기 때문일 것이다.

'청춘, 이는 돈 벌기 전의 십대 때를 표현하는 말이다.'

만약 이런 문장이었더라면 금방 까먹었을 것이다. 그럼 여기서 청춘을 자유로 바꿔보자.

'자유, 이는 듣기만 하여도 가슴이 설레는 말이다.'

자유나 청춘 둘 다 추상명사고, 통하는 바가 있는 단어다. 그런데 왠지 어색하다. 차라리 이렇게 바꾼다면 말이 될지 모르겠다.

'자유, 이는 듣기만 하여도 가슴이 뛰는 말이다.'

80년대에 민주화를 위해 거리를 뛰어다닌 경험이 있는 우리 세대 친구들에게는 통할 말이다. 그 당시 우리가 열심히 부르던 노래 중에는 이런 구절도 있었다.

'오 자유 나는 자유하리라 비록 얽매였으나 나는 이제 돌아가리 자유 주시는 내 주님께~'

군사독재를 경험한 우리에게 자유는 무서운 말이었다. '나로부터'가 아닌, '남의 억압'을 떠오르게 하는 말이었다. 자유ⅲⅲ, 글자 그대로 하면 '나로부터'인데 말이다.

노래 말에 나오는 것처럼, 얽매이지 않는다는 자유로운 상태는 정말 어떤 상태일까? 남이나 군사정권이 나를 얽매지 않는 상태일까? 꽤 오랫동안, 적어도 이십대와 삼십대 때 나는 이렇게 생각했다. 내가 '나로부터'의 참뜻을 제법 깊이 느낀 것은 삼십대 중반에 사업에 망했을 때다.

사람들은 그때 내가 망한 이유를 밖에서 찾았고, 그걸로 나를 위로해 주려고 했다. 그 분야의 경험이 없었고 자본이 적었다는 이유는 그럴 듯했고, 내가 위안을 삼을 만한 설명처럼 보이기도 했다. 그러나 아무리 생각해 봐도, 내 마음 속 깊은 곳에서 해명이 되지 않았다.

'이게 아닌데, 이게 아닌데….' 장사익의 그 노래말처럼, 이런 의문을 품으면서 한 달 반 정도를 가족과 여행하며 쉴 때 어느 순간 문득 깨달음이 왔다.

'나 때문에 망했구나!'

그러자 나는 맘이 편해졌다. 뭐든 할 의욕이 생겼다. 그 전에는 한 푼이라도 벌어야 한다는 강박관념은 있었지만 몸과 마음이 움직이지 않았다. 마음 속 깊은 곳에서 의문점이 풀리자, 다른 것은 아무것도 달라진 것이 없는데도 기운이 솟았다. 망한 이유가 남이나 밖이 아닌 바로 나 자신 때문이라는 결론이 났는데도 말이다.

나는 바로 그때의 내 느낌을 글로 써서 주위사람들에게 공개했다. 거리낄 것이 없었다. 그리고 닥치는 대로 돈 버는 일을 시작했다. 당시 막 생기기 시작한 대리운전 일도 했고, 철거작업 일도 했다.

이때의 내 깨달음은 내 인생에서 가장 중요한 전환점이었다. 내 생각과 행동의 기준을 철저히 나 자신에게 둔다는 점에서 그렇다. 어려서부터 혼자 생각하는 힘이 있기도 했고, 대학 이후로는 사회과학의 시각으로 인생과 세상을 보려는 훈련을 받은 나는 상대적으로 남들보다 자주성이 강한 편이기는 했다. 그러다가 사업이 망해 철저히 자신이 바닥에 떨어지게 되고, 그 속에서 자신을 완전히 발가벗기는 인식 체험을 한 것이다.

이 체험 이후로 나는 그 전에 비해 삶이 아주 편해졌다. 대부분 나이가 들면서 지혜로워지니 당연히 편해지겠지만, 나의 경우는 특별하다고 할 수 있다. 이런 경험에 더해 나는 그 이후로 재무설계 일을 하게 됐다. 개인의 깨달음과 재무설계의 체계적 인식은 내 안에서 융합작용을 일으켰다. 그러면서 특히 돈 문제에 대해 훨씬 편해졌고, 그 편한 마음

135

을 고객들에게 상담을 통해 전했다. 그러고 보니 이 책을 쓰는 것도 그 연장선이다.

돈 문제는 돈 그 자체만의 문제가 아니다. 그러니까 금융공학의 시각으로만 봐서는 안 된다는 것이다. 돈은 사람들 사이에서 도는 것이기에 돈 문제는 결국 사람들 관계의 문제다. 그 관계된 사람들이 무수히 많아진 현대의 체계에서는 물건인 돈이 오히려 우리들 사람을 지배하고 있다. 심하게 말해, 가지고 논다. 그러면 어떻게 해야 돈의 객관법칙을 무시하지 않으면서 돈에 끌려다니지 않고 살 수 있을까? 쉽지 않은 일이지만, 죽을 때까지 결코 소홀히 할 수 없는 문제다.

앞에서 얘기한 '나로부터'의 깨달음과 연관된 불교의 비유를 하나 생각해 보자. 어떤 이가 나에게 욕을 할 때 내가 그 욕에 반응하지 않으면 어떻게 될까? 욕은 물건은 아니지만, 어떻든 상대가 내게 주는 것이다. 그런데 내가 반응하지 않는다는 것은 그 욕을 받지 않는 것이다. 그럼 그 욕이라는 물건은 어디로 갈까? 물리학의 관점으로는 허공으로 흩어졌다고 하겠지만, 인문학의 관점에서 보면 그 욕은 한 사람에게 돌아간다고 할 수 있다. 줬는데 받지 않았으니 그 물건은 원래 주인 것이지 않느냐는 것이다.

말이 안 되는 거 같지만, 잘 생각해 보면 이해되는 면이 있다. 욕을 한 사람을 보지 말고 욕 그 자체를 보자는 것이고, 그 욕에 내 마음이 반응하지 않으면 된다는 것이다. 이런 태도를 완벽하게 실행하는 것은 불가능하겠지만, 이런 방향으로 계속 수행하는 것은 필요한 일이다.

돈 문제도 마찬가지다. 돈 문제에 대한 사회의 통념으로부터 자유로워지면 질수록, 돈에 대한 걱정근심은 적어진다. 남이 나의 집, 차, 옷 등을 흉볼 때, 내가 그 흉에 집착하지 않으면 그 흉은 그저 그 사람의 생각에 머물 것이다. 그러나 내가 그 흉에 지배당하면 나의 자존은 무너지고, 나는 돈에 끌려다니게 되고, 나는 그 사람에게 농락당하게 되는 것이다.

그렇다고 알렉산더 대왕에게 햇빛 가리지 말고 비키라고 했던 가난한 철학자처럼 돈에 초월한 사람이 되자는 말은 아니다. 돈뿐만 아니라 가족으로부터도 초월해서 출가하자는 말도 아니다. 내것 네것 없이, 아낌없이 주어야 한다는 무한한 베품을 얘기하는 것도 아니다. 다만, 돈과 관련된 일상의 합리성을 잃지 않으면서, 늘 돈으로부터 자유롭고자 하는 마음자세를 가다듬자는 것이다. 그리고 이것은 결코 쉽지 않기 때문에 한때 잘못 했다고 해서 크게 낙담할 필요는 없다. 다만 가만히 그때 왜 자신이 그랬는지를 잘 살펴보고, 앞으로 비슷한 잘못을 하지 않으면 된다.

이렇게 길게 돈과 관련된 인생론을 늘어놓는 이유는 이 문제가 결코 쉽지 않은 문제이기 때문이다. 꽤 생각이 깊은 사람들도 늘 크고 작은 유혹에 시달리곤 한다. 그런데 그것이 5만 원짜리 외식, 20만 원짜리 옷, 300만 원짜리 해외여행일 때에는 그나마 다행이다. 우리 생활에서 가장 중요한 문제가 되어 버린 집을 결정할 때 이런 유혹에 넘어간다면, 그것은 심각한 문제가 될 수 있다.

40대 중반 지수씨는 서울에 있는 대학교수고, 남편은 지방대 교수다. 남부럽지 않은 안정된 직업이고 소득도 결코 낮지 않다. 그렇지만 아직 모아놓은 자산은 많지 않은 편이다. 두 사람 다 부모로부터 물려받은 게 전혀 없는 상태에서 결혼생활을 시작했고, 교수 임용도 남들보다 늦게 됐기 때문이다. 그러나 현재 상태의 소득은 상대적으로 많은 편이어서 미래를 위한 저축은 많이 하는 편이다. 특히 중요한 것은 그 당시 살고 있던 집이 그다지 고급스럽지 않아 전세금 때문에 지출이 아주 많지는 않은 상태였다. 지방에 있는 남편의 전셋집도 형편에 비해서는 많이 싼 집이었다. 그런 지수 씨네가 집 마련을 앞두고 재무상담을 받았다.

주치의가 있으면 더 좋지만, 적어도 2년에 한번쯤은 건강검진을 받는 것이 좋다. 마찬가지로 일상적으로 믿을 만한 재무상담사로부터 조언을 들으면 좋겠지만, 그게 아니라면 지수 씨네처럼 적어도 목돈이 들어갈 즈음에는 재무상담을 받을 필요가 있다. 미래의 돈 쓰임새에 대한 최소한의 판단을 위해 필요한 일이다.

부부 모두 인문학을 가르치는 교수답게 새로 마련할 집은 자신들이 좋아하는 서울 사대문 안을 선택했다. 주상복합인 그 아파트는 강남의 대단지 아파트보다 훨씬 쌌다. 그리고 교수 신분이라 낮은 금리로 대출도 여유 있게 받을 수 있었다. 혹시 모를 위험을 대비해, 자녀가 성인이 되기 전까지만 사망보험금이 나오는 정기보험을 부부가 각각 새로 가입하기로 했다. 또 지방에 있는 남편의 거처를 좀 더 비싼 전세로 옮기기로 했다. 인문학자들이라 생활도 검소해서 그동안의 쓰임새를 줄이지 않고도 10년 내로 대출금을 모두 갚을 수 있는 설계였다.

다른 가정에 비해 설계가 단순했고 결과도 좋았다. 좀 성겁다고 할 정도였다. 재산이 많은 편은 아니지만, 걱정근심이 없는 가정이었고 목표도 과하지 않아 상담사인 나도 그렇고 부부도 표정이 밝았다. 그렇게 마무리를 지으려는데, 미소를 짓던 부인이 남편에게 농담을 던졌다.

"우리 강남으로 갈까?"

남편은 잠시 주춤했고, 나는 분위기 파악을 못하고 가만히 있었다. 사실 당시는 아파트 값이 한참 오를 때였다. 그리고 지수 씨 부부는 조금 무리하면 얼마든지 강남의 아파트를 살 수 있었고, 할 수만 있다면 다들 그렇게 하던 시절이었다.

침묵이 흐르는 동안 나는 이렇게 생각했다. 인문학자들이고 멋이 있는 분들이라 남들처럼 아파트 값 오르는 것에 욕심 부리지 않고 자신들이 좋아하는 북촌, 서촌, 인사동 술집 등이 있는 사대문 안의 주상복합 아파트를 선택했는데, 돈 흐름을 보니 강남 아파트 사도 되니까 생각이 바뀌나?

남편이 대답을 하지 않자 지수 씨가 다시 말했다.

"당신, 강남 친구들네 집 갈 때마다 부러워했잖아~."

남편은 속내를 들킨 것처럼 멋쩍은 미소를 지었다. 나는 그냥 지켜보기만 했다. 머리 속으로는 수치를 따졌다. 대출금액이 늘면 상환기간을 늘려야 하나? 아니면 지출을 줄여 상환액을 늘릴까?

보통의 경우 집을 마련하려면 재무수치가 빠듯하다. 소득과 재산에 비해 집값이 부담스러운 게 현실이다. 원론대로라면 자신의 소득과 재산에 맞는 집을 사면 된다. 그렇지만 좀 더 좋은 동네, 좀 더 크고 좋은 집, 이웃사람들의 눈을 의식하다 보면 돈은 늘 모자라고 무리한 대출을 받아야만 한다. 이럴 때마다 나는 기분 나쁘지 않도록 조심하면서 이렇게 말하곤 했다.

"이렇게 하셔도 안 되는 건 아닙니다. 다만 이러면 은행은 돈 많이 벌어서 좋죠."

사실 지수 씨네는 이런 불편한 마음이 들지 않을 정도로 집 구매 설계가 잘 되어 서로 마음이 편했던 것이다. 그런데 강남 아파트 얘기가 나오면서 잠시 긴장이 흐른 것이다. 이건 중요한 선택이다. 적어도 10년 정도는 소비생활의 긴축이 필요하기 때문이다. 또 비교 판단할 것도 많다.

당연한 얘기지만, 이후 집값이 어느 쪽이 더 오를지도 생각해 봐야 한다. 남들이 많이 인정하는, '집이 강남이야'란 인식과 부부가 좋아하는 운치 있는 사대문 안을 비교해야 한다. 보통 가장 많이 생각하는 건 자금동원이 가능한지다. 다시 말해 대출금액과 금리를 따져보는데, 지수 씨네는 상대적으로 이 부분은 여유로웠다. 그래서 더 쉽게, "강남 갈까?" 하는 말이 나왔을 수도 있다.

결론은 싱겁게 끝났다. 남편이 아무 말도 하지 않자 지수 씨는 말을 거두었다.

"아냐, 당신이 혹시 그런 맘이 있나 해서 해본 소리야."

금융공학으로만 따지면, 그때 지수 씨네가 강남의 아파트를 샀다면 시세차익을 꽤 봤다. 그 이후로도 아파트 값은 계속 올랐으니까. 그렇지만 우리는 인생에서 어떤 선택이 더 나았을 것이라고 결론짓기는 쉽지 않다. 우리가 생각해 봐야할 지표는 돈 말고도 많기 때문이다.

서울에서 나고 자랐고, 대학과 젊은 시절을 서울에서 지낸 지수 씨 부부는 친한 사람들과 광화문 인근에서 자주 만난다고 했다. 특히 남편은 주말에 지방에서 올라오기 때문에 그 근처에 집을 마련하고 싶어 했다. 또 강남의 아파트를 선택했다면, 지방의 남편 집을 좀 더 비싼 곳으로 옮기지 못했을 수 있다. 당시 중학생이었던 아들의 성장에도 차이가 있을 수 있다.

이런 모든 것들을 어떻게 수치화해서 어떤 결정이 좋다 나쁘다 할 수 있겠느냐는 것이다. 다만 나는 이런 점을 짚고 싶은 것이다. 지수 씨가 "강남 갈까?" 할 때, 혹시 다른 점들보다 투자수익성과 남들의 시선을 많이 생각한 건 아닐까 하는 점이다.

돈이 지배하는 것 같은 현실을 사는 우리 모두는 이런 유혹으로부터 결코 자유롭지 않다. 그 자유는 돈을 많이 갖고 있다거나 지위가 높다고 해서 누려지는 게 아니다. 이건 인생론의 힘이 셀 때 그 가능성이 높은 것이다. 다행히 지수 씨는 부부의 인생론 힘이 좋아 흔들리지 않았다. 그리고 그 이후도 계속 잘 살았다. 참 잘된 일이다.

그러나 위 부부의 경우는 특별한 경우다. 부부 모두 서울의 명문대학을 나와 남들이 부러워하는 대학교수가 된 점도 고려해야 한다. 이런 가정이 우리 사회의 보통가정은 아니다. 이와는 조금 다른 이유로 집 걱정을 크게 하지 않는 경우도 있다. 그 중 하나는 집값이 수도권보다 싼 지방에 사는 사람들의 예다.

대전 대덕연구단지에 있는 어느 연구소에서 재무강의를 한 적이 있다. 두 시간씩 다섯 번이나 했으니 웬만한 얘기는 다 했다고 봐야 한다. 그런데도 개별상담을 신청한 분이 몇 있었다. 사실 아무리 재무에 관한 지식이 많아도 자신의 문제를 직접 해결하는 것이 아니라면 별 도움이 안 된다. 또 재무상담이란 건 단순히 재무 수치만 따질 건 아니고, 돈과 인생에 대한 가치판단을 해야 한다. 부부가 같이 제3자인 재무상담사 앞에서 앞으로 남은 인생과 돈 씀씀이를 얘기하는 것은 어떤 면에서는 또 하나의 심리상담이기도 하다.

그렇게 해서 여섯 가정을 상담했는데, 다들 결과가 좋았다. 내가 좋았다고 하는 건 죽을 때까지 빚을 지지 않거나 빚을 지더라도 적은 금액을 한때 잠시 지는 경우를 말한다. 보통 서울에서 재무상담을 하면, 그런 가정은 열에 겨우 한두 가정일 뿐이다. 그런데 대전에서 한 그 상담은 여섯 가정 모두 그런 결과가 나온 것이다.

처음 두세 가정을 할 때까지는 별 생각 없이 했다. 그러면서 이런 생각이 들었다.

'이상하네, 대전 사람들은 다들 괜찮네.'

그렇게 여섯 가정을 다 마쳤을 때 저절로 그 답이 떠올랐다. 답은 간단하다. 집값이 싸기 때문이다. 당시 대전의 집값은 서울의 반값이 안 됐다. 그렇지만 대덕연구단지의 괜찮은 연구소 직원들 급여는 서울의 직장인들보다 적은 게 아니다. 그러니 재무설계 결과가 좋게 나오는 것이다. 당시 한 고객은 땅에 투자했던 목돈이 묶여 있어서 상대적으로 어렵기는 했으나, 그래도 큰 문제는 없었다.

이렇게 노후설계 결과가 좋게 나온 데에는 다른 작은 이유들도 있는데, 그 중 첫째는 역시 교육비다. 대전이니 수도권보다 사교육비를 적게 들인다. 다른 소비생활도 수도권보다는 적게 드는 것 같다.

그렇다고 해서 대전 같은, 지방에 사는 가정의 재무상태가 다 좋다고 볼 건 아니라고 생각한다. 위 여섯 가정이 조금 예외일 수 있다. 왜냐면, 회사에서 제공하는 재무강좌를 신청하는 사람들은 다른 사람들에 비해 상대적으로 돈 문제를 잘 해결해 온, 성실한 사람들일 가능성이 많다. 게다가 또 일반적으로 대기업 직원이나 공무원이 아니면, 지방에 사는 사람들의 소득이 서울보다 적을 것이란 점도 생각해 봐야 한다.

거기에 하나 더 생각해 볼 지점이 있는데, 돈과 관련한 심리적인 측면이다. 어쩌면 돈 문제에 관해서 이런 측면이 가장 중요한 것이다. 먼저 대기업 노조위원장 출신 친구와 나눈 얘기를 해보자.

"서울에서 지방으로 내려가는 사람들은 안 그러는데, 지방에서 올라오는 사람들은 꼭 노조사무실 찾아와서 하소연을 하더라고."

그 조합원이 하는 하소연은 지방에서 살던 집값으로 서울에서 집을 못 구하는데, 어쩌면 좋겠느냐는 것이다.

"그걸 위원장이 해결해 줄 수 있나?"

답이 없는 얘기다. 그렇지만 그런 상황이니 조합원 입장에서는 답답해서 조합사무실에 찾아온 것이다. 나는 그 얘기를 들으면서 좀 이상한 생각이 들었다.

'월급은 똑같잖아?'

지방에서 근무하나 서울에서 근무하나, 급여가 다를 리 없다.

'그럼 왜 지방 근무자들은 돈이 없다는 거지?'

서울 근무자나 지방 근무자나 집을 다 갖고 있기는 하지만, 서울 근무자들의 집값이 훨씬 더 비싸니 결국 지방 근무자들은 돈을 어디 다른 데 썼다고 봐야 하는 거 아닌가 하는 거다. 친구는 술잔을 기울이며 고개를 갸웃했다. 그러더니 이렇게 말했다.

"해외여행을 많이 다닌 것 같아."

지방에서 서울로 발령받아 조합사무실에 찾아왔던 조합원들의 면면을 생각해 보고 한 말이다. 나도 그럴 것 같다는 느낌이 들었다. 내가 다시 물었다.

"그것만 했겠어?"

친구는 다시 조금 생각하더니 이렇게 말했다.

"응, 주식도 좀 한 것 같아."

"맞아, 그럴 거야. 그러다 손해 많이 봤을 거야."

나와 친구는 서로 고개를 끄덕이며 맞장구를 쳤다. 그러다 떠오른 생각이 하나 더 있었다.

"주변사람들에게 떼인 돈도 제법 될 걸?"

친구는 동의도 부정도 하지 않고 미소만 지었다. 사실 이 얘기는 내 얘기인 면도 있다. 나는 두 번이나 사업하다 실패했고, 아내는 두 번이나 선거에 나갔다. 내가 겪은 사업실패나 출마는 까먹은 돈으로 치면 보통의 것보다 규모가 작은 것이기는 했으나 내게는 벅찬 금액이기도 했다. 아무튼 그럴 때마다 나는 가까운 지인들의 도움을 받았는데, 미안하게도 갚지 못한 것도 제법 된다.

그래서 재무상담사들은 "돈 냄새가 난다"는 말을 하곤 한다. 목적 없이 남는 돈이 있으면, 다시 말해 내가 그 돈을 어떻게 쓸 것인지 확정하지 않은 돈이 있으면 그 돈이 남의 목적에 흘러들어간다는 뜻이다. 그렇다고 이웃들한테 늘 "돈 없다"고 거짓말 하며 살라는 건 아니다. 죽을 때까지의 재무설계를 미리미리 잘 해놓으면 목적 없는 돈 규모가 적어질 것이고, 그렇다면 일부 이웃을 위해 쓰더라도 내 인생설계에 큰 문제가 없을 거라는 뜻이다.

이런 걸 좀 다른 뜻으로 말하자면, 강제저축이라고도 한다. 그러니까 서울 근무자들은 서울의 집값이 비싸니 어쩔 수 없이 오르는 전세금 채우고 집값 마련하느라 강제로 저축을 한 셈이다. 그에 비해 지방 근무자들은 집값이 싸니 남는 돈이 생겼을 것이고, 그걸로 다른 목적설계를 안 했다면, 자연스럽게 해외여행도 가고, 주식투자도 좀 하고, 지인들에게 빌려주기도 했을 거라는 뜻이다.

아무튼 지방에서 올라온 직원들도 서울에서 집을 어떻게든 구했을 것이다. 다만 차이는 그 과정에서 돈을 빌렸을 가능성이 많고, 그래서 이자로 많이 손해를 봤을 거고 마음고생도 했을 거라는 점이다.

그런데 위의 예들만 해도 말 그대로 양반이다. 재무상담사 입장에서 보면, 집 때문에 가정 재무설계가 꼬이는 경우가 태반이다. 꽤 괜찮은 집에 사는 중산층이라 하더라도, 그 속을 들여다보면 생각만큼 썩 좋지는 않다. 대출이 많다. 그나마 은행대출이라면 다행이다. 은행권보다 이자율이 훨씬 비싼 이자를 내야 하는 대출도 많다. 그래서 나는, 처음 재무상담을 하면서 한국의 중산층을 이렇게 결론지었다.

'은행 아파트에 월세 사는 사람들'

앞에서도 말한 것처럼, 가정재무의 가장 큰 두 걸림돌은 집과 자녀교육비(결혼비용 포함)다. 한두 사람만의 문제가 아니기에 사회문제이고 국가 차원의 문제다. 그렇다고 다 사회구조적인 문제라고만 할 건 아니고, 개인 차원의 문제인 면도 많다. 다만, 이 책은 사회구조적 측면보다는 개인 차원의 해법을 주로 얘기하려고 한다. 그 중에서도, 재무상담을 통해서든 다른 개인의 통찰에 의해서든, 주어진 환경에서 재무 문제를 지혜롭게 해결한 얘기들을 주로 할 것이다. 아래 소개하는 예는 재무상담을 통해 집 문제에 대한 고정관념을 깬 얘기다.

당시 고객은 미취학 자녀 둘을 둔 삼십 대 중반 부부였다. 서울 근교 도시에서 20평대 아파트에 살았는데, 아이들의 장난감이 많아 집안이 꽉 찬 느낌이었다. 먼저 재무상태를 쭉 파악한 다음 앞으로 크게 돈 쓸 일을 물어봤다. 그때 애 엄마가 이렇게 말했다.

"40평대 아파트를 갖고 싶어요."

나는 무덤덤하게 받아 적었다. 그런데 사실 눈치 빠른 상담사라면 이 대목에서 '이건 아닌데…' 하는 느낌을 받았을 것이다. 재무상담사한테 필요한 능력 중 하나인 계산능력이 번뜩였다. 그러니까 이 집의 재산상태와 소득 그리고 저축금액 등을 대략 생각하고, 이후 몇 년 후에 40평대 아파트를 사는 게 현실적인지 감을 잡아야 한다.

나는 학교 다닐 때 수학공부는 잘 했지만, 이런 수치감각은 좀 둔하다. 수치뿐만 아니라 다른 것도 반응이 좀 늦은 편이다. 그런데 이런 게 상담에는 유리할 때도 있다. 왜냐면 자칫 고객이 무리한 목표(욕심)를 말할 때, 자신도 모르게 '그건 어림없어요'라고 무시하는 마음이 들 수도 있기 때문이다.

아무튼 상담사는 고객이 말하는 목표가 어떻게 달성될 수 있는지를 다각도로 검토해야 한다. 재무설계가 돈의 수학적 계산에 근거한다고는 하지만, 순수수학은 아니기에 목표를 이루는 길은 다양하기 때문이다. 그리고 그게 좀 무리라 하더라도 일단은 가능한 방법을 제시해야 한다. 사람의 일이기에 절대 불가능하지는 않다.

밤늦게까지 고심해서 짠 설계안을 가지고 고객을 다시 만났다. 고객의 반응이 무덤덤했다. 내가 제시한 설계안에는 이런 내용들이 들어 있었다.

첫째, 아이들이 학교에 들어가게 되면 부인이 다시 직장에 다닐 것.

둘째, 남편의 사업이 실패하지 않고 계속 성장할 것.

셋째, 소비를 최대한 줄이고 저축을 늘릴 것.

넷째, 아파트 구입 이후에도 장기간 대출을 갚을 것.

좀 무리라고는 하지만 안 될 건 없다. 하면 된다. 그리고 많은 가정들이 이렇게 산다. 그렇지만 내가 만난 그 고객은 남들이 선택하는 그 길을 포기하고 집 평수를 줄였다. 그 이유는 이렇다.

첫째, 몇 년 동안 애만 키우다 다시 직장에 다닌다는 게 만만하지 않다. 이른바 경력단절 여성이다. 어찌어찌 직장을 구한다 해도, 직장을 다니게 되면 애들한테 소홀하게 된다.

둘째, 남편의 사업이 마냥 잘 된다고 장담할 수 없다. 남편이 안정된 대기업 직원이나 공무원이 아니고 작은 자영업을 하고 있었다. 오래된 얘기이긴 하지만, 당시 남편은 부가세 신고도 제때 하지 않아 과징금을 물기도 할 정도였다(당시는 영세자영업자의 부가세 신고가 막 강화되던 시기였다).

셋째, 씀씀이를 너무 줄이는 게 가능할지 자신이 없다.

넷째, 그렇게 오랫동안 대출 갚느라 고생해야 할 일이 끔찍하다.

나는 이럴 때를 대비해서 마련한, 40평대가 아니라 30평대 아파트로 목표를 낮춘 수정설계안을 내밀었다. 앞에 것에 비해 반응이 좋았다. 결국 고객은 30평대로 목표를 수정했다. 그런 과정을 거쳐 재무설계안이 확정됐다. 고객도 나름 만족해했다. 헤어지기 직전 나는 조심스럽게 물어봤다.

"왜 40평대 아파트를 사려고 하셨나요?"

부인은 부끄러운 듯 조심스럽게 얘기했다.

"애들이 커서 친구들한테 놀림 받을까봐…"

나는 그때 그런 얘기를 처음 들었다. 애들이 좀 크면 "너희 집 화장실 몇 개냐?", "아빠 차 뭐냐?" 이런 식의 비교를 하면서 놀린다는 것이다. 허허, 참.

그날 밤, 상담을 마치고 서울로 돌아오면서 나는 왠지 모를 뿌듯함을 느꼈다.

'나는 수치만 보여줬을 뿐인데, 그 사람들은 생각을 바꾸네.'

'40평대 아파트 못 사도, 편하게 잘 사시겠지.'

그리고 나의 삶에 대한 만족감이 은근히 밀려왔다.

'우리 애들은 그런 놀림 안 받고 잘 사는 거 같은데…'

도시의 집과
농촌의 집,

비싼 집과 싼 집

– 우리 집 마당은 바다 건너 산까지

"여기 살면 저절로 시가 써질 것 같아요."

강화도 집에 놀러온 진수 엄마가 한 말이다. 진수네는 서울의 주택
가에 사는데, 창문을 열어도 옆집에 막혀 경치가 전혀 안 보인다는 것
이다. 그런데 우리 집은 창문이나 현관문 밖이 바로 들판이고 산이니
시심이 저절로 떠오를 것 같다는 얘기다. 그 즈음 진수 엄마는 마침 시
공부를 열심히 하던 중이었다. 진수 엄마의 말을 들으며 나는 속으로
생각했다.

'시? 겨우 하나밖에 안 썼는데….'

진수 아빠가 진지한 표정으로 물었다.

"얼마 주고 샀어요?"

"4천만 원 줬어요."

"……."

진수네 부부 모두 놀라는 표정이었다. 그도 그럴 것이 실평수 24평 집이 4천만 원이라는 건 누가 들어도 말이 안 되는 얘기다. 농촌이고 민통선 지역이라고는 해도, 차로 1시간이면 서울 가는 지역인데 말이다. 나는 얼른 설명을 이어갔다.

"아, 대신 땅은 우리 것이 아녀요."

진수 아빠는 조금 알 것 같다는 표정을 지었다. 설명을 다 듣고 나서도 여전히 진수네 부부는 부러워했다.

"어쨌든 평생 안심하고 살 수 있는 거잖아요. 그러니 얼마나 좋아요."

우리는 이 집을 7년 전에 샀다. 사업하다 망해서 싼 집을 찾아 강화로 온 우리는 십여 년을 월세와 전세로 계속 이사 다니며 살았다. 이 집을 사기 전에 여섯 곳에서 살았으니 한 집에서 평균 2년 조금 넘게 산 셈이다. 지금 생각해 보니 아내와 아이들이 '왜 우리는 집이 없느냐' 또는 '집이 후지다'는 불평을 크게 늘어놓지는 않았다. 참 다행스런 일이다.

대신 나도 아이들의 작은 요구는 들어주었다. 초등학생 때 같은 학교 관내를 벗어나지 않았다. 세 아이들은 양도면 조산초등학교를 다녔는데, 학교 다니는 걸 참 즐거워했다. 그러던 중 살던 집에서 이사 갈 일이 생겨 집을 찾다가 이웃 화도면의 괜찮은 집을 보고 왔다.

아이들은 한사코 전학 가기 싫다고 했다. 나는 아이들의 태도가 이해되지 않았다. 새로 이사 갈 집이 월세도 싸고 참 좋은데 말이다. 아내도 아이들 편을 들었다. 논산 시골에서 자란 아내는 아주 어릴 때 같은 마을에서 새로 집을 지어 이사한 것 말고는 죽 한 집에서 살았고, 당연히 전학이란 게 없었다. 나의 초등학교 시절과 정 반대다.

내가 초등학교 다니던 6년 동안에 내가 살던 집이 다섯 곳이니 거의 해마다 이사를 다닌 셈이다. 대전에서 학생 수가 가장 많았던 삼성초등학교를 다녔는데, 학년이 올라갈 때마다 반이 바뀌는 걸 생각하면 해마다 이사 다닌 내게는 친하게 사귈 친구가 없었다. 그래서 혼자 놀고, 혼자 생각하고, 혼자 공부하는 버릇이 생겼는지도 모른다. 좁은 뒷마당에 토끼장을 만들어 놓고 혼자 토끼 기르기 놀이를 할 정도였으니 말이다.

이사를 다닌다는 것은 참 번거로운 일이다. 돈도 많이 든다. 또 이웃사람들과 정 붙이며 사귀다가 헤어진다는 것도 어려운 일이다. 또 도시와 달리 농촌은 이사 오가는 집이 적으니, 나처럼 이사 다니는 사람들은 마을사람들과 친해지기도 쉽지 않다. 우리가 현재 집을 사서 이사온 이후 마을사람들이 우리를 대하는 눈빛이 전에 살던 마을사람들과 다르다는 걸 느꼈다. 집을 사서 이사 오니 그것이 확 느껴졌다. 전의 이웃들은 이렇게 생각했을 것 같았다.

'저 집은 언젠가 또 어디로 떠날 거야.'

착각인지 모르지만, 나는 이런 느낌을 받았다.

아무튼 월세와 전세로 떠돌던 어느 날, 집에 돌아온 아내가 뜻밖의 말을 꺼냈다.

"우리, 집 살까?"

순간 나는 멍했다.

'무슨 돈이 있다고 갑자기 집을 사자고 하지?'

당시 우리가 살던 집은 전세 4천만 원짜리였는데, 오래된 농가를 도시 사람이 투자목적으로 깨끗하게 고쳐놓은 집이었다. 우리에게 그것 말고는 특별한 재산은 없었다. 아니 약간의 빚이 있었다. 아내가 말을 이었다.

"봉남이가 그러는 거야…."

"뭐라고…."

"언니, 맨날 이사 다니지 말고, 그 전세 값으로 집 하나 사라!"

그렇게 해서 알아본 이 집은 85년도에 정부 지원금을 받아 지은 집이다. 서로 잘 산다고 체제 경쟁을 하던 시기라 마을 전체에 지원금이 내려온 것이었다. 북한이 바로 보이는 마을이기 때문이다. 그런데 측량을 안 하고 지었던지, 당시는 쓰지 않던 개울과 마을길 터에 집이 지어졌다. 이상한 것은 그런 상태인데도 준공검사가 났고 등기소에 등기도 됐다. 85년도 즈음엔 이런 게 허술했던 것인지, 아니면 접경지역이라 봐준 것인지 모를 일이다.

부동산은 현장을 가보는 게 가장 중요하다는 원칙대로 우리는 먼저 집을 보러 갔다. 빨간 벽돌로 지어졌고 지붕은 기와를 얹었다. 남동향이고, 큰길에서 조금 떨어져서 조용하고 아늑했다. 당시 다른 집들은 강화에서 집짓는 사람들이 지었는데, 그 집만 서울에서 집짓는 사람을 데려다 지었다고 했다. 그만큼 조금 더 잘 지었다는 얘기다. 살펴보니

30년 가까이 지났는데도 금간 곳 없이 상태는 괜찮아 보였다.

그 다음은 법 문제인데, 아내는 조금 걱정스러워 했다. 나는 내가 알고 있는 법 지식을 동원해 아내를 안심시켰다.

"우리가 죽을 때까지 평생 살아도 여기서 쫓겨날 일이 없으니 괜찮은 거야."

지상권이 설정되어 있지는 않아도, 일단 등기가 되어 있고 수십 년 살아온 집이기 때문에 권리에 문제가 없다. 땅 이용료는 1년에 10만 원 정도니 전혀 부담될 일이 아니다. 다만, 집값만을 생각한다면 꽤 비싸지만, 땅값을 안 들이고 집을 지었다고 생각하면 될 일이다. 적어도 100평 이상을 사용하게 되는데, 그걸 사려면 적어도 6천만 원은 지불해야 한다. 실제로 몇 년 전에 바로 옆 빈집이 팔렸는데, 그때 평당 60만 원에 팔렸다. 그러니 전 주인은 사실 집을 판다기보다 집터 이용할 권리를 판 셈이다.

집을 산 다음 우리는 집을 일부 고쳤다. 창틀과 싱크대를 갈고, 도배와 장판을 새로 했다. 베란다 공사도 하고, 화장실도 고쳤다. 이런 공사비로 약 1,500만 원을 썼다. 페인트 칠, 외벽 수리, 창틀 일부 교체, 천정 보완공사, 형광등 교체 등은 친구들과 함께 우리가 직접 했다.

그러니 100평 이상 되는 대지에 24평짜리 집을 5,500만 원에 마련한 셈이다. 참 싸다. 비록 땅이 우리 소유로 되어 있지는 않지만, 사는 데는 아무 지장이 없다. 아니, 나중에 파는 것도 전혀 문제되지 않는다. 우리가 이런 권리 상태에서 산 것처럼, 또 누군가는 이런 조건에서 살 사람이 있을 것이다. 나는 거칠게 평가할 때 이 집이 1억 원 정도 가치가 있는 집이라고 생각한다. 살 사람이 많지 않은 게 흠이기는 하지만, 전혀 문제없는 집이다. 이렇게 구한 집에서 우리는 8년째 이사 안 다니고 편하게 살고 있다.

나는 틈나는 대로 집을 조금씩 고치기도 하고 텃밭을 가꾸기도 한다. 요즘은 텃밭을 거의 다 꽃밭으로 바꾸었다. 거기서 그치지 않고 마을 입구에서 들어오는 길가 풀섶을 해마다 조금씩 꽃밭으로 만들어 나가고 있다. 내 땅이 아니어도 내가 지나다니면서 보는 곳이기에 나는 예쁜 꽃밭을 만들고 싶은 것이다.

창고 앞에는 망을 치고 닭 십여 마리를 키우고 있다. 음식물찌꺼기, 풀, 사료를 먹이는데, 알을 많이 낳지는 않지만 맛있다. 가끔 오는 손님들에게는 달걀을 조금 주기도 한다. 돈으로 치면 별거 아니지만 받는 사람들은 기분 좋아한다. 주는 나도 흐뭇하다. 내 손으로 생산한 것을 주니 말이다.

강화읍에서 우리 집에 오려면 군 검문소를 2개 통과해야 한다. 처음 오는 사람들은 조금 놀라기도 한다. 어떤 선배는 내게 이렇게 말한다.

"광구는 세금 많이 내야겠다."

나는 무슨 뜻인지 이해를 못했다. 선배가 이어서 이렇게 말했다.

"너희 집 지키려고 군인들이 그렇게 애쓰니 말이다."

민통선 안쪽이라는 점이 불편한 점도 있지만 좋은 점도 있다. 일단 차가 많지 않아 조용하다. 개발된 게 없어 번잡하지도 않다. 집을 찾아온 손님들에게 바로 코앞에 보이는 철책과 북한의 산을 설명하면 다들 신기해한다. 그럼 나는 이렇게 말한다.

"저기 북한의 산까지가 우리 집 마당입니다."

내 주장은 이런 것이다. 꼭 내가 돈 주고 산 것만 이용하는 것은 아니다. 북한의 땅도 내게는 경치거리다. 막힌 게 없이 탁 트인 들판과 바다 그리고 북한의 산까지도 내게는 내 마당처럼 느껴진다. 거의 돈 들이지 않고 나는 아주 큰 마당을 즐기는 것이다.

"아빠, 학교 근처로 이사 가자!"

서울대 법학전문대학원에 들어간 온달이가 통학시간도 아껴야 한다며 한 말이다. 그때 우리는 서울 오목교역 근처의 방 2칸짜리 13평이 안 되는 전세방에 살고 있었다. 온달과 보리가 살고, 나는 주중에 머무는 집이었다. 전세 1억2천만 원이고, 그 중 8천만 원은 전세자금 대출을 받았는데, 이자율은 3%대로 낮은 편이었다. 10년 동안 원리금 균등분할 상환으로 갚는 건데, 월 80만 원 정도를 갚아야 한다. 나는 강제저축이라고 생각하고 있다.

집 없는 사람의 설움이 바로 집세 올려줘야 한다는 것과 이사 다니는 것이다. 나는 잠시 그 생각을 하며 대답을 하지 않았다. 그러자 온달이가 독촉한다.

"이제 열심히 공부해야 해. 과외도 하지 않을 거야."

'음, 녀석이 바짝 긴장하고 있군.'

나는 속으로 생각했다. 인천 과학고 들어갔을 때와 비슷한 분위기다. 강호의 고수들이 모인 곳이니 안 그럴 수 없겠지. 그러고 보니 나보다 온달이가 승부욕이 더 강한 것 같다. 나는 서울 법대에 입학했을 때 저 정도 긴장하지 않았으니 말이다.

'그나저나 과외를 안 하면 용돈은 어떻게 하지? 내가 대줘야 하나?'

이런 저런 생각을 하느라 나는 가만히 있었다. 그러자 온달이가 더 다그쳤다.

"아니 학비와 용돈도 혼자 해결하고, 방값도 내고 그러는데, 이 정도 요구는 들어줘야 하는 거 아냐!"

제법 논리도 있고, 갈수록 말이 강해진다. 하긴 맞는 말이다. 그때서야 나는 그러자고 대답을 해줬다.

그렇게 해서 계약기간이 끝나지 않은 집을 복덕방에 내놨다. 그런데 보름 정도 지났는데도 전혀 연락이 없어서 다른 복덕방에도 내놓고, 인터넷 무료 사이트에도 올렸다. 그러는 사이 시간은 가고, 이러다가 방도 못 구하겠다 싶었다. 안 되겠다 싶어 서울대 후문 쪽에 방을 보러 다녔다. 낙성대역과 서울대 후문 사이를 알아봤는데, 전세로 나와 있는 방도 드물었고, 값도 더 비쌌다. 2호선 타고 강남으로 출퇴근하는 젊은 사람들이 많이 살기 때문에 그런 것 같다.

그러다 새로 지은 집을 어렵게 선택했다. 공간은 많이 좁았지만 방은 2개고 새집이라 깔끔하고, 무엇보다도 값이 오목교 집과 같은 1억2천만 원이다. 주로 살아야 할 온달이와 보리가 결정하는 게 좋을 것 같아, 둘을 나중에 보냈다. 그런데 애들은 그 집이 좁고 비싸다며 자기들이 더 좋은 집을 찾았다고 했다.

나는 속으로 생각했다.

'맞아, 좋은 집을 구하려면 발품을 많이 팔아야 하지.'

내가 다시 가봤다. 10평이 안 되는 작은 집인데 할머니가 어린 손주 둘과 함께 살고 있었다. 좁고 낡았지만 살 만했다.

1억2천만 원짜리 전세를 구하기가 쉽지 않을 것 같아 오목교 집이 계약되지 않았는데도 낙성대 집을 계약했다. 최악의 경우 계약 끝날 때까지 두 집 살림을 하겠다는 각오였다. 그런데 정말 그렇게 됐다. 오목교 집은 낙성대 집 입주일로부터 70일 정도 늦게 빠졌다. 그 70일 동안 1억 2천만 원에서 계약금 1천만 원을 뺀 1억1천만 원을 다른 방법으로 마련해야 했다. 마침 아내와 나리가 만기가 된 적금이 있었고, 처제와 장모님한테도 신세를 졌다. 온달이한테도 부탁했다.

"은행 가서 마이너스 통장 만들어 달라고 해봐."

대출을 받아본 적이 없는 온달이는 좀 생소해 했지만, 나의 자세한 설명을 듣고 해보기로 했다. 아직 입학하기 전이라 약간 우여곡절이 있기는 했지만 1천2백만 원 대출을 받았다. 이자율은 나보다 쌌다.

'허, 벌써 예비 변호사로 인정해 주는군.'

나머지 2천7백만 원은 보리가 전세자금 대출을 받았다. 처음부터 돈이 문제될 것 같아 계약을 보리 이름으로 했고, 보리가 무주택자 전세자금 대출을 받도록 한 것이다. 전세자금 대출 제도를 보리에게 자세히 설명해 주었다. 주민등록 이전과 확정일자 등 절차도 잘 알려주었다. 보리에게는 이런 일이 처음이다. 세상을 살아가려면 이런 것을 꼭 알아야 한다. 학교에서 이런 걸 가르쳐야 한다고 생각한다.

도시의 집과 농촌의 집, 정말 차이가 많이 난다. 강화 집은 터가 100평은 되고 건평이 24평이지만, 지금까지 들어간 원가는 6천만 원이 안 된다. 서울 집은 10평쯤 되는 집인데 전세금이 1억2천만 원이나 된다. 서울 집은 주변이 온통 집으로 막혀 있고 밤에 떠들면 옆집의 항의를 들어야 하는데, 강화 집은 주변이 탁 트여 있고 마당도 있다. 이런 차이를 사람들이 모를 리 없건만, 왜 다들 도시의 집에서 힘들게 살아가고 있을까?

돈 버는 일이나 공부 때문에 어쩔 수 없는 경우라면 할 수 없다. 문제는 돈도 벌지 않고 공부할 일도 없는 경우다. 나는 이런 사람들에게 과감히 농촌의 집을 생각해 보라고 권하고 싶다. 도시를 떠날 수 없는 어쩔 수 없는 이유가 있다면 할 수 없지만, 도시에 살았던 관성 때문이라거나 주변 사람들이 대부분 도시에 계속 살기 때문에 그런 건 아닌지 생각해 볼 일이다.

집은 우리 생활에서 가장 돈이 많이 드는 것이기 때문에 은퇴설계에서도 가장 중요하게 다뤄지는 항목이다. 서울에 사는 대다수 사람들은 계속 서울에 살아서는 뜻하는 대로 은퇴설계가 짜지지 않는다. 자녀들이 결혼할 때 집을 사주거나 비싼 전세방을 얻어준다거나 또는 죽은 다음에 살던 집을 물려줄 수 있는 경우는 흔하지 않다. 부모와 자녀 모두 빠듯하다. 가장 큰 이유가 바로 집 때문이라고 생각한다.

상담한 고객들 중에는 은퇴 후 농촌으로 갈 것을 생각한 고객들이 몇 있다. 당연한 얘기지만, 그런 고객들의 은퇴설계는 다른 고객들에 비해 편했다. 빚이 없거나 적은 상태로 계속 설계하는 게 가능하니 머리가 복잡하지 않은 것이다.

농촌 집의 최대 강점은 돈이 적게 든다는 점이다. 그런데 도시보다 돈이 적게 든다고 해서 방심할 일은 아니다. 도시에서 대부분 빚을 내 집을 마련하는 것처럼, 농촌에서도 그렇게 한다면 농촌 집의 장점을 최대한 살리는 것이 아니다.

도시에서는 집을 팔기가 쉽고, 특별한 경우가 아니라면 그동안 집값이 떨어지지 않았다. 그러나 농촌은 다르다. 일단 거래가 많지 않으니 만약 돈이 필요해 집을 팔려고 한다면 상당히 어려울 수 있다. 거래가 많지 않으니 들어간 돈을 다 회수하기도 쉽지 않을 수 있다. 그래서 내가 주장하는 건 되도록 빚지지 않고 자신의 재무체력에 맞게 땅을 마련하고 집을 짓자는 것이다. 그렇게 하기 위해 가장 필요한 일은 땅을 적게 사고 집을 작게 짓는 것이다.

농촌에서 개발업자가 땅을 크게 사서 분할해 파는 경우 보통 200평 단위로 자른다. 보통 200평 정도를 사기 때문이다. 평당 50만 원을 생각하면 1억 원이다. 그런데 나는 이게 적지 않은 면적이라고 생각한다. 도시 같으면 대단히 큰 면적이다. 농촌에서는 주변이 트여 있어서 그다지 넓어 보이지 않지만, 집을 지어 입체감이 생기면 역시 넓은 면적이다.

그 땅에 보통 30평쯤 되는 집을 짓는다. 2층으로 짓는 경우도 많다. 도시처럼 1층과 2층이 같은 면적이 아니라 일부만 2층이거나 다락방으로 설계하는 경우가 많다. 아무튼 그렇게 30평 정도 되는 집의 건축비는 만만하지 않다. 평당 500만 원이라고 하면 무려 1억 5천만 원이나 된다.

그럼 땅값과 건축비를 합치면 2억 5천만 원이 된다. 취득세, 복비, 설계비, 측량비, 허가 관련비용 등 부대비용도 적지 않게 든다. 이 돈을 충분히 다 감당할 여력이 있으면 다행이다. 문제는 그런 정도 여력이 없는 경우다. 나는 그런 분들에게 과감히 제안한다.

"땅 100평만 해도 충분히 넓고요, 집은 20평만 해도 괜찮습니다."

도시에서 서른 평 전후 집에서 살던 사람들은 대부분 좁거나 답답하지 않겠느냐고 묻는다. 나는 이렇게 대답한다.

"도시에서는 마당도 없고 집 안만 내 집이잖아요. 그런데 농촌에서는 문만 열고 나오면 다 내 마당처럼 느껴져요. 그러니 답답하지 않습니다."

지어낸 말이 아니라, 20년 넘게 강화 농촌에서 산 나의 자연스런 느낌이다. 그리고 나는 하나 더 얘기한다. 어쩌다 자녀들이나 손님들이 오지 보통은 부부 둘만 있는데, 뭐 그리 큰 집이 필요하겠느냐고. 돈 여유가 있어 욕심을 좀 부리자면, 나는 별채를 짓고 싶다고 말한다. 대여섯 평 되는 별채가 하나 있으면 손님들이 올 때 편하다. 나 혼자 뭘 공부하거나 글 쓸 일이 있을 때도 별채가 있다면 좋겠다. 사실 나의 중요한 재무목표 중 하나가 별채를 짓는 것이다. 나는 어지간하면 내가 직접 짓는 방식으로 하려고 한다. 돈을 적게 들이기 위한 목적도 있지만, 집 짓는 것 자체가 어떤 면에서는 어른들이 할 수 있는 즐거운 놀이 중 하나이기 때문이다.

귀농자를 위한 재무강의를 할 때마다 나는 여기에 더해 하나 더 얘기한다.

"땅과 집은 작게 하지만, 난방 대책은 공들여 하는 게 좋습니다."

농촌은 도시보다 여름이 훨씬 견딜 만하다. 그러나 겨울은 그렇지 않다. 단독주택이다 보니 춥게 살아도 아파트보다 난방비가 많이 든다. 그래서 난방대책을 잘 세우는 게 좋은데, 처음부터 태양광이나 지열을 고려하고 건축자재도 난방에 좋은 재료를 써야 한다. 이렇게 하면 평당 건축비는 좀 많아지겠지만 살면서 난방비가 적게 드니 경제적이다. 거기에 더해 화석연료를 덜 쓰니 지구환경에도 보탬이 된다는 자부심도 생긴다.

나도 지난해에 1천만 원 정도 들여 5kw 태양광을 설치했고, 바닥 난방을 전기로 바꾸었다. 내가 이런 투자를 한 데에는 전기나 가스를 덜 쓰는 게 좋다는 나름의 판단도 한몫 했다. 이런 작은 보람들이 쌓여 우리의 삶을 행복하게 해준다고 나는 생각한다.

문제는 소신이다. 어느 누군들 무리하게 넓은 땅 사고 큰집 지으려하겠는가? 땅 크고 집 넓으면 좋기야 하지만 그게 빚 져서 하는 거라면 누구나 그러고 싶지는 않을 것이다. 그런데 혹시 우리가 그런 결정을 내릴 때, 그동안 살던 관행이 있어서 또는 다른 사람들이 다들 그렇게 사니까 하는 생각에서 하는 건 아닌지 되돌아 볼 일이다. 심하게 말하면, 남의 눈을 의식하기 때문에 그런 건 아닌지 말이다.

그런데 우리가 내린 결정이 남 눈을 의식해서 그런 건지, 살던 관행 때문인지, 경제적 판단 때문인지가 분명하지 않다. 여러 요소가 섞여 있기 때문이다. 고요하게 가만히 자신을 잘 되돌아 봐야 실상을 정확히 알 수 있다. 문제는 바쁘게 살다 보면, 그렇게 고요한 시간을 가질 여유가 거의 없다는 점이다.

귀농자 교육에서 또 하나 빠뜨리지 않는 게 있다. 농촌에서 땅을 살 때 너무 서둘러 사지 말라는 것이다. 집과 땅은 주식에 비해 거래가 쉽지 않다. 주식도 비상장주식은 거래가 쉽지 않은 경우가 많은데, 농촌의 집과 땅은 주식으로 치자면 비상장주식과 비슷하다. 게다가 집과 땅은 거래비용도 많이 든다. 보유세를 높이고 거래세를 낮추자는 주장이 오래 전부터 있었지만, 아직도 법이 마련되지 않았다. 게다가 부동산은 우리 가정에서 가장 큰 재산이다.

이런 현실인데 만약 덜컥 땅이나 집을 샀다가 그 지역에 살고 싶지 않거나 살 수 없는 사정이 생기면 문제가 심각해진다. 그래서 나는 농촌으로 갈 때 처음에는 월세나 전세를 구하는 게 좋다고 본다. 살아보면서 마음에 들면 그때 사도 늦지 않다. 또 이렇게 살면서 땅을 구하다 보면 뜻밖에 좋은 물건이 싸게 나오는 경우도 있다.

한편으로는, 헌집을 사서 고치는 것도 한 방법이다. 새집을 짓는다는 건 따져봐야 할 것이 너무도 많은 쉽지 않은 일이다. 집 짓다 늙는다는 옛말이 있지 않던가. 옛날만큼 심각하지는 않지만, 지금도 여전히 새로 집을 짓는다는 건 신경이 많이 쓰이는 일이다. 수도와 하수도 때문에 이웃과 다투는 일도 많다. 도시도 마찬가지겠지만, 민원이 발생하는 경우도 있다. 헌집을 고치는 건 이런 점에서는 훨씬 유리하다.

일단 수도와 하수도로 고생하지는 않는다. 인허가 과정도 훨씬 쉽다. 측량을 안 해도 된다. 이웃과 분쟁이 발생할 가능성도 훨씬 적다. 비용도 훨씬 적게 든다. 보통 시골집은 집값은 쳐주지 않고 땅값만 계산하는데, 만약 오래된 집이라도 뼈대가 쓸 만 하면 고쳐서 쓰는 것도 좋은 방법이다. 자원낭비를 줄이고 환경을 보호한다는 차원에서도 좋은 일이다. 옛 사람들의 운치를 한껏 누리는 이점도 있다. 나는 특히 거실(마루)에서 바라보는 천정의 서까래가 마음에 든다.

가장 큰 문제는 난방인데, 이것도 생각하기에 따라서는 큰 걱정이 아닐 수 있다. 한겨울에도 집안에서 여름처럼 가볍게 입고 사는 걸 당연하게 생각하지 않는다면 말이다.

나는 그동안 강화읍에서 연립에 살 때와 흙집을 직접 짓고 살 때를 빼고는 늘 옛집에서 살았다. 부엌이 거실(마루)보다 낮고, 수세식 화장실과 욕실이 없고, 난방이 부실했다. 거실에 나무를 때는 난로를 놓고 산

적도 있었다. 당연히 춥고 불편했다. 지금 생각하면 어떻게 그렇게 살았을까 싶기도 하지만, 그래도 즐겁게 잘 지냈다. 겨울에 춥게 지내서 감기에 잘 걸리지 않은 것 같고, 불편하게 살아서 나태하지 않은 것 같다.

이렇듯 농촌의 집은 도시의 집에 비해 장단점이 있는데, 내가 가장 중요하게 생각하는 건 역시 돈이 적게 든다는 점이다. 불편하거나 불리한 점은 지혜롭게 해결할 일이다. 또한 도시에서도 돈이 적게 드는 주거방식을 검토할 일이다. 특히 은퇴해서 소득이 없게 됐을 때 그동안 4인 가족이 살던 집을 갈아타는 방법도 생각해 볼 일이다. 가족이 적어졌으면 적어진 가족에 맞는 크기의 집에 사는 게 옳다고 본다.

그런데 이게 쉽지 않다. 집과 차는 줄여서는 못 산다고들 한다. 그만큼 불편함이 따르기 때문이다. 생각과 현실 둘 다가 변해야 가능한 일일 것이다. 생각은 제쳐두고 현실을 생각해 보자.

나는 공동으로 이용할 공간이 많아진다면 집 평수가 줄어들더라도 견딜 수 있을 것이라고 생각한다. 요즘 한창 떠오르고 있는 공동주거운동이 바로 그런 점에 착안한 것이다. 손님방, 빨래방, 사랑방, 공부방, 심지어 부엌까지 공동으로 이용할 공간이 잘 갖춰져 있다면, 개인 집 공간에 그런 시설이 없거나 부족하더라도 살 만할 것이다. 나아가 함께 식사를 한다거나 교류하는 게 가능한 공간이라면 더 없이 좋을 것이다. 개인들이 이런 방법을 찾아나서도 되고, 정부나 지자체가 이런 흐름에 도움을 준다면 더 좋을 것이다. 다음 절에서 좀 더 다뤄보기로 하자.

나의 집
모두의

집

몇 년 전 남산 밑에서 '빈집'이라는 공동주거 운동을 하는 청년들에게 전세자금 대출 얘기를 한 적이 있었다. 청년들은 내 말에 별 반응이 없었다. 나는 좀 의아했다.

'새로운 일에 대한 의욕이 없나?'

'나에 대한 믿음이 없어서 그런가?'

이런 생각과 달리 꽤 시간이 흘렀을 때 내가 내린 결론은 그 청년들에게 전세제도나 전세자금 대출이란 것이 낯설고 감당하기 어려운 것이었다는 점이다. 그런 계약을 해본 적도 없으니, 혹시 잘못 되면 어쩌나 하는 두려움도 있었을 것이다. 게다가 그 청년들은 여럿이 함께 사는데, 2억이나 3억쯤 되는 큰돈을 누구 이름으로 빌리고 계약할 것인지 감이 잘 잡히지 않았을 것이다.

내가 그 청년들에게 전세 얘기를 했던 것은 전세가 월세보다 훨씬 싸기 때문이다. 그 후로 나는 정부나 금융권의 전세자금 대출제도를 일부 고치면, 더 많은 청년들이 전세를 활용해서 더 쾌적한 집에서 더 싸게 살 수 있다는 내용을 정리했다. 내가 정리한 취지는 이렇다.

청년을 비롯한 주거취약자들을 위한 집을 지으려면 돈과 시간이 많이 든다. 이유가 그것뿐이라면 어떻게든 추진해 볼 일인데, 문제는 민원이 생긴다는 점이다. 충분히 있을 수 있는 일이고, 실제 현실이 그렇다. 나는 그 민원의 주장이 옳은지 그른지, 나아가 그렇게 민원을 내는 게 도덕적인지를 따지고 싶지는 않다. 그런 민원 자체가 생기지 않으면서 청년들에게 더 싸고 쾌적한 집을 제공할 방법이 없는지를 생각해 보자는 것이다. 그것도 빠른 시간 안에 상당히 많은 양을 말이다. 이런 관점에서 내가 생각하는 방법은 기존에 있는 시장을 활용하자는 것이다.

우리나라의 집 임대시장에는 오래 전부터 전세제도가 있었다. 지금은 금리가 많이 낮아져 전세의 효용이 낮아졌지만, 당분간 전세제도는 유지될 것이다. 그렇다면 정책금융이나 은행의 대출을 통해 낮은 금리로 전세자금을 지원해 준다면, 청년들이 적은 이자를 내고 쾌적한 집을 전세로 살 수 있다. 그것도 혼자가 아니라 여럿이 살면 더 이점이 있다. 지금은 넓은 평수의 집이 상대적으로 싸기 때문에 여럿이 함께 살면 이익이다. 내가 조합원으로 있는 주거협동조합의 예가 바로 그것이다.

큰바위얼굴협동조합은 서울시의 주거정책 지원자금을 연 2%로 얻어 방이 4개인 40평대 아파트를 두 채 전세로 얻었다. 한 채에 대학생 8명이 입주하게 했는데, 인당 면적은 5평쯤 된다. 인당 5평은 원룸으로 치면 꽤 좋은 편에 속한다. 그런데 월 임대료는 겨우 20만원이다. 5평짜리 원룸의 임대료가 보통 40만 원 이상인 것에 비하면 무척 싼 금액이다.

원룸은 한여름에 에어컨을 켜지 않으면 잠을 잘 수 없다. 보통 복도를 가운데 두고 양쪽에 방이 있기 때문에 복도 쪽은 창문이 없다. 그에 비해 아파트는 맞바람이 불기 때문에 어지간하면 에어컨 없이도 지낼 수 있다. 또 화장실, 거실, 부엌 등이 넓고 쾌적하다. 아파트 단지도 잘 정돈돼 있다. 단점은 혼자 방을 쓰지 않는다는 것이다. 둘이 한 방을 쓰거나 아주 큰 방은 넷이 같이 쓴다. 화장실 개수도 네 명에 하나 꼴이다. 이런 단점이 있기는 하지만, 같이 사는 문화를 잘 만들면 서로 어울려서 좋은 점도 많다.

장단점은 그렇다 치고, 돈이 훨씬 적게 드는 공동주거를 택할 학생들이 꽤 될 수 있으나 금융지원이 되지 않으면 이것도 쉽지 않다. 큰바위얼굴협동조합은 2% 자금을 구해 전세금의 80%를 충당했다. 그런데 그 자금지원도 제한돼 있다. 만약 우리가 2% 정책자금을 훨씬 더 많이 구해올 수 있으면 지금보다 더 많은 대학생들이나 청년들에게 싸고 쾌적한 집을 많이 제공할 수 있을 것이다.

처음에 서울대학교 학생회와 이 사업을 준비하면서, 이 공동주거 아파트의 상품 이름을 논의했다. 여러 의견 중에 '모두의 아파트'로 의견이 모아졌다. '모두의 마블'이란 게임 이름을 생각하면서 나온 의견인데, 우리의 사업취지와 맞아떨어지는 것 같아 그것으로 정했다. 사람들은 집을 소유하든 임대하든, 자기 자신만의 것으로 생각한다. '모두의 아파트'는 그런 사고방식과 다르다. 누구의 소유가 아니라, 여럿이 함께 이용하는 개념이다.

그건 그렇고, 왜 정부나 은행은 이런 대출을 해주지 않는 걸까? 가장 큰 이유는 제도권이 공동주거라는 새로운 흐름을 제대로 이해하지 못하기 때문일 것이다. 둘째 문제는 기술적인 면인데, 대출받는 주체와 담보확보의 복잡성 때문일 것이다. 그런데 두 번째의 기술적인 문제는 하려고만 한다면 얼마든지 해결할 수 있다. 문제는 첫 번째 이유다.

나는 서울시에 몇 가지 경로로 이런 해법을 제시했지만, 아직 아무 반응이 없다. 새 정부가 의욕을 내 실시하고 있는 광화문1번가에도 제안했지만, 아직 반응이 없다. 국토부 관련 국회의원의 보좌관에게도 제안했으나 역시 반응이 없다. 그럼 어떻게 해야 할까? 이 책에 이런 내용을 쓰는 것도 문제해결에 도움이 될지 모르겠다. 다른 한편으로는 이 문제에 이해관계가 있는 집단이 문제제기를 하는 것인데, 아직 그럴 만한 세력이 만들어지지 않은 것 같다.

그렇더라도 개인 차원에서는 계속 자신에게 유리한 해법을 찾아나서야 한다. 함께 사는 게 훨씬 돈이 적게 들고, 어울려 사는 문화가 몸에 맞는다면, 그렇게 살 방법을 찾아나서야 한다. 아직 충분하다고 할 수는 없으나 공동주거를 목적으로 하는 협동조합이나 모임은 계속 늘어나고 있다. '우리동네사람들(우동사)'이란 모임은 언론에도 여러 차례 나왔는데, 스스로 모은 돈으로 주택을 사서 함께 살고 있다.

집을 마련하는 이런 해법보다 더 중요한 것은 함께 사는 문화다. 부부도 사이가 좋으면 허름한 집에서도 같이 살지만, 사이가 좋지 않으면 아무리 좋은 집이 있어도 같이 못 사는 이치와 같다. 같이 잘 사는 문화를 만드는 건 공동주거운동에서 가장 중요한 일이다. 결혼율을 높이고 이혼율을 낮추는 데서도 이것은 마찬가지로 중요하다. 개인의 노력과 함께 사회적 분위기 조성도 필요한 일이다.

그렇더라도 집의 구조 역시 중요하다. 작더라도 각자 개인 방이 있고 공동주거 공간이 적절히 배치되는 것과 큰바위얼굴(협)이 하는 것처럼 한 방에 여럿이 사는 것은 다르다. 한 방에 여럿이 살면 아무래도 다툼이 일어날 여지는 많아진다. 그런데도 큰바위얼굴이 그렇게 하는 것은 비용을 줄이기 위해서다. 지금처럼 아파트를 전세로 얻어서 수리하지 않고(주인이 수리를 허락하지도 않겠지만) 그대로 이용하면 냉장고, 세탁기, 부엌용품, 정수기, 탁자 등 공동이용 도구를 마련하는 비용 말고는 큰돈이 들지 않는다. 화장실을 한두 개 더 만들면 좋겠지만, 주인의 동의를 얻기도 어렵고 돈도 많이 든다. 그래서 우리가 새로 짓는 기획을 할 때는 1인 1실 기준으로 한다. 방은 지금보다 작아져도 살기는 더 좋아질 것이다.

아무튼 우리가 시장에 있는 제도를 이용하는 건 돈을 잃을 위험을 최대한 줄이고 비용을 최소화하고 빨리 시행하기 위함이다. 만약 제도가 뒷받침된다면 훨씬 더 많은 학생과 청년들에게 싸고 쾌적한 집을 아주 많이 제공할 수 있을 것이다.

그런데 위와 같은 공동주거가 청년들에게만 가능한 걸까? 그렇지 않다. 나는 노인을 비롯한 다양한 세대에게 가능하다고 본다. 단독가구뿐만 아니라 다인가구에게도 도움이 된다고 생각한다. 먼저 은퇴한 사람들에게는 어떨지 생각해 보자.

60세 전후에 은퇴한 사람들 중에 상당수는 적절한 새 일자리를 찾지 못한다. 그렇다고 재산이나 연금 등이 풍족해서, 일하지 않고도 여유롭게 지낼 수 있는 사람들은 그리 많지 않다. 그 중에는 사오억 원쯤 되는 집 하나만 달랑 갖고 있는 경우도 많다. 서른 평 전후 집에 부부 둘이 사는 것이다. 자산 가치는 사오억 원이지만, 그게 현금을 만들어 주지는 않는다. 수입을 얻기 위해, 하고 싶지 않거나 자신에게 맞지 않는 일을 찾아 나서기도 하고, 늘어난 노후를 막막하게 생각하곤 한다. 그러나 이런 경우에도 나는 해법이 있다고 생각한다.

첫째, 정부가 시행하고 있는 주택연금을 활용하는 방법이다. 집을 자식에게 물려줘야 한다는 고정관념만 깬다면 아주 유익한 방법이다. 주인이 죽을 때까지 이용하고, 죽은 다음 자산가치가 남으면 자식에게 넘겨주는 제도다.

둘째, 팔거나 임대를 주고 자신들은 더 싸고 작은 집으로 이주하는 방법이다. 농촌으로 이주하는 것은 경우에 따라서는 이런 취지에 맞는 아주 좋은 대안일 수 있다. 그런데 그 동안 살던 삶의 터전에서 멀리 떠나는 것이므로 사는 문화가 문제가 된다. 이 점만 잘 해결한다면, 개인 차원에서도 좋고 도시 인구를 농촌으로 분산시킨다는 점에서도 좋은 일이다.

아직 널리 알려지거나 시행되고 있지는 않지만, 은퇴농장이란 게 있다. 말 그대로, 은퇴한 사람들이 농촌의 농장에서 일하며 산다. 대학생들이 하숙을 하는 것처럼, 노인들이 각자 적은 평수에 살면서 함께 일을 해서 수익도 조금 올리고, 식사와 여가를 함께 해결하는 방법이다. 이 방법은 각자 사는 방식에서 함께 어울리는 방식으로 바뀌었다는 점에서 매우 의미 있는 변화라고 할 수 있다.

적은 평수라고는 하지만 그렇다고 고시원 같은 경우는 아니다. 서울에서 보통 괜찮은 원룸이 5평쯤 된다. 그런데 농촌에서 자신만의 공간으로 5평 정도만 해도 꽤 넉넉하다. 식당, 창고, 세탁실, 공용거실 등이 있으면 개인 공간은 5평으로도 충분하다. 혼자 살거나 부부만 산다면, 그에 맞게 과거의 많은 짐들은 정리할 필요가 있다.

도시는 자신의 집 말고는 편안한 데가 없다. 그러나 농촌은 문만 열면 탁 트인 공간이다. 그것이 내 땅이든 남의 땅이든 상관없다. 집 공간이 좁아도 도시처럼 크게 답답하지 않다. 그런데 농촌이라고는 해도 아파트나 연립 같은 데 살 때는 도시와 비슷하다. 내가 아는 어떤 분은 농촌으로 이주하기는 했으나 읍내의 아파트에서 살았다. 15평 정도 되는 집에서 혼자 살았는데, 그 분은 그 집이 좁아 불편하다고 했다.

그 반대 경우도 있다. 우리 마을의 옆 마을에 사는 역시 독신자인데, 아주 작은 집을 지었다. 바닥 면적은 10평이고 5평짜리 다락을 만들었다. 그 분은 전혀 답답하다고 하지 않는다. 그 이유는 수변에 거의 다 1층 집만 있고, 너른 들판이 보이는 곳에 있기 때문일 것이다. 그러니 농촌으로 이주한다 해도 아파트나 연립에 살면 농촌의 이점을 최대한 누리지 못하게 된다.

이와는 달리, 단지 농촌으로 가면 땅값이 싸다는 점을 활용해서 은퇴자들에게 땅이나 집을 분양하는 사례도 있다. 이는 사는 방식을 바꾸지 않고 단지 땅값이 비싼 곳에서 싼 곳으로 옮긴 사례다. 사는 문화까지 달라진 것은 아니지만, 이것만으로도 재무적 관점에서는 상당히 의미가 있다.

도시와 농촌의 땅값 차이, 각자 소유하지 않고 함께 이용함으로써 얻는 경제적 이점과 어울리는 문화, 이런 것들을 잘 감안하면 개인에게도 좋고 지역사회에도 도움이 되는 결과를 얻을 수 있다. 이와 관련하여 나는 이런 구상을 해보고 있다.

서울이나 인천의 한 구와 강화군이 협력사업을 하는 것이다. 은퇴자가 소유한 집을 도시의 젊은이들에게 공동주거 형태로 제공해 임대소득을 올리게 한다. 은퇴자는 농촌으로 가서 은퇴농장이든 그와 비슷한 공동주거지를 찾는다. 공동주거지는 기존 마을의 빈집을 수리해서 마런할 수도 있고, 새로 지을 수도 있다. 농촌 마을에는 빈집도 많고 한 가구에 1명이나 2명만 사는 집도 많다. 기존 마을사람들도 각자 자기 집에서 혼자 살거나 부부가 살 필요 없이, 공동주거 방식을 택할 수 있다.

살던 집들을 고쳐서 위와 같은 공동주거 문화를 접목할 수도 있고, 집터 몇 개를 합쳐 새로 짓는 것도 가능하다. 보통 농촌의 집은 대지가 100평 이상인데, 서너 집만 합쳐도 꽤 넓은 터가 된다. 그 터에 제법 크게 공동주거 주택을 짓고 기존 마을 사람들과 서울에서 이주해 온 사람들이 결합하는 방식의 주거문화를 만들 수도 있다. 여기서 개인의 사생활과 공동생활을 적절하게 분리하는 것은 기본이다. 자칫 가까이 있는 것이 불편함이 될 수도 있기 때문이다.

이런 방식을 활용하면 농촌의 나이 드신 분들에게도 약간의 임대소득이 생길 수 있다. 또 이렇게 새로 들어오는 사람들이 생기면, 그들에게 제공하는 먹거리는 기존 마을 사람들이 생산한 농산물로 하게 될 것이고, 이 또한 작은 수입원이 된다.

여기에 더해 지자체는 이런 공동주거 생활을 원활하게 하기 위해 여러 가지 서비스를 제공할 수 있을 것이다. 건강, 여가, 소득을 위한 지원 인력과 편의시설을 제공할 수 있다. 간호사를 배치해 각 마을을 다니며 건강검진을 해준다거나, 건강강좌를 참여하게 하고, 소형버스를 배치해 이동의 편의를 제공할 수도 있다. 개인 승용차 없이도 전혀 불편하지 않게 살 수 있도록 지원하는 것이다. 이러한 비용의 일정 부분은 협력관계를 맺은 서울이나 인천의 구가 부담할 수 있다. 왜냐하면, 그 노인들이 서울에 있으면 그에 상당하는 복지비용이 들기 때문이다.

이렇게 부모세대가 강화로 오게 되면 그 자녀들도 강화를 자주 찾게 된다. 그러면 강화의 관광수입과 농산물 판매수익이 늘게 된다. 또 아직 노동능력이 있는 분들이고, 도시에서 익힌 업무능력이 있어서 다양한 수익활동도 가능할 것이다. 그 중의 하나가 산촌유학이다.

산촌유학이란, 초등학교 4~5학년 정도 되는 아이들이 농촌에서 한 학기나 학년을 보내는 것이다. 농촌의 작은 학교에 다니면서 마을에서 먹고 잔다. 그러면서 다양한 체험 프로그램을 통해 견문을 넓힌다. 이런 사업을 잘 운영할 적절한 전문가를 배치하는 비용을 강화군이 지원할 수 있다. 이미 오래 전부터 많은 곳에서 산촌유학을 하고 있고, 그 효과는 꽤 검증됐다. 나의 자녀들(나리, 온달, 보리)의 사례도 그 중 하나다. 이렇게 산촌유학을 운영하면, 그 부모들 역시 강화를 자주 찾게 된다. 그럼 그에 따른 농산물 판매와 관광수익도 늘어난다.

이렇게 아이들과 노인들이 함께 사는 마을에서 다양한 친환경농축산업을 하면 좋다. 이런 일을 통해 약간의 수익도 올리게 된다. 그보다 더 중요한 것은 이런 과정이 아이들에게는 배움이 되고, 노인들에게는 건강한 생활을 가능하게 한다는 점이다. 이처럼 아이와 노인들이 어울리는 관계는 서로에게 유익하다. 그 중간에 젊은 전문가들이 배치되어 일의 효율을 높여주게 되는데, 자연스럽게 일자리도 늘어나게 된다.

대도시에 있는 장애인, 치매환자, 요양 대상자들을 위한 도농협력관계도 비슷한 원리로 기획할 수 있다. 인구분산과 새로운 일자리를 만드는 데 큰 도움이 될 일들이다. 젊은 문화예술인들에게도 적용할 수 있는 일이다.

아직 충분히 자리잡지 못한 젊은 문화예술인들은 소득이 많지 않다. 그런 그들이 대도시에서 살아가려면 임대료가 가장 걱정이다. 질 낮은 주거환경과 비싼 임대료도 걱정이지만, 더 큰 문제는 그런 환경에서 좋은 예술작업을 하기가 어렵다는 점이다. 얼마 전 영화운동을 하는 사람들이 강화에 와서 집 지을 땅을 보고 갔는데, 그들이 가장 중시하는 건 예술작업을 하기 위한 편한 공간이었다.

그래서인지 강화에는 문화예술인들이 꽤 많다. 그들 대다수는 서울이나 인천에서 활동하는 작가들이다. 임대료가 싸고 넓은 터를 얻기 위해서다. 게다가 서울이나 인천을 오가기가 쉽다. 이런 현실을 감안해서 나는 마포구청장이나 서울시장에게 이런 제안을 하고 싶다.

서울의 젊은 문화예술인들이 살면서 작업활동을 할 마을을 강화에 짓고, 그들이 홍대입구까지 쉽게 오갈 수 있는 교통 편의체계를 설계하는 것이다. 두 지자체가 협력하면 서로에게 좋은 결과가 나올 것이다.

대도시 안에서도 이런 개념을 적용할 수 있다. 내가 관계하는 큰바위얼굴협동조합은 평창동의 140세대 노인복지주택을 경매로 구입하려고 연구했다. 그 주택은 은퇴한 노인들을 위한 특수 목적 공동주택이었는데, 사업이 뜻대로 되지 않아 10년 동안 방치된 건물이었다. 우리는 그것을 청년들의 공동주거로 재활용하려고 했다.

그 주택의 특징은 건물 크기에 비해 주차장이 매우 좁다. 보통 한 세대에 1대가 기본인데, 노인복지주택은 한 세대에 0.2대 또는 0.3대밖에 되지 않는다. 이건 공급자 입장에서는 수익률을 높일 수 있는 좋은 조건이다. 또 하나의 조건은 일반 주택처럼 매매가 자유롭지 않다는 점이다. 이런 특수한 조건의 주택이라 노인복지주택으로 사업이 되지 않자 10년씩이나 방치된 것이다.

우리는 이런 건물의 특징을 오히려 청년들의 공동주거사업에 활용할 생각이었다. 우리가 입주대상으로 생각하는 청년과 대학생들에게는 자가용이 거의 없다. 이들에게는 오히려 함께 이용할 차가 필요하다. 그러니 주차대수가 적은 건 문제가 되지 않는다. 또 개별 주택으로 매매되지 않는 것도 문제가 안 된다. 소유가 중요한 게 아니라 공동이용에 유익하면 된다.

이런 노인복지주택은 자연녹지에 지을 수 있는 이점이 있다. 지자체가 은퇴한 노인들을 위해 이런 제도를 적극 활용할 수 있을 것이다. 다만 문제는 여전히 사는 문화다. 매매차익을 볼 수 없는 공동이용 주택이기에 사람들에게 사는 즐거움이 느껴지도록 운영되어야 한다.

그런데 이런 것들을 개인이나 사기업이 할 수 있을까? 전혀 불가능하지는 않겠지만 쉽지 않다. 왜냐하면, 위에서 얘기한 것들은 사업의 주된 기반인 집과 시설들이 사적소유보다는 공적소유나 공동소유 또는 공동이용을 전제로 하는 경우가 많기 때문이다. 소유나 이용 형태만 그런 것이 아니고, 그것을 이용하고 활용하는 사람들 모두의 생각도 기존 사고방식과는 크게 다르다. 소유 개념이 아니라 함께 이용하는 개념으로 바뀌어야 한다. 그래서 이런 일이 쉽게 성사되지는 않을 것이다. 그러나 분명한 것은 시대의 흐름은 이제 이렇게 서서히 변해가고 있다는 점이다. 나의 집이 아니라 모두의 집으로 바뀌고 있다. 사회흐름도 그렇고 지자체나 국가의 정책도 그렇게 바뀌어야 한다.

이런 흐름은 단지 집 문제에서만 일어나는 것이 아니다. 사회 곳곳에서 이런 새롭고 생기 넘치는 방식이 생겨날 것이다. 공동주거, 공동사무실, 공유자동차 등 몇몇 분야에서 시도되고 있는 일들이 다양한 분야에서 더 활발하게 벌어질 것이다. 아래 내용은 그 중의 한 예다.

강화에서 정책을 준비하는 시민모임에서는 대중교통체계를 혁신할 방법을 연구하고 있다. 그 방법의 핵심요소 중 하나는 개인이나 교회 등 단체의 차를 대중교통체계에 편입시키는 것이다.

이용객이 많은 주요 노선은 버스가 담당하고, 곁가지 노선은 택시나 개인 또는 단체의 차가 담당하는 방식이다. 버스를 준공영제로 하고 택시에도 일정한 예산을 배정하는 것이다. 개인 또는 단체의 차에도 주차 혜택이나 자동차세 감면 등 일정한 혜택을 준다. 또 개인이나 단체의 차는 카풀운동에 참여한다. 이런 혁신은 자동차를 지금처럼 개인 소유와 개인의 독점이용이란 고정관념을 깨는 데서부터 시작된다. 예산을 많이 들여서만 해결될 일은 아니다. 개별소유를 공동소유와 공동이용으로 옮겨가는 데서 해법의 실마리가 있다.

그런데 생각해 보면 이런 흐름은 전에 없던 새로운 것이 아니다. 하늘 아래 새로운 것이 없다는 말처럼, 이미 역사 속에서 그리고 가까운 과거나 지금 현재에도 이런 흐름은 면면히 이어져오고 있고 시행되고 있다. 철도, 공항, 항만, 도로, 전기, 수도 등 국가 기반산업이 바로 그런 것 아닌가. 최근 몇몇 지자체에서 시도되고 있는 버스(준)공영제도 그런 것이다. 농업기술센터가 비싼 농기계를 구입해 싸게 농민들에게 임대해 주는 것도 이런 흐름이다.

신자유주의 열풍으로 최근 몇 십 년 동안 국가기반산업들이 사적소유로 바뀌면서 공공소유나 공동이용 등이 위축되었다. 그런데 신자유주의가 한때 판치게 된 건 또 나름의 이유가 있었다. 바로 낮은 효율성이었다. 국유 또는 공공소유에 따른 비효율이 개선되는 방향으로 새 흐름이 만들어지고 있다. 나의 것이 아닌 모두의 것이거나 누구의 것이지만, 나의 것과 별 차이 없이 이용할 수 있다면 적은 비용으로 큰 효과를 낼 수 있는 것 아닌가. 이른바 가성비가 높다.

나 개인이 이런 흐름에 맞게 살아간다면, 그렇지 않은 경우보다 훨씬 행복하게 살 것이다. 나아가 우리 사회가 이런 흐름을 선도한다면, 한국은 다른 어느 나라 못지않게 부유하고 행복한 나라가 될 것이다.

4부

인생
2라운드
50년 준비

필요자금은
줄이고
준비자금은
늘리는 해법

돈
문제의

기본정신

- 가난뱅이 되지 않기

"나는 안전한 게 중요해!"

내가 운전할 때 아내한테 자주 듣는 말이다. 차 간격이 좁다거나 급하게 차선변경을 했을 때 아내가 하는 말이다. 그럴 때마다 나는 속으로 생각한다.

'어이 참, 이 정도 가지고….'

그리고 하나가 더 떠오르곤 한다.

'아, 저 양반 9번 유형이지….'

사람의 성격유형을 분석하는 애니어그램에 나오는 표현이다. 내가 배운 9번 유형은 어떤 결정을 할 때 이것저것 다 따져보고 신중하게 결정한다. 대신 한번 결정하면 오래 한다. 또 안전을 매우 중요하게 생각한다. 그러다보니 새로운 결정을 쉽게 빨리 하지 못한다.

그에 비에 나는 새로운 것에 크게 당황해 하지 않는 편이고, 아내보다는 위험한 것도 감수하는 편이다. 운전하면서 연료가 얼마나 남았는지에 대해서도 나는 거의 걱정을 하지 않는다. 그럴 가능성은 거의 없지만, 설사 연료가 떨어졌다 해도 그 상황에서 대처하면 되지 별 큰일이야 나겠느냐고 생각한다. 술기운에 나는 친구들에게 이런 호기도 부리곤 했다.

"그래야 인생이 재밌는 거 아냐!"

실제로 고속도로에서 연료가 떨어진 적이 있었다. 셋째를 낳기 위해 대전 어머님 집에 있던 아내가 산기를 느껴 병원에 갔다는 전화를 받고 한밤중에 가던 중이었다. 부천 집에서 출발한 내가 대전 요금소를 조금 못 미친 지점에 이르렀을 때 차가 멈췄다. 빨리 가야 한다는 조급한 마음에 휴게소도 안 들르고 마구 달렸던 것이다. 연료 눈금을 보지 않은 건 아니었지만, 평소 다니던 걸 생각하면 충분하다고 생각했다. 나중에 든 생각이지만, 평소보다 과속을 해서 연료가 더 많이 든 것 같았다. 당시(90년대)에는 시속 80킬로미터에 차가 최적화되게 만들었다고 한다.

차는 다행히 노견에 잘 멈췄다. 낭패라는 생각을 하면서 주변을 둘러보는데, 고속도로와 나란히 일반도로가 있었다. 차는 전혀 다니지 않았다. 찬찬히 보니 조금 떨어져서 주유소가 보였다. 영업은 하지 않았다. 그래도 일단 갔다. 혹시 몰라 사무실 문을 두드리는데, 안에서 젊은 사람 둘이 나왔다.

"죄송하지만…"

어눌하게 말하는 내게 청년들은 전혀 짜증도 내지 않고 선뜻 페트병을 찾아와 휘발유를 담아주었다. 청년들의 순박함도 작용했겠지만, 신기함과 동정심도 작용했을 것 같았다.

'참, 신기하다. 어떻게 하면 연료가 없어 차가 멈출까?'

'에고, 이 한밤중에 난감하시겠군.'

아무튼 나는 남들에 비해 새로운 상황에 크게 당황하지 않는 편이다. 그래서 새로 난 도로를 방향만 생각하고 그냥 가곤 했다. 지금이야 내비게이션이 안내해 주니 별 문제없지만, 과거에는 아는 길을 가거나 지도를 보며 다니던 시절이었다.

돈 문제도 마찬가지다. 나는 이삼십 대 때, 돈이 궁하기는 했지만 그렇다고 돈 때문에 크게 걱정하지는 않았다. 그런 내게 아내는 늘 불평을 늘어놓았다.

"나는 쌀독에 쌀이 충분해야 안심된다 말이야!"

세월이 지나 생각해 보니, 그게 아내의 엄살이나 엄포만은 아니었다. 아내는 돈, 시간, 음식 등 모든 것이 넉넉해야 안심하는 성격이다. 그런 아내한테 딱 맞는 게 재무설계 원칙이다. 잘 되는 것보다 망가지지 않는 걸 기본으로 생각하는 거 말이다.

오래 전에 미국 재무설계 회사 대표가 쓴 책을 본 적이 있다. 그는 자기 회사는 고객들에게 이렇게 말한다고 했다.

"당신을 부자로 만들어 드릴 수는 없습니다. 다만, 가난뱅이가 되게 하지는 않을 것입니다."

이게 그 회사의 기본정신이라고 소개했다. 그 대목에서 나는 더 이상 책을 읽을 수 없었다. 안 그래도 생각하면서 천천히 읽는 편인데, 저자의 그 설명을 소화하는 데 시간이 많이 걸렸다. 이런저런 생각이 많이 떠올랐다.

'돈 내고 재무상담 받으러 온 사람들에게 이렇게 얘기해도 되나? 그래도 손님들이 안 떨어진단 말이지? 그 배짱은 도대체 어디에서 나오는 거지?'

그러나 저자의 책을 읽어가면서 제대로 배울 수 있었다. 저자가 말하는 것은, 가난뱅이가 될 만한 위험에 고객을 노출시키지 않겠다는 것이다. 짧은 시간에 짜릿하게 돈 버는 길로 안내하지 않고, 천천히 오래 걸려서 밋밋하게 조금씩 성공하는 방법을 제시하겠다는 것이다. 급하고 똑똑하고 열렬한 보통의 한국 사람들 입맛에는 많이 안 맞는 방법이다.

그 후로 나는 재무설계를 더 배워가고 실제 상담을 해가면서 '가난뱅이 되게 하지 않는' 재무설계의 기본원칙을 몸으로 익혀갈 수 있었다.

그렇다고 나와 동료들이 고객들에게 위험상품을 절대 하지 말라고 하는 건 아니다. 문제는 위험 그 자체가 아니라, 그 위험을 감당할 수 있느냐의 문제다. 예를 들어, 주식투자의 경우 나는 주식투자를 보통 권하지는 않지만 고객의 성격과 재무상태에 따라서는 일정 정도 할 수 있다고 생각한다. 고객 중에는 주식투자를, 내가 보기에도 참 맘에 들게 하던 고객이 있었다.

고객의 재무상태는 좋은 편이었다. 부모로부터 물려받았거나 물려받을 예정인 재산이 꽤 됐다. 아내의 소득은 불확실했지만, 고객의 소득도 적은 편이 아니었다. 그는 의사자격증이 있지만, 뜻한 바가 있어 개업하지 않고 공무원이 됐다.

"저는 이런 회사가 잘 돼야 한다고 생각하기 때문에 투자합니다."

고객은 자신이 투자한 회사에 대해 자신 있게 말했다. 그는 또 그 회사와 연관이 있는 정치인에 대한 호감도 드러냈다. 분석에 따른 투자라기보다 의지이자 바람처럼 보였다. 나는 그 종목에 대해 특별히 해줄 말이 없기는 했지만, 길게 볼 때 고객의 선택이 옳아보였다.

일단 고객은 자신의 주식투자 총액을 정해 놓고 있었다. 당시 8천만 원 정도였는데, 상황에 따라 추가로 3천만 원까지는 더 늘릴 생각이라고 했다. 고객의 자산과 소득을 생각하면, 최악의 경우 그 돈이 다 없어져도 크게 문제되지는 않아 보였다. 자산과 소득대비 규모와 비율을 보건대 감당할 수 있는 정도라는 점에서 나는 고객의 주식투자는 나쁘지 않다고 생각했다.

다음으로 볼 건, 고객이 이른바 가치투자를 하고 있다는 점이다. 당시는 노무현 정부 시절이었는데, 투자수익이란 면에서는 부동산투자가 한참 좋을 때였다. 다른 한편으로는 우리사회의 투명성이 우여곡절을 겪으면서 개선되는 상황이었다. 그런 추세로 볼 때, 짧게 보면 큰 수익을 내기 어렵지만, 길게 보면 고객이 투자한 회사는 사회의 투명성이 올라가는 추세와 궤를 같이 할 회사였다. 단지 고객의 개인의지 차원이 아닌, 적어도 10년을 내다보는 장기투자 관점에서는 분명히 고객의 판단이 옳아보였다.

여기서 다시 생각해 봐야 할 것이 고객의 재무체력이다. 고객은 주식투자 금액을 갑자기 회수할 필요가 없다. 값이 떨어져도 견딜 수 있다. 이런 경우가 가장 바람직한 경우다. 내가 좋다고 생각하는 방향으로 가고 있는데, 거기에 돈까지 따라주는 경우 말이다.

돈은 네 발 달린 동물이라 사람이 못 쫓아간다는 말이 있다. 쫓아갈 게 아니라 돈이 나를 따라오도록 해야 한다는 뜻이다. 그러니 당연히 내가 좋아하는 일, 하고 싶은 일, 잘 하는 일을 그것도 오래 해야 한다. 그러면 위험하지도 않으면서 서서히 돈도 따른다.

그런데 이렇게 말하면, 이렇게 되묻는 사람도 있다.

"그렇게 살면 재미없어서 어떻게 사느냐?"

이런 분들에게는 뭐라고 답해야 할지 알 수 없다. 그냥 그렇게 사셔야 한다. 망하고 흥하는 짜릿함을 마음껏 느끼며 사시라고. 그것도 한평생이긴 하지만, 그 과정에서 마음고생하고 속병 생기는 일이라도 적으면 다행이다.

위 고객처럼, 주식투자를 하더라도 위험을 자기 능력 범위 내에서 관리한다면 문제될 것이 없다. 그러나 투자를 하는 사람들 대다수는 그렇지 못하다. 그래서 손실을 볼 것이라는 점보다 나는 위험을 통제하지 못하는 것이 더 문제라고 생각한다. 이런 것이 바로 돈에 끌려 다니는 삶이기 때문이다.

　백화점 문화센터 강의를 듣고 남편을 데리고 찾아온 젊은 부부 고객이 있었다. 남편은 대기업 생산직이었고, 부인은 전업주부였다. 부인의 목표는 단 하나였는데, 남편의 주식투자에 대한 제동을 걸어달라는 것이었다. 본인 말로는 잘 안 되니, 외부자의 힘을 빌려서 해보겠다는 의지였다. 그러나 결과는 썩 만족스럽지는 않았다.

　내가 그 고객의 주식투자에 대해 우려를 표했던 점은 두 가지다. 하나는 재무체력에 비해 과도한 비율이라는 거였고, 다른 하나는 목표수익률이 없다는 거였다.

　당시 고객은 신혼 초기이고 해서 자산은 많지 않았지만, 아직 아이도 없고 해서(아이 낳기 전까지가 저축률이 가장 높은 시기다), 저축률은 낮지 않았다. 그런데 주식투자가 전체 신규투자의 반을 넘었다. 그것도 펀드가 아니라 직접 스스로 종목을 선택하는 것이었다.

　여기까지는 개인의 성향에 따라서 그럴 수도 있다. 또 아직 30대이니, 막말로 좀 날렸다 해도 심하지만 않으면 회복할 수도 있다. 내가 더 문제로 삼는 것은 부인과의 관계다. 부인은 주식투자의 위험성을 견디지 못하는 성격이었다.

　재무상담사는 고객이 꿈(재무목표)을 이야기하게 하고, 그 꿈의 실현을 수치로 보여준다. 그 과정을 통해 고객 스스로 꿈을 재설계하게 한다. 그런데 당시 나의 내공은 고객이 스스로 꿈에 몰두하게 하지 못하고,

기술적으로 반박했을 뿐이다. 그런 나의 말이 남편에게는 이렇게 들렸을 것이다.

'주식 비중을 낮추세요! 위험해요!'

그러나 남편은 이렇게 생각했을 것이다.

'위험은 내가 집니다. 상관하지 마세요.'

맞다. 어떤 위험을 질 것인지는 고객 스스로 판단한다. 다만 상담사는 이러저런 경우의 수를 제시하고, 상황을 더 풍부하게 해석해 줘야 한다. 아무튼 남편은 자신의 주장을 굽히지 않았고, 나와 부인은 어정쩡하게 넘어가야만 했다. 그리고 나는 목표수익률을 거론했다. 먼저 얼마나 수익이 나면 팔 것인지를 물었다. 대답이 없다. 이건 대부분이 그럴 것이다. 다시 되물었을 때 남편은 50%라고 대답했다.

사실 주식 시세를 보면, 50% 오르는 일도 흔히 일어나곤 한다. 그런데 반대로 50% 하락도 자주 발생한다. 그럼 언제 팔 것인가? 참 어려운 일이다. 당시 같이 일했던, 증권사 펀드매니저 출신 친구가 한 말이 지금도 기억난다.

"오를 때 팔기가 제일 어려워."

계속 오르고 있는데, 이익이 눈앞에 보이는데, 어떻게 그런 상황에서 눈감고 팔 수 있겠느냐는 얘기다.

나는 그 고객에게 이익과 손해에 대한 목표를 미리 정해 놓고 그에 따라 행동하는 게 옳지 않겠느냐고 설명했지만, 고객은 진심으로 동의하는 것 같지 않았다. 나도 사실 고객과 눈높이를 맞추고 하는 말이라기보다, 업계 선배로부터 배운 걸 옮기는 수준이었다.

이 상담은 내게 만족스럽지 않은 상담으로 오래 기억된다. 재무체력에 비해 과도한 위험투자 비율, 처분목표치를 정하지 않은 투자, 위험에 대한 부인의 큰 걱정 등 어느 것 하나 제대로 다뤄지지 않았다.

그래도 세 번을 만나는 동안, 부부 둘이서만은 얘기하지 못했을 문제들을 얘기해 본 것이라도 성과라면 성과라고 해야 할까? 이후 남편이 주식투자로 손실을 보고, 지난 얘기를 되새겨 볼 기회가 있을지 혹시 모른다.

주식투자를 예로 들었지만, 사실 주식만 해도 어떤 면에서는 관리가 가능한 투자다. 사업투자는 주식보다 위험이 더 크다. 본인이 사업을 직접 운영하는 것이든, 어떤 사업에 돈을 투자하는 것이든, 부동산에 투자하는 것이든, 돈을 빌려주는 것이든, 이런 것들은 주식보다 더 위험한 면이 있다. 주식에서도 비상장주식은 상장주식보다 투자위험이 더 크다.

나와 동료들이 주로 상담했던 고객들은 위와 같은 투자를 적게 하는 편이었다. 그런 성향의 고객들이 와서 그랬을 수도 있고, 우리가 그런 방향으로 상담을 해서 그랬을 수도 있다. 아무튼 그 고객들은 그래서 큰돈을 벌지 못했을 수도 있으나 반대로 큰 손해도 보지 않은 편이다. 나는 이런 고객들의 삶이 더 편안하고 행복할 것이라고 믿는다.

살림이 너무 어려워 수단방법을 가리지 않고 살아야 했던 시기에는 삶 자체가 위험했다. 진로, 사업, 투자 등 모든 것이 불확실했고 위험했다. 그런 70년대 80년대에 비하면, 지금은 꽤 안정된 사회다. 다른 한편으로는 성장률도 낮아졌다. 운 좋게 큰돈을 번다는 게 어려워졌다.

그러면 어떻게 해야 할 것인가?

일확천금이 아니라 착실하게 오래 해야 한다. 과거에는 일확천금이라는 말을 많이 사용했다. 이제는 거의 사용하지 않는다. 세태를 반영하는 것이다.

이런 세상에서 우리는 이제 말 그대로 성실하게 노력하며 살아야 한다. 그리고 그렇게 살아도 충분히 모두 자유롭고 행복하게 살 수 있다. 나는 이런 느낌을 내 자녀들과 대화하면서 자주 느낀다.

어느 날 나는 온달이에게 이렇게 말했다.

"온달아, 네 돈 중에 한 이백만 원쯤 주식투자 해보면 어떨까?"

나는 그동안 그럴 여력이 없었고 그럴 생각도 안 했지만, 온달이는 아직 젊고 약간의 여유가 있으니 길게 보고 주식투자를 해보는 것도 좋겠다는 생각에서 한 말이었다. 그런데 온달이의 반응은 단호했다.

"왜 그런 걸 해야 해?"

그냥 열심히 노력해서 돈 벌고, 번 걸 저축하고 그 수준에서 쓰면 되지 않겠느냐는 것이었다. 나는 뭐라 말해야 할지 궁색해졌다.

"으응, 아니 너는 아직 어리고 하니 이런 것도 해보고, 그러면….."

"그럴 필요 없어!"

말 그대로 '깨갱'이다. 할 말이 없다.

큰딸 나리 역시 비슷하다. 아니 나리는 투자에 대한 반감이 더 심하다. 지난해에 나는 나리 돈 500만 원과 내 돈 1,500만 원을 합쳐 부실채권NPL, Non Performing Loan에 투자했다. 100% 확실한 건 아니지만, 매우 안전하다는 점을 몇 번 설명해서 겨우 함께 투자하기로 결정했다. 그리고 몇 달이 지난 시점, 그때는 예상보다 투자처의 상황이 좋아져 수익실현이 더 확실해졌을 때였다. 이후 이러저런 과정을 거쳐 원리금이 회수된다는 설명을 하는데, '주식' 대목이 나오자 나리는 목소리를 높였다.

"주식? 나 그런 거 싫은데!"

우리가 산 채권의 목적물에는 대상회사의 주식도 있었다. 비상장주식이기는 하지만, 대상회사의 순자산가치가 제법 있는 주식이다. 나리는 주식 대신 돈으로 줄 수 없느냐고 물었다.

"그럼 아빠가 네 몫의 주식을 사줘야겠네."

"그렇게 해!"

금방 대답이 날아왔다.

"근데, 비상장주식이니 값을 어떻게 매기지?"

"두 배로 해!"

나는 되물었다.

"비상장이라 시세가 없어서 어떻게 값을 매길지 모른다니까?"

나는 나리가 주식시장의 기본을 몰라 하는 말이라고 생각했다. 그런데 나리는 전혀 다른 기준을 생각하고 있었다.

"아빠가 쳐주려고 했던 값보다 두 배로 쳐줘!"

나는 어이가 없었다.

'이 녀석 아빠를 등쳐 먹으려는구만.'

대화하면서 느낀 건데, 나리는 온달이보다도 주식이란 단어에 반감이 더 컸다. 거기에는 성실하게 일하지 않고 남다른 꼼수를 노린다는 의미가 들어있는 듯했다. 그동안 사회생활을 하면서 보고 느낀 데서 그런 생각과 감정들이 쌓였을 것이다.

거기에는 아빠인 나의 인생에 대한 평가도 한몫 하는 건 아닌가 하는 생각이 들었다. 대학을 그만둔 것, 다니던 대기업을 그만둔 것, 사업 실패, 잦은 이직, 아내의 선거출마, 이런 것들이 아이들에게는 다 위험투자로 보였을 것이다. 그 반대급부로 안정된 삶을 바라는 것인지도 모른다.

수익성과 안정성 중 어떤 쪽을 선택할 것인가? 딱 잘라 말하기 어려운 얘기이고, 각자의 처지와 인생관에 따라 다르게 판단되어야 하는 주제다. 중요한 것은 삶의 기본이 크게 망가지지 않는 선을 지키는 것이 아닐까 한다.

부자가 되기보다는 먼저 가난뱅이가 되지 않는 기초를 잘 닦을 일이다.

손자병법에서 말하는 지피지기知彼知己면 백전불태白戰不殆도 바로 이런 뜻이다. 백전불패不敗가 아니라 백전불태不殆라는 것이고, 여기서 태殆는 위태롭다는 뜻이다.

　이제 이기고 성공해야만 하던 시대는 지나갔다. 하고 싶은 일 하며 먹고 살 만큼 벌고, 위험하지 않게 인생을 즐기며 살 정도면 충분한 시대다. 몇 십 년 만에 우리사회도 이렇게 변했다. 이것은 돈 문제의 기본이고, 노후설계에서도 역시 마찬가지다.

나에게
맞는

목표 정하기

– 중산층 살림살이 핵심, 적게 벌고 적게 쓴다

'우리나라가 미국의 51번째 주라면 좋을 걸….'

초등학교 시절에 나도 이런 상상을 한 적이 있다. 지금 생각하면 우습기도 하고 부끄럽기도 한 일이다. 그만큼 당시 우리에게는 좁은 땅에 자원은 없고 사람만 많은, 가난한 나라라는 열등감이 많았다.

중고등학교 때는 시험이 끝나는 날 학교에서 단체로 극장을 가곤 했는데, 그때 우리가 보던 영화는 거의 다 할리우드 영화였다. 킹콩이나 람보 같은 영화를 보면서 나는 그 웅장한 규모에 놀라기도 했지만, 또 다른 한편으로는 미국 사회에 대한 실망감과 의문도 쌓였다.

'왜 사람 죽이고 때려부수는 것만 좋아하지?'

대학 때 사회과학 공부를 하고 학생운동을 하면서부터는 미국이 한국 사회에 미친 나쁜 영향들에 대해 분노했다. 광주학살에 대한 방관이나 지원, 경제식민지화와 무기판매, 나아가 전 세계에 걸친 작은 나라

195

들에 대한 침략 등 미국의 모든 것이 나쁘게 보였다. 그러면서 미국 사회에 대한 인상도 나쁘게 바뀌었다. 흑인차별, 총기사고, 이혼문화, 빈부격차 등 모든 것이 거슬렸다.

그 이후 나는 학생운동과 노동운동을 거쳐 생활협동조합, 자동차정비공장, 지역운동 등을 하게 됐다. 그 즈음 미국에서 몇 년 살다 온 친구의 얘기가 지금도 기억에 남는다.

"미국은 큰 나라답게 시민운동도 우리랑 차원이 다르더라."

독재정권을 돕고 침략전쟁만 하는 게 아니라, 좋은 일도 많이 하고 건전하고 튼튼한 시민운동단체도 많더라는 얘기였다. 미국사회의 또 다른 면을 보게 된 계기였다. 몇 년 후 나는 포도재무설계란 회사에서 재무설계를 알게 됐는데, 재무설계의 기본원리가 매우 소박하고 현실에 맞는다는 인상을 받았다. 그런 것이 미국에서 처음 개발되고 널리 확산돼 가고 있다는 걸 알게 되면서 나는 미국사회의 건전함도 뿌리가 매우 깊다는 걸 느꼈다.

외환위기가 나던 해의 봄에 우리는 강화로 이사했다. 정비공장하다 망해서 생긴 빚을 갚기 위한 이유도 있어서였다. 그러면서 지역사회에 대한 관심을 갖게 되었는데, 지역 일과 시국 일로 몇 차례 집회를 조직하기도 하고, 당시 진보정당이었던 민주노동당 활동도 했다. 아내는 '여성의 전화' 일을 열심히 했다. 두 차례나 아내가 민주노동당으로 출마를 하면서 빚이 좀 늘었고, 내가 하던 영농조합이 어려워서 또 빚이 더 늘었다. 견딜 수 없어 강화 일을 접고 다시 서울로 돈 벌러 나갔다.

그러면서 새로운 경험을 했다. 서울의 중앙부처를 상대해 봤고, 나라 경영을 고민하고 연구하는 사람들과 모임도 자주 했다. 보고 배우는 게 많아지면서 생각도 깊어졌다. 전에는 지역사회에서 좋은 사람들을 많이 조직하고, 유익한 일들을 많이 하다 보면 지역사회가 좋아질 것이고, 이런 지역의 변화가 많아지면서 나라도 건전해질 것이라고 생각했다. 그런데 그렇게 바닥에서 열심히만 하는 것으로는 성과를 내는 데 한계가 많다는 걸 느꼈다. 어떤 정책이 문제이고, 어떤 방향으로 정책을 만들어야 성과가 나고 세상이 제대로 변할 것인지를 깊게 생각하게 됐다. 강화만의 문제가 아니라, 나라 전체를 어떻게 움직여야 더 살기 좋은 나라가 될 것인지 고민하게 됐다. 시야가 넓어지면서 남북한 문제와 미국 문제도 전보다 더 진지하게 생각하게 됐다. 그리고 2016년 말부터 2017년 봄까지 이어진 촛불혁명 과정에 나도 열심히 참여했다. 그 과정은 나에게 새로운 세상에 대한 눈을 확실하게 뜨게 하기에 충분했다.

그 즈음 나는 칭기즈칸에 대한 다큐와 글을 보게 되었는데, 나라 일을 어떻게 풀어나갈 것인지에 대한 생각을 정립하는 데 큰 도움이 됐다.

젊은 시절의 칭기즈칸은 몽고의 부족들이 몽고 주민 전체의 관점이 아니라, 부족의 이익에 갇혀 있는 점을 깨달았다. 보편성을 생각한 것이다. 그런 깨달음이 있었기에 원나라는 한족과 아랍인을 포함한 모든 정복민들을 능력에 따라 동등하게 대했다. 여러 종교에 대해서도 차별 없이 대했다.

칭기즈칸은 또 당시는 물론 지금까지도 그러한, 최고 우두머리만을 절대시하는 개념을 깨뜨렸다. 몽고 통일을 이루는 과정의 한 전투에서 칭기즈칸 진영은 결정적 패배를 눈앞에 두고 있었다. 이때 칭기즈칸은 측근 부하들에게 명령했다.

"흩어져라!"

적들은 우두머리인 칭기즈칸을 쫓아올 것인데, 부하들이 모두 자신을 지키기 위해 같이 도망간다면 자칫 모두 죽을 수 있다는 생각에서였다. 자신은 죽더라도 부하들이 살아남아 몽고 통일의 큰일을 이어나가야 한다는 생각에서였다. 명령을 따르지 않으려는 부하들을 칭기즈칸은 내몰았고, 결국 죽을 고비를 넘긴 부하들 십여 명과 칭기즈칸은 발주나 호수에서 만나 흙탕물을 함께 마시며 몽고 통일을 위한 맹세를 한다.

이렇듯 칭기즈칸은 개인과 부족이라는 좁은 틀을 뛰어넘어 몽고 전체와 보편성을 추구했다. 시대를 앞서가는 이런 정신이 있었기에 칭기즈칸과 그 부하들은 적은 인구로도 세계에서 가장 넓은 제국을 건설할 수 있었다.

수천만이 참여한 촛불혁명을 나는 보편성의 확장이라고 해석한다. 칭기즈칸과 그 부하들이 깨달은 진리를 이 시대에 우리는 수천만이 함께 체득한 것이다. 이런 담대함이 우리 사회에 뿌리박고 있기 때문에 북한과 미국의 위험천만한 전쟁 놀음에 대해서도 우리는 냉정을 잃지 않을 수 있다고 확신한다.

그리고 나는 이제 미국의 세계지배는 끝나가고 있다고 확신한다. 그동안 미국이 유지해 왔고 확산시켰던 자본주의와 민주주의에 대한 보편성이 허점들을 드러내기 시작했다. 세계평화와 인류공영을 위한 새로운 희망이 우리에게 잉태되고 있다는 걸 우리는 촛불혁명을 통해 확인했다. 어릴 때부터 가졌던, 나의 미국에 대한 열등감은 이제 완전히 사라진 듯하다. 실로 50년 가까운 긴 고뇌의 과정이었다. 이 깨달음의 과정은 나 개인에 그치지 않고 5천만 명 한국 사람들에게 공통된 것이라고 나는 믿는다.

돈 문제는 돈 그 자체의 논리로만 결정되지 않는다. 다른 문제와 마찬가지로, 사람의 사고방식에 크게 좌우된다. 내가 미국 문화에 대한 동경심이 많았다면, 나도 어린 시절에 미국 노래를 배우고 미국 영화를 더 보고 영어를 더 열심히 공부하고 유학을 준비했을지도 모른다. 그런 것들을 행할 돈이 없었던 탓도 있지만, 내가 그렇게 하지 않았던 더 큰 이유는 미국 문화와 사회에 대한 미덥지 못함이 꽤 많았던 때문이라고 생각한다.

대학 이후 내가 학생운동과 노동운동 나아가 지역운동을 하지 않았더라면, 나도 다른 사람들처럼 좋은 집과 비싼 차 그리고 애들 사교육에 매달렸을지 모른다. 내가 노동자협동기업을 만들겠다는 꿈을 잃었더라면, 정비공장이 망했을 때 가정이 해체되거나 폐인이 됐을 수도 있고, 티코에 다섯 식구가 타고 다니는 절제된 생활은 도저히 하지 못했을 것이다.

우리사회가 고비용사회이고 그 고비용 중 가장 큰 부담이 집이며 이런 현실을 바꿔야 한다는 소신이 없었더라면, 40대 후반에 지상권만 있는 4천만 원짜리 집을 사면서 친구들과 함께 고치는 일을 즐겁게 하지 못했을 것이다. 귀농자들에게 하는 강의나 친구들과 만나는 자리에서 지금의 이 집에 대한 얘기를 자랑스럽게 하는 일도 없었을 것이다.

나는 아이들과 눈높이를 맞추는 일에 큰 어려움이 없고, 아이들에게 권위를 내세울 필요도 전혀 느끼지 않는다. 나는 내가 나를 존중하는 것에 가장 큰 가치를 두며, 남이 나를 평가하는 것에 별로 신경쓰지 않는다. 그렇기에 나는 아이들에게 일찍부터 자립할 것을 권유했고, 최소한의 교육비만을 대주는 것에 대해 부모의 도리를 다하지 못하는 거 아닌가 하는 쓸데없는 고민을 하지 않았다. 아니 오히려 당당하게 요구하고 설명했다. 지나친 교육비야말로 고비용사회의 두 번째 주범이라는 신념이 있기 때문이었다.

지금도 내가 적게 벌고 적게 쓰면서도 불편해 하지 않고 새로운 일을 열심히 할 수 있는 이유는 내게 돈 이상의 삶의 가치가 있기 때문이다. 나의 몸과 마음이 건강하고, 가족과 가까운 이웃들과 나누며 살며, 강화와 나아가 나라를 더 살기 좋은 세상으로 만들고 싶은 꿈이 있기 때문이다. 여기에 더해 이제는 남북을 포함한 세계평화와 모든 지구인들이 다 같이 잘 어울려 살게 되는 야무진 꿈도 키워가고 있다. 이런 나의 삶에서 돈은 있으면 좋지만 없다고 해서 낙담할 일은 아닌 것이다.

보통 돈은 하나도 없거나 만족할 만큼 있는 경우보다 모자라는 경우가 대부분이다. 문제는 부족한 돈을 어떻게 대하고 실행해 나가느냐다. 부족한 돈 때문에 일이 안 되거나 삶이 불행해진다고 생각할 필요는 없다. 부족함을 인정하고 그 인정으로부터 일을 해나가면 되는 것이다.

재무목표가 중요하다는 대목에서 내가 이렇게 나의 삶과 인생관을 장황하게 늘어놓은 것은 돈을 통제하는 주체인 나의 정신세계가 어떠한지에 따라 돈 문제의 성격이 크게 달라진다는 점을 얘기하기 위해서다. 나의 경험과 인생관은 다른 사람들과 많이 다르겠지만, 그 본질 즉 인생관이 달라짐에 따라 돈을 대하는 태도 역시 달라진다는 점은 다르지 않다.

그런데 위에서 나는 나의 경험을 소개하면서 나의 인생관이 더 풍부해지면서 돈에 덜 끌려다니게 된 예를 소개했는데, 그 반대 경우도 많다. 성인이 되면서 돈 문제로 힘들어지면서 마음마저 더 각박해지기도 한다. 삼십 대 중반인 미혼 철준 씨도 그런 경우에 가깝다.

철준 씨는 대학을 졸업하고 직장에 다녔다. 늘 야근을 달고 다니는 힘든 일이었지만, 참고 견디면 안정된 생활이 오리라 마음먹었다. 사귀는 여자 친구가 있었지만, 그는 더 깊은 관계로 나가고 싶지 않았다. 아직 자신은 결혼할 준비가 안 됐다고 생각하기 때문이었다. 그러다 보니 여자 친구의 마음도 식어갔고 결국 헤어졌다. 그렇다고 회사 일이 생각만큼 잘 되는 것도 아니었다. 모든 것이 뜻하는 대로 이뤄지지 않자 철준 씨 마음도 초조해졌다. 악순환이랄까, 연애도 안 돼, 일도 안 돼, 마음은 초조해져, 그런 과정을 거치다 결국 회사 윗사람한테 꾸지람을 듣고 사표를 내버렸다.

고향으로 내려가 공무원 시험을 준비했다. 그러나 이것도 쉽지 않다. 알바를 하기도 하고 작은 장사도 해보았지만 어느 것 하나 제대로 손에 잡히지 않았다. 그러는 사이 나이는 들어 이제 삼십대 중반이다.

철준 씨는 어릴 때부터 집에 돈이 부족해 하고 싶은 걸 못한다는 생각을 많이 한 편이다. 그래서 결혼도 천천히 하려고 했다. 충분히 돈을 모은 다음에 할 생각이었다. 그도 그럴 것이, 부모로부터 지원을 거의 받지 못할 것 같은데, 덜컥 결혼부터 해서 아이 낳고 산다는 게 더 끔찍해 보였기 때문이었다.

철준 씨 얘기는 특별한 게 아니다. 주변에서 흔히 보는 사례 중의 하나다. 그럴 때마다 나는 나의 이삼십 대를 떠올려 보곤 한다. 나뿐만 아니라, 지금의 오십대들은 다 비슷하게 생각할 것이고 이렇게 한마디 할 것이다.

"되는 대로 살면 되지, 뭐 그렇게 걱정부터 하냐."

사실 그랬다. 구로시장 한쪽의, 친구들과 자취하던 방에서 살림을 시작한 나의 신혼시절을 생각하면 정말 그렇다. 그런데 당시는 대부분 그렇게 살았다. 그에 비해 지금은 양극화가 더 심해졌다. 거기에 더해 다양한 언론이 활발해져서 잘 사는 사람들에 대한 정보가 누구에게나 공개되고 있다.

우리 때는 우리 주변사람들의 삶만 알지, 내가 전혀 모르는 부자들이 사는 얘기는 거의 몰랐다. 늘 대하는 얘기가 아니기에 별로 신경쓰지 않았다. 그런데 지금은 시도 때도 없이 그런 얘기를 듣고 본다. 그러니 비교가 더 많이 된다. 비교는 불행의 첫걸음이다.

그래서 나는 철준 씨를 보면 철준 씨만을 뭐라 할 수 없는 구조를 함께 느낀다. 철준 씨가 재무상담도 받아보고, 좀 더 유연한 목표도 생각해 보면 훨씬 삶이 편안해질 거라고 생각하지만, 그럴 맘이 철준 씨에게 들지 않는 현실 역시 부정할 수 없다. '사람 사는 세상이 이런 건가?' 하는 허탈감이 들곤 한다.

사업을 하다 망한 사례도 많다. 망한 것까지는 그렇다 치고, 그 이후 이혼으로 가정이 망가지고 개인의 삶이 엉망이 된 경우도 우리는 주변에서 많이 겪는다. 태진 씨 경우가 바로 그렇다.

유학을 다녀온 후 사회생활 시작이 좀 늦은 태진 씨는 무역업을 하기도 하고, 친척 회사에서 일하기도 하고, 작은 사업을 직접 해보기도 했다. 그러던 중 업계 선배의 소개로 폐기물처리업을 준비했다. 인허가 사업이라 조건을 맞추는 게 무척 어려웠지만, 이를 악물고 허가를 받았다. 허가를 쉽게 내주지 않는 사업이라 허가를 받기만 하면 사업은 손쉬울 거로 생각했고, 전자제품 폐기물은 갈수록 재활용 가치가 높아지는 추세였다.

말 그대로 천신만고 끝에 허가를 받고 영업을 시작했다. 그런데 어렵게 들여놓은 기계는 자꾸 말썽을 부리고, 들어올 거라 생각했던 물량 확보도 뜻대로 되지 않았다. 금융권 차입은 물론이고 여기저기 인간관계를 다 동원해 자금 확보를 했는데, 막상 사업이 돌아가자 돈이 더 필요했지만 더 동원할 여력이 없었다. 억지로 1년 이상을 버텼지만, 결국 빚만 더 늘어났고 손을 들어야 했다.

여기까지만 해도 죽고 싶은 상황이지만, 그래도 있을 수 있는 일이라고 치자. 문제는 그 다음이었다. 상황이 이렇게 되자 집에서도 부부관계가 나빠지기 시작했다. 재기하기 위해 작은 일이라도 알아보던 중 그나마도 실패했다. 그리고 다시 후배와 또 다른 일을 함께 알아보던 중 작은 교통사고가 났다. 병원에 가보니 머리에 심각한 병이 진전된 상태였다. 이제 돈보다 몸이 더 문제가 됐다. 완치될 가망은 없고, 병원신세를 지며 망한 사업의 크고 작은 뒤치다꺼리를 해야 했다. 그러면서 이혼도 했다.

돈을 벌 생각에 사업을 할 수도 있고 그 사업이 망할 수도 있다. 그런데 사업이 망해 몸도 망가지고 가정도 깨지는 건 참 안 된 일이다. 이런 사회는 제대로 된 사회가 아니다. 개인도 문제지만 사회도 문제다.

나는 태진 씨가 사업의 기본을 지키지 않은 게 가장 큰 문제라고 생각한다. 그 기본이란 게 뭐 대단한 것도 아니다. 자신의 자금동원력(재무체력)을 확인하고, 최악의 경우에 닥칠 일을 감당할 수 있는지 검토해보는 것이다. 거기에 좀 더하자면, 사업흐름을 냉철하게 보고 최소한의 여유자금을 확보하면서 일을 진척시키는 것이다. 이런 정도 원칙을 모르고 사업을 벌일 사람은 없다고 본다. 문제는 아는 것과 실행하는 것 사이의 간격이다.

태진 씨는 이십년 정도 이런저런 일을 해보면서 고생이 많았다. 이 참에 제대로 성공해서 자리잡고 싶은 생각이 많았다. 허가받기가 어렵지 허가만 받으면 사업은 순풍일 거라는 확신이 컸다. 사업이 망할 것이라고는 생각하지도 않았다.

이런 사고방식도, 나 자신을 포함해 우리 주변에서 흔히 보는 일이다. 그러나 몸이 망가지고 가정이 깨지는 일까지는 흔한 일이어서는 안된다.

철준 씨와 태진 씨를 보면서 나는 그들의 목표가 과한 것도 문제로 보이지만, 더 큰 문제는 목표를 생각하는 게 굳어 있다는 점이라는 생각이다.

돈은 삶을 풍부하게 하기 위한 수단이다. 인생목표를 잘 이루기 위해 그에 따른 돈 목표도 세우는 건데, 어느덧 돈 목표가 인생목표를 압도해 버린 것이다. 나의 삶 자체가 가장 소중한 것이고, 가족과 이웃 나아가 사회관계가 또 중요하다. 이런 것들을 근본에서부터 망가뜨리는 정도가 되려 한다면, 우리는 하던 일과 인생을 깊이 되돌아봐야 한다.

돈 문제에 대한 개인의 이런 자각이 가장 중요하지만, 사회의 안전장치와 분위기 역시 중요하다. 누구에게나 인권이 보장될 정도로는 살도록 사회보장이 되도록 노력해야 한다. 의식주와 의료, 건강 등일 것이다. 거기에 더해 낙오자도 손가락질 당하지 않도록 하는 사회분위기를 조성해야 한다. 낙오자는 사업실패만을 뜻하지 않고, 장애를 포함한 모든 약자를 포함한다.

문제는 양극화가 더 심해졌고, 그 심해진 현실이 그대로 모든 이들에게 공개된다는 점이다. 모르면 모르는 대로 살 수 있다. 그런데 불평등한 현실을 알면서 참고 산다는 것은 무척 어려운 일이다. 그래서 지금시대는, 과거와 또 다른 차원에서 민주주의의 수준이 한결 높아져야 하는 시대다.

나는 노후설계를 포함한 재무설계의 핵심은 목표 설정이라고 본다. 여기에 중요한 전제가 두 개 있다.

'나에게 맞는' 목표여야 하고, '내가 정하는' 목표여야 한다.

덧붙인다면, 욕심을 버리고 사회통념에 얽매이지 않는 것이어야 한다. 진실로 하고 싶은 것을, 남 눈치 안 보고, 내 처지에 맞게, 내 스스로 정하는 목표여야 한다. 이렇게 하면 오래 실행할 수 있고, 하는 과정이 즐겁고, 결과에 대해서도 스스로 감당하게 된다.

그러자면 돈의 많고 적음을 떠나 가치가 비슷한 곳을 찾아다녀야 한다. 가치가 비슷한 사람들과 어울리면 비교가 적어지고, 남 눈치를 덜 보며 살 수 있다. 삶의 가치는 계속 높여야 할 일이고, 돈은 통제력을 잃지 않아야 할 항목이다. 그런데 가치가 높아지면 돈 통제력은 자연스럽게 올라간다.

자신을 되돌아보는 삶을 기본으로 하고, 이웃과 어울리며 좋은 세상을 만들어 가는 데 서로 협력하는 삶을 살다 보면, 마음이 충만해져서 돈 쓸 일에 대한 욕구도 낮아진다. 이런 과정을 거치면, 돈을 더 버는 것보다 가치 있는 일을 더 잘 하는 데 관심이 가게 된다. 있는 돈도 그런 일에 더 쓰게 될 것이다.

노후준비의
필요자금과

준비자금

"돈 많이 벌어놨나 보다?"

몇 년 만에 만난 대학 동기 변호사가 변호사 일을 그만뒀다기에 내가 한 말이다. 보통은 이런 말을 들으면 아니라고 하며 적극 부인할 것이다. 그렇지만 친구는 그저 미소만 지으며 가볍게 그렇지 않다고 했다. 아직 변호사로 더 활동해도 되고, 정년도 없는 직업이니만치 그만뒀다고 하면 다들 나처럼 생각할 것이다.

"그럼 왜 그만뒀는데?"

"그만두고 뭐 했어?"

나는 궁금한 게 많아져 연거푸 물었다. 차분한 친구는 차분한 목소리로 차분하게 말을 이어나갔다. 그 첫 마디가 이거였다.

"변호사라는 게 내 성격에 안 맞아."

좀 뜻밖의 말이었다. '호강이 넘치네' 하는 생각도 들었다. 학생들이 자기 취향에 맞지 않는다고 전공을 바꾸거나 대학을 다시 들어가기도 하고, 직장인들도 회사를 그만두기도 한다는 사실을 모르는 건 아니다. 그런데 변호사가 자기 성격에 맞지 않는다고 그만뒀다는 말은 처음 듣는 말이다. 다들 부러워하는 직업이고 자격증인데 말이다. 이해할 수 없다는 표정을 짓는 내게 친구는 다시 차분히 설명하기 시작했다.

"변호사라는 게 말이야, 엄밀해야 하고 계산도 잘 해야 하고 다투기도 잘 해야 하는 거야."

그런데 자신은 자유분방한 성격이고, 일을 끝까지 파고드는 치열함이 없다는 것이다. 그래서 일을 하면서 늘 힘들었는데, 이제 두 아이들도 다 커서 대학에 다니고 있으니 좀 덜 벌어도 되겠다 싶어서 그만뒀다는 것이다. 벌 만큼 많이 벌어놓아서 그만둔 거 아니니 오해하지 말라는 말도 했다.

그리고 일 년 동안 해외여행을 많이 다녔다고 했다. 이란에 가보기도 하고 특히 베트남 등 동남아시아를 많이 다녔다고 했다. 친구는 대학 때 인류학을 전공했는데, 여행가는 나라의 전공자인 동문의 도움을 받아 그 나라의 생활상을 많이 들여다보며 여행했다고 했다. 그러면서 느낀 게 많았는데, 내게 해준 결론적인 말은 이랬다.

"우리나라 청년들만 힘든 게 아니라 다들 그런 것 같더라."

"음, 그렇구나."

나는 맞장구를 쳐주었다. 동남아를 주로 다녔지만 거기서도 유럽이나 일본 등에서 온 청년들을 많이 만났는데, 특히 그들이 우리나라 청년들처럼 앞날에 대해 힘들어하는 걸 많이 느꼈다고 했다. 경제성장이 멈춰서, 청년들이 낄 자리가 없어지는 탓 같다고 했다. 친구는 그런 청년들에게 꿈을 키워주는 세상이면 좋겠다고 했고, 한국과 동남아 청년들이 교류하면서 서로에게 보탬이 되는 일을 찾아볼 생각이라고 했다.

"좋은 생각이야."

나는 친구의 생각에 공감했다. 국제관계에 관심이 많은 건 아니지만, 한국의 나아갈 길을 생각하면, 특히 청년들이 나라 밖으로 눈을 돌려 활로를 찾으면 좋겠다는 생각을 하던 터였다.

이렇게 살아오고 또 살아갈 얘기를 잘 듣고, 찻집을 나오며 찻값을 내가 냈다. 친구는 가볍게 고마움을 표하면서 살짝 웃었다. 그러면서 이렇게 말했다.

"내가 안 내니 참 좋군."

특별한 자리가 아니면 늘 자신이 돈을 냈다는 것이다.

"그렇기도 하겠군."

나도 따라 웃었다. 친구는 작은 불평도 드러냈다.

"강남에서 모임 하다보면 말이야, 어떤 때는 나보다 더 여유가 있는 사람들도 가만히 있어."

으레 변호사인 자신이 낼 거라고들 생각한다는 것이다.

"변호사가 많이 버니까 그러나?"

"요즘 변호사들, 전처럼 많이 못 벌어."

나는 다른 이유를 내놓았다.

"변호사는 늘 영업을 해야 하니, 만나는 사람마다 다 고객이라고 생각해서 그런가 보다."

친구는 동의하지 않았다. 고객이라 생각하고 만나는 사람보다 그렇지 않은 사람들이 더 많다는 것이다. 실제 그럴 거 같았다. 이제 친구도 변호사 그만뒀으니, 돈 씀씀이를 다시 생각해 봐야 한다. 그런데 친구는 써온 관성이 있어서 그게 쉽지 않다고 말했다.

'사람들의 눈이 가장 무섭다.'

사람마다 느끼는 바가 다를 수 있겠지만, 이런 말을 무시할 수 없는 게 우리의 삶이다. 서구보다 개인주의가 덜 발달한 우리나라에서 이런 현상이 더 심하게 나타난다. 미국 유학을 했던 선배가 오래 전에 한 말이 생각난다.

"미국에서는 은퇴하면 집 줄이고 차 줄이는 것부터 하더라."

내가 확인한 바는 아니지만, 상당히 그럴 것 같다. 우리는 안 그런 면이 많다. 머리로야 당연히 그래야 한다고 생각하지만, 실제는 그렇게 되지 않는다. 왜냐면, 사람들의 눈과 관성 때문이다.

변호사나 교수는 우리사회에서 선망의 대상이다. 그렇지만 그들도 만만하지 않은 게 지금 한국사회의 가정재무 현실이다. 왜냐, 그만큼 쓸 데가 많아졌기 때문이다. 그래서 나는 중산층 재무설계의 핵심은 돈 쓸 데(재무목표)를 자신의 형편과 철학에 맞게 잘 관리하는 것이라고 생각한다. 사회 전체 차원에서도 고비용 구조를 해결하는 노력이 행해져야 한다. 정책과 제도로 실행되어야 함은 당연하고, 나아가 사회 분위기가 그런 원칙에 맞게 조성돼야 한다.

다른 목적자금 설계에서도 마찬가지지만, 노후설계에서도 기본 공식은 수학책에 나오는 이것이다.

$$S = \Sigma \, ar^n$$

여기서 S는 Sum, 즉 합계다. a는 account, 즉 돈(금액)이고, r은 rate, 즉 이율(수익률), n은 number, 즉 횟수(기간)를 나타낸다. 이걸 노후자금의 필요자금과 준비자금으로 분류하면 아래 표와 같다.

	a	r	n
필요자금	생활비	물가상승률	노후기간
준비자금	저축(투자)액	수익률	준비기간

간단한 예를 들어보자. 은퇴 후 부부의 월 생활비가 100만 원이고, 물가상승률이 2%이고, 노후기간이 30년이라고 하자. 60세부터 은퇴한다고 치고 90세에 죽는다고 하면 노후기간은 30년이다. 부부가 매달 100만 원씩 쓴다고 하면 매년 1,200만 원이 필요하다. 지금 40세라고 하고, 노후자금 준비기간은 20년이라고 하자. 계산을 단순하게 하기 위해 물가상승률과 수익률을 2%로 같게 하자.

비교를 편하게 하기 위해, 준비자금과 필요자금 모두를 60세 시점의 가치로 환산하기로 하고 먼저 필요자금을 계산해 보자. 매년 물가가 2%씩 오른다고 하면, 현재 1,200만 원은 60세 시점에 1,783만 원이 된다. 30년 동안 매년 1,783만 원씩 필요한 돈을 환가율(다른 의미에서는 수익률) 2%로 해서 60세 시점으로 계산하면 39,936만 원이 된다.

그럼 이제 준비자금을 계산해 보자. 지금부터 20년 동안 투자수익률 2%로 얼마씩 저축(투자)해야 60세 때 39,936만 원이 모아질까? 공식에 넣어 계산하면 월 135만 원씩이다.

	a	r	n
필요자금	생활비 100	물가상승률 2%	노후기간 30
준비자금	저축(투자)액 135	수익률 2%	준비기간 20

준비기간을 30년으로 바꾸면, 다시 말해 10년 전부터 준비한다고 하면 월 99만 원씩이다. 반대로 노후기간이 20년으로 줄었다고 하면 월 99만 원이면 된다. 노후기간이 20년으로 줄었다는 것은 80세에 죽는다는 의미다. 그렇지 않고 60세까지 모아놓은 돈을 10년 동안 연 2%로 투자했다가 70세부터 20년 동안 쓰다가 죽는다고 하면, 지금부터 매월 얼마씩 투자하면 될까? 좀 복잡한 계산을 거쳐 나오는 답은 월 99만 원이다. 이렇게 준비기간과 노후기간을 어떻게 설정하느냐에 따라 매달 투자해야 하는 금액이 많이 달라진다.

여기서 내가 금융상품을 팔아야 하는 입장이라고 해보자. 그러면 위준비자금과 필요자금을 어떻게 설정해야 고객이 금융상품을 구입할까? 준비자금은 적고 필요자금은 많다고 해야, 다시 말해 그 차이가 클수록 고객은 자신의 노후에 대해 불안해 할 것이고, 지금 허리띠를 졸라매던가 위험한 투자를 해서라도 내가 제시하는 금융상품을 구입할 것이다. 이렇게 해서 새로 금융상품을 구입하면, 그것이 헛되이 없어지는 것이 아니라면, 당연히 저축률은 높아지는 것이고 미래 노후자금은 많아진다.

그러나 저축이 꼭 선(옳음, 善)이라고만 할 것은 아니다. 헛되이 낭비하는 것보다야 낫지만, 지나친 저축 또한 옳지 않다. 우리는 행복하게 살기 위해 돈이 필요한 것이지, 돈을 많이 모으기 위해 사는 건 아니기 때문이다. 또한 지나친 저축은 다른 많은 것을 잃게 하는 것이기도 하고, 자신의 재무체력에 벅찬 저축은 중도포기로 끝날 수도 있고 이렇게 되면 결국 손해를 본다. 그런데 고객의 손해는 금융회사의 이익이다.

금융상품을 팔아야 하는 입장이 아닌 재무상담사는 고객에게 필요자금을 과장할 필요가 없다. 필요자금을 과하게 잡지 않는다면, 준비자금 설계도 여유가 생긴다. 위에서 말한 것처럼, 강제저축 형식의 무리한 금융상품 가입을 권하지 않는다. 상담사는 좀 더 편한 마음으로 고객의 심리상태에 충실할 수 있다. 그래서 고객의 취향과 재무처지에 적합한 설계를 할 수 있게 된다.

그러나 은퇴설계가 돈의 수학적 계산에 바탕을 두기는 하지만, 돈을 대하는 개인의 태도는 매우 주관적이기에 한 마디로 단정하기는 어렵다. 은퇴설계의 필요자금과 준비자금 개념에도 중용이 필요하다. 그럼 하나하나 따져보기로 하는데, 그 원칙은 두 가지이다.

하나는 무엇이 중요하느냐는 관점이다. 나는 강의할 때 위 함수는 지수함수라는 걸 보여준다. 횟수(시간)가 지남에 따라 함수 값은 급격하게 커진다. 따라서 기간이 길어지는 문제를 중요하게 봐야 한다는 뜻이다.

다른 하나는 나의 통제력인데, 아무리 중요해도 내가 통제한 수 없다면 그것은 나에게 중요하지 않다는 뜻이다. 예를 들면 물가다. 이것은 나의 생활비 규모를 좌우하는 중요한 지표이지만, 개인의 힘으로는 해결하기가 쉽지 않다.

필요자금
줄이기,

기본은 마음자세다

앞에서 말한 것처럼, 금융상품을 많이 파는 것만을 생각하는 입장이라면 고객의 필요자금을 늘려야 한다. 그런가 하면, 자산과 소득이 충분한 개인이나 가정이라면 굳이 필요자금 줄이기에 신경 쓸 필요는 없다. 그러나 필요자금을 마냥 늘려도 괜찮은 개인이나 가정은 극히 드물고, 설사 있다 해도 그런 사람은 지금 이 책을 읽고 있지 않을 것이다. 그렇다고 필요자금을 마냥 줄이는 허리띠 졸라매기 작전이 능사라는 건 아니다. 욕구와 능력, 다른 말로 하면 필요와 형편을 중용의 관점으로 잘 해결할 문제다.

올바른 필요자금 줄이기를 얘기하기 전에, 불필요하게 필요자금 늘리기를 권유하거나 따르는 사람들의 논리나 심리를 살펴볼 필요가 있다. 여기서 필요자금의 3요소를 보면 다음과 같다.

필요자금 = (월)생활비×물가상승률×노후기간

결론은 간단하다. 생활비 많이 쓰고, 물가상승률 높게 잡고, 노후기간 길게 잡으면 필요자금은 늘어난다. 물가는 사회 전체 변화를 반영하므로 개인의 뜻과는 거리가 있어서 보통 물가는 중요하게 다루지 않는다. 대신 생활비를 300만 원 이상으로 잡고, 노후기간은 40년 정도로 잡는다.

이 조건에서 지금부터 은퇴시점까지의 기간, 그동안의 물가상승률, 은퇴기간 중의 자금을 은퇴시점으로 환가하는 것 등은 무시하고 단순 금액만을 계산해 보자.

1년이면 3,600만 원이고, 40년 동안의 합은 14억 4천만 원이다. 대단한 금액이다. 이 금액을 감당할 수 있는 가정이 우리나라에 얼마나 될까? 내가 통계전문가가 아니기 때문에 정확히 알 수는 없으나, 얼핏 느낌에 5%도 되지 않을 것으로 생각한다.

보통 위와 같은 계산을 하는 사람들은 60세 전후를 은퇴시점으로 잡는데, 그렇게 하면 돈 버는 기간이 40년이 안 된다. 잘 해야 30년 전후일 것이다. 월 300만 원씩 30년 정도 저축하면, 투자수익률 고려하면 14억 4천만 원을 마련할 수 있을 것이다.

그렇지만 그 기간에 생활비를 뺀 저축(투자)금액이 300만 원을 넘는 것은 매우 어려운 일이다. 제법 안정된 직장에 다니는 맞벌이 부부나 제법 자리 잡은 사업가가 아니면 달성하기 어려운 목표다. 어쩌다 그 정도 소득이 되는 가정이라 하더라도, 앞에서도 여러 번 얘기한 것처럼, 집과 자녀교육비(결혼자금 포함)를 감안하면 그 정도 저축 여력이 있는 가정은 극히 적다.

이처럼 매우 현실에 맞지 않는 얘기를 금융사와 언론은 그것이 마치 중산층의 표준인 것처럼 얘기한다. 나는 그들의 의도는 딱 하나라고 생각한다. 그것은 그들이 파는 은퇴설계용 금융상품을 많이 팔기 위한 논리다.

'행복한 노후를 위해서는 14억 원이 필요한데, 지금 준비한 건 턱없이 모자랍니다.'

그들에게는 고객의 필요자금과 준비자금 격차가 클수록 좋다. 그래야 고객들이 겁을 먹고, 그래야 그 격차를 줄일 수 있는 금융상품을 사는 것이다. 이렇게 말하면 실감이 덜 날 텐데, 전혀 상반된 설명과 비교해 보면 정확히 이해될 것이다.

"현재 조건대로라면 고객님은 준비자금과 필요자금이 크게 차이나지 않습니다. 조금만 노력하시면 되고요, 정 부담 되시면 필요자금을 형편에 맞게 조정하시면 됩니다."

이런 얘기를 듣고도 노후자금을 위해 새로 금융상품을 구입하는 사람이 있을까? 거의 없을 것이다. 그러니 금융상품을 팔려면, 준비자금과 필요자금의 차이를 아주 크게 해야 한다. 말 그대로 '깜짝' 놀라야 하고, 그 놀란 가슴을 상품을 사서 쓸어내리려야 한다. 주부들이 스트레스 받았을 때 물건 사는 걸로 다스리는 것처럼 말이다.

'금융사야 그렇다 치고, 그럼 언론은 왜 그렇게 얘기하지?'

이런 의문이 들 수 있다.

'금융사가 광고주들이니 언론은 그들의 논리를 따르는 거지.'

이렇게 얘기할 수는 있으나, 이렇게만 얘기하는 건 충분하지 않다. 결과적으로 그렇다고 말할 수 있고, 언론사들의 생존구조가 알게 모르게 그런 흐름을 강제한다고 할 수도 있다. 그렇다고는 하지만 기자나 편집부가 그렇게만 움직이지는 않을 것이다.

그보다 더 중요한 건 사회의 주된 의식이 뭐든 양을 많이 마련해서 해결하려는 데 있기 때문일 것이다. 전기를 생각해 보자. 요즘 한참 문제가 되고 있는 핵발전소도 어떻게 하면 전기 생산량을 늘릴 것인가에 초점이 맞춰져 있다(원자력발전보다 핵발전소가 진실을 더 정확히 반영한 용어라고 한다). 경제성과 안전성 등도 따져야 하지만, 다른 한편으로는 전기 소비 자체를 어떻게 하면 줄일 것인지를 살펴봐야 한다.

사실 70년대 80년대까지만 해도 소비 자체를 줄이는 것에 대한 사회적 흐름이 꽤 있었다. 그때는 생산력 자체가 많이 부족했기 때문이다. 그런데 지금은 그런 흐름은 거의 없어지다시피 했는데, 이렇게 된 데에는 생산력이 발달하고 자본이 생산을 부추기는 측면도 크다고 본다. 그래야 자본은 수익이 생기기 때문이다.

전기 소비 자체를 줄이는 방법을 연구하는 것이 먼저이고, 전기효율을 높이는 것도 필요하다. 그 다음 순서가 더 경제적이고 안전한 전기 생산을 알아보는 것 아닐까.

그런데 소비를 줄이자는 운동이나 실천은 큰 인기를 얻지 못한다. 왜 그럴까? 앞에서도 말한 것처럼, 생산력이 발달해서 줄이지 않고, 더 생산해서 해결하는 방법이 쉽게 보이기 때문이다. 또 그럼으로써 이익을 보는 생산자(투자자, 기업 등)가 있기 때문이다. 이런 사회적 요인도 있지만, 개인들에게는 소비를 줄이는 것이 남들에게 무능하게 보이거나 체면이 깎이는 것으로 생각되기 때문이다. 나는 거시경제학자가 아니기 때문에, 그리고 이 책은 개인의 돈 문제를 다루는 것이기 때문에, 이런 개인의 의식 측면을 얘기하려는 것이다.

멀리 갈 것도 없다. 당장 우리 집의 에어컨 설치 문제가 그렇다. 처음 강화로 이사 온 1997년 즈음부터 꽤 오래 동안 우리는 오래된 농가에 살았다. 그때는 지금보다 덜 덥기도 했고, 농가가 콘크리트 집보다 시원해서, 선풍기도 없이 살았다. 언제인가부터 선풍기를 틀며 여름을 보냈는데, 최근 몇 년 전부터는 에어컨을 살 것인지를 고민하며 살았다. 더운 것도 더운 것이지만, 습기 때문에 아내는 에어컨을 사자고 했다. 나는 처음에 반대했다. 에어컨 살 돈도 부담이고, 전기요금도 비싸기 때문이었다. 그런데 아이들은 에어컨 사자는 말을 하지 않았다. 나는 아이들의 반응이 좀 의아했다.

'우리가 돈이 너무 없어서 아예 요구하지 않는 건가?'

'에어컨이 인류 최대의 잘못된 발명품이라는 논리를 이해해서 그런가?'

나는 아이들이 에어컨을 사자고 주장하지 않아 고맙기는 했지만, 왜 그런 요구를 하지 않는지는 물어보지 않았다. 마음속으로는, 괜히 긁어 부스럼 생기는 거 아닌가 하는 우려도 하면서 말이다. 아무튼 그래서 아내는 더 세게 주장하지 않았다. 해마다 사자는 주장을 하지만 호응하는 원군이 없으니 그냥 시들해지곤 했다.

그런데 몇 년 전 나리와 내가 서울 오목교 역 근처에서 살 때였다. 그때 나는 서울의 직장에 다니느라 주말부부를 하고 있었고, 나리는 늦게 독일 유학을 가겠다고 수능공부를 하면서 독일문화원을 드나들 때였다. 그 집은 한 층의 반을 쓰는 거였으니 맞바람이 불 수 없는 구조고, 그나마 창문이 있는 한쪽도 창과 거의 붙어서 담이 있는 답답한 구조였다. 그 즈음에 어떤 선배가 에어컨을 주겠다고 했다. 농촌과 달리 서울에서는 에어컨이 있어야 할 것 같아 나는 나리에게 에어컨을 설치하자고 했다. 그런데 나리의 반응은 단호했다.

"환경운동 하겠다는 사람이 어떻게 에어컨을 설치해!"

요즘 젊은 친구들 말마따나, '이건 뭐지?' 하는 생각도 들었고, '잘 됐다' 하는 생각도 들었다. 그런데 그해 여름은 무척 더웠다. 한번 잠들면 거의 깨지 않는 나도, 자다가 더워서 깬 적도 많았다. 결국 나리도 못 참겠던지, 서울 방을 포기하고 강화 집으로 철수했다.

그 후로 온달이와 보리가 와서 함께 살았다. 그런데 이 아이들도 에어컨을 해달라고 하지 않았다. 낮에는 거의 집에 없고 밤에만 주로 있으니 견딜 만도 하긴 했다. 그렇게 몇 년째 지내고 있다.

내가 에어컨을 설치하지 않는 이유 중에는 건강 문제도 있다. 아내는 아주 더울 때랑 습기가 아주 심할 때만 돌리자고 하지만, 한번 설치하면 거기에 익숙해질 것이고 생각만큼 절제하기가 쉽지 않을 것이다. 나는 그렇게 찬 데만 있는 것이 건강에 좋지 않다고 생각한다. 힘들더라도 자연의 바람을 쐬는 게 좋다고 본다.

여기에 하나 더 보탠다면, 나의 자존심이다. 그동안 기회가 있을 때마다 나는 농촌에 사는 좋은 점을 얘기하면서, "여름에 선풍기만으로도 견딘다니까요" 하는 소리를 해왔다. 그리고 농촌에서는 그렇게 견딜 수 있기도 하고, 그게 농촌에 사는 멋이라고 생각했다. 그런 믿음과 주장을 깨고 싶지 않은 것이다.

여기까지는 그래도 해볼 만한 얘기다. 그런데 더운 여름에 집에 손님이 오면 난감하다. 혼자 있거나 식구끼리 있을 때는 가볍게 입고 지내면 되는데, 손님이 오면 그럴 수 없으니 말이다. 그래서 어릴 때 어머니가 한 말이 생각난다.

"겨울철에는 찾아가도 되지만, 한여름에 가면 그 집 식구들이 힘들어하지."

실제로 그런 일이 생겼다. 이번 여름 아주 더운 날에 아내의 고향 친구네 식구들이 강화에 놀러왔다. 반갑게 전화를 받던 아내가 이렇게 말했다.

"우리 집에 에어컨이 없으니 오라고 하기가 뭐하다. 읍에 있는 한옥 찻집에서 보자."

아주 친한 사이니까 이런 얘기를 하는 게 아내의 자존심에 상처를 주지는 않았으리라 생각한다. 우리 집 식구들은 남들에 비해 이런 문제로 상처받지 않는 편이기도 하다.

그런데 세상 사람들이 다 그런 건 아닐 것이다. 돈 문제로 비교당하는 건 절대 용납할 수 없는 일이다. 그래서 필요 이상으로 돈이 많이 든다. 이런 예는 수없이 많다. 아니 우리네 보통사람의 삶 전체가 온통 그런 문제로 가득하다. 농촌에서 비싼 농기계를 필요 이상으로 많이 사는 것도 그런 종류의 문제다.

가공업이나 관광농업 등 특별한 방법이 없는 농가의 농업소득은 해마다 줄어든다. 농사규모도 그리 크지 않다. 그런데도 생각보다 비싼 농기계들이 많다. 한 대에 2천만 원이 넘는 트랙터도 마을에 여러 대 있다. 젊은 농부들 중에는 그렇게 비싼 기계를 사서 돈을 받고 논을 갈아주는 일을 많이 해서 최대한 기계 값을 뽑기도 한다. 그러나 그렇게 가동률이 높지 않은 트랙터들도 많다.

'서로 도우며 사용하면 좋을 텐데…. 결국 기계 파는 대기업만 돈 버는 거 아냐?'

나는 늘 이런 의문을 가졌다. 이런 나의 의문은 어느 날 동네사람들과 술을 마시다 풀렸다.

"아는 사이에 괜히 기계 때문에 기분 상할 때가 있거든."

동네 형이 자신이 트랙터 산 얘기를 하며 한 얘기다. 나아가 남에게 기죽지 않으려고 사는 경우도 많다는 것이다. 이게 보통사람들의 삶 아

223

닌가. 정도의 차이야 있겠지만, 누구에게나 있는 소비 행태다. 이런 관행을 완전히 없애는 것은 불가능할 것이고, 어떻게 하면 완화할 수 있을까? 이것이 우리의 현실적인 고민지점이다.

돈을 아끼는 것이 꿈을 접는 것이어서는 안 된다. 자존심을 구기는 것이어서도 안 된다. 돈을 아끼되, 그것이 실속을 넘어 품위에 맞아야 한다. 무척 어려운 일이고 아무나 할 수 없는 일이다. 그러나 조금만 생각을 달리하고 그 소신을 꾸준히 유지하면, 누구나 할 수 있는 어렵지 않은 일이 될 수도 있다.

개인 차원에서만 그런 것이 아니라 사회 분위기가 이렇게 흐른다면, 더 많은 개인들이 돈을 적게 쓰면서도, 아니 적게 쓴다는 차원이 아니라 자신의 처지와 욕구에 맞게 쓰면서도, 더 멋지고 행복하게 살 수 있다는 것이다. 그렇게 되도록 사회 분위기를 조성하고, 사회제도를 만들어 갈수록 그렇게 된다는 뜻이다.

사회적 여건이 잘 조성되지 않더라도, 우리 각자의 삶은 절약과 운치가 조화로워야 한다. 아끼는 것이 궁색함으로 통해서는 안 되고 교양과 품위로 연결되어야 한다. 나의 삶이 자연스럽게 그렇게 익숙해지면, 남에게 전달될 때도 좀 더 부드러워질 것이다. 사무실에서 전기를 아끼자는 안내를 한 예를 살펴보자.

나는 사람들이 사무실에서 물자를 아끼지 않는 것이 늘 거슬렸다. 물자를 아끼자는 회사의 지침이 있는 회사들도 없지는 않지만, 요즘은 별로 그런 것 같지 않다. 앞에서도 얘기한 것처럼, 생산력이 높아져 물자가 싸고 풍부해진 탓도 있는 것 같다. 그렇기는 하지만, 여전히 나는 불필요한 낭비는 줄여야 한다고 생각한다. 그 중 하나가 전기다.

보통 큰 사무실에 몇 명이 남아 밤에 일을 할 때도 사무실 전체 전등이 켜 있곤 한다. 구역별로 끌 수 있게 해놓지 않은 곳도 가끔 있지만, 그렇지 않은 경우에도 대부분 그냥 켜놓고 일한다. 일에 몰두하다 보니, 대부분 퇴근하고 한두 명 한쪽에 남아 있는데도 그냥 지나치는 경우도 있다. 아마 사람들이 없는 쪽 전기를 꺼야 할 생각조차 하지 않는 경우가 대부분일 것이다. 그렇기는 하지만, 어쩌다 사람들이 없는 쪽을 끄려다 보면, 스위치가 어떻게 설계되어 있는지를 정확히 몰라 엉뚱한 걸 끄는 실수를 하는 때도 간혹 있다. 강남에 있는 사무실에서 일하던 어느 해, 나는 이 문제를 해결하기 위해 아래와 같은 스위치 지도를 그려 스위치 위에 붙여 놓았다.

처음엔 그림만 그렸다. 그런데 허전했다. 뭔가 위에 써놓고 싶었다. 뭐라고 쓸까? 한참 고민하다 문득 이런 문구가 떠올랐다.

'지구를 아끼자!'

이걸 보고 사람들은 어떤 느낌을 받았을까? 웃었을까, 무시했을까, 아님 비웃었을까? 효과가 있었는지 없었는지는 확인해 보지 않았다. 좀 더 의식적으로 연구했다면, 그런 그림을 붙여놓은 후에 전기가 얼마나 절약되었는지를 점검해 볼 수도 있었을 텐데 말이다. 그러나 나는 적어도 이런 평가를 하며 나 자신을 격려했다.

'전기절약이나 물자절약이라고 쓰는 것보다는 낫잖아.'

'전기를 아낍시다. 라고 쓰는 것보다도 낫고.'

절약이나 절제가 힘든 것일 필요는 없다. 배꼽 잡는 것 같은 즐거움일 수는 없겠지만, 잔잔한 미소를 짓는 생활의 일부여야 한다. 버리는 물건을 재활용해서 쓰거나 안 쓰던 물건을 잘 보관했다가 요긴하게 쓰게 될 때 느끼는 가벼운 행복감을 우리는 얼마나 경험하며 살고 있을까? 그런 사소한 즐거움 하나를 얘기해 보자.

아이들이 오랫동안 쓰던 책상을 쓰지 않게 되었다. 책상에 앉아 공부할 일도 많지 않고, 자리를 차지하는 불편도 있어서 책장만 남기고 깔판과 깔판의 한쪽을 받치는 서랍장을 버리게 되었다. 낡기는 했지만 멀쩡한 물건이라 나는 그것들을 창고에 두었다. 그런데 최근 나리가 읍으로 방을 얻어 나가면서 책상이 필요하다고 했다. 나는 창고에 있는 책상을 얘기해 줬는데, 나리는 싫다 하지 않았다. 나는 그걸 꺼내 깨끗이 닦았다. 농촌의 흙먼지만 뒤집어써서 닦는 건 그리 어려운 일이 아니었다. 그렇게 해서 나는 죽었던 책상 두 개를 살렸다. 돈 하나도 들이지 않고 말이다.

'아, 나의 고귀한 노동이 들어갔구나.'

돈을 좀 들여 새 책상을 살 수도 있다. 나리는 자신이 가진 돈에서 그런 정도 돈은 충분히 쓸 수도 있다. 그런데 나리는 기꺼이 헌 책상을 쓰기로 했다. 그러면서 이렇게 말했다.

"아, 이거 나랑 온달이랑 초등학교 때부터 쓰던 건데…."

새 책상은 멋지기는 하겠지만, 이런 따스한 느낌은 없을 것이다. 여기서 나는 이런 생각을 해봤다.

'만약 나리가 지나온 시절을 불행하게 생각한다면, 어릴 적 쓰던 물건을 다시 쓰려고 했을까?'

그렇지 않을 것이다. 또 이런 생각도 해봤다.

'지금 상태를 불행하게 생각한다면 그 물건을 다시 쓰려고 했을까?'

역시 아닐 것이다. 지금 마음이 평온하고, 지나온 세월도 포근하게 느껴진다면, 낡은 물건이지만 자신과 아는 사람의 손때 묻은 것들이 다 사랑스러울 것이다.

새것을 최고로 여기는 우리 시대의 분위기는 정 반대다. 지난 수십 년 동안 우리는 과거를 잊고, 아니 잊기만 한 게 아니라 그것을 부끄러

위하고 극복할 대상으로만 여기며, 오로지 새것을 찾아 열심히 달려왔다. 과거는 낡고 후진 것이고, 미래는 새롭고 멋진 것이었다. 우리보다 잘 사는 나라들의 현재 모습만 따라 가기 위해 우리는 바쁘게 뛰어왔다.

그랬던 우리가 이제 서서히 바뀌고 있다. 옛 것, 낡은 것, 소박한 것들에 눈길을 주고 있다. 이런 변화의 저변에는 어느 정도 물질적 욕구가 충족된 점과 고도성장이 멈춘 점도 함께 작용하는 건 아닌가 싶다. 아무튼 검소함과 품위가 어우러져야 하고, 그래서 절약이 즐거움으로 이어져야 한다.

이렇게 심리적인 부분을 장황하게 얘기하는 건, 생활비를 낮추는 가장 큰 기본이 마음자세이기 때문이다. 그 기본을 몸에 잘 익히게 되면 생활비를 많이 줄일 수 있다. 해외여행을 가지 않아도 충분히 즐거울 수 있고, 비싼 차나 집이 없어도 만족할 수 있다. 필요한 물자를 다 사지 않고 이웃이나 공공기관에서 빌려 쓰면서도 불편하지 않을 수 있다. 최고급 옷이 아닌 괜찮은 품질의 옷은 싼값으로 살 수 있고, 중고로도 좋은 걸 많이 구할 수 있다.

사회 관습에 드는 돈도 크게 줄일 수 있다. 결혼식이나 장례식을 아주 검소하게 치를 수 있고, 축의금이나 조의금도 크게 줄일 수 있다. 이런 일들을 그동안 해왔던 것처럼 돈 많이 드는 방식으로 하면서, '나는 이렇게 하고 싶지 않은데…' 하며 세상 탓을 하는 건, 정말 세상이 문제라서가 아니라 나의 인생철학이 부족한 때문이라고 생각해야 한다.

먹는 것에 대해서는 좀 특별한 생각과 대책이 필요하다고 본다. 나야 아직 젊은 50대 중반이니 별 문제 없지만, 특별한 사회활동이나 소득활동이 없는 상태가 된다면 식사를 돈 적게 들이면서도 맛있고 즐겁게 먹는 방법을 잘 생각해 볼 일이다. 적어도 일흔이 넘게 되면 이 문제가 큰 문제가 된다.

외환위기 이후 노숙자들에게 밥을 제공하는 일이 화제가 됐고, 지금도 이어지고 있다. 독거노인들에게 반찬을 공급하는 일도 많은 곳에서 행해지고 있다. 이렇게 꼭 아주 어려운 사람들만을 위한 공동식사가 아니라, 밥값을 낼 수 있거나 집에서 해먹을 수 있는 평범한 사람들이 어떻게 하면 맛있는 밥을 싸게 먹으면서도 이웃들과 즐기며 먹을 수 있는지를 생각해 볼 일이다.

나는 내가 사는 철산리(인천광역시 강화군 양사면 철산리) 마을을 생각하면서, 노인들이 마을회관에서 함께 식사를 하면 좋겠다는 생각을 해왔다. 반찬을 조금씩 가져와서 함께 먹고 설거지 하고 어울려 놀면 좋겠다는 것이다. 조금만 신경 쓰면 언제 어디서든 할 수 있다. 여기에 지자체에서 조금만 지원을 해준다면 더 없이 좋을 것이다. 마을의 좀 젊은 사람에게 약간의 수고비와 재료비를 대주면, 끼니 때마다 주된 반찬이나 국을 마련할 수 있을 것이고, 뒤처리도 깔끔하게 할 것이다.

그런데 이런 일이 어느 정도 되고 있는 마을들도 있는가 보다. 논산의 처갓집 동네가 그렇다. 장인이 지난해 노인회장이 됐는데, 출마하면서 공약을 이렇게 내놓았다고 한다.

'맛있는 식사 무료 제공.'

보통 마을에서 이장이나 노인회장은 사전에 조율이 돼 만장일치로 되는 것이기는 하지만, 장인은 노인회장이 되면 마을사람들을 위해 뭔가 확실한 거를 실행할 생각이었던 것이다. 실제로 장인은 회장이 된 다음, 마을의 좀 젊은 아주머니에게 부탁해서 식사를 제공할 반찬거리를 사오게 하고 요리를 해서 제공하도록 했다. 그 비용은 당연히 지자체에서 나오는 돈이지만, 돈의 용도가 꼭 식사비는 아니더라도 장인은 회장으로서 그렇게 활용한 것이다.

이런 일은 더 확대되면 좋겠다고 생각하던 중이었는데, 최근 알아보니 마을부엌이라는 이름으로 비슷한 역할을 하는 곳이 도시에 여러 곳 있었다. 지역주민들이 반찬을 가져와 공동식사를 하기도 하고, 식생활 교육을 하기도 하는 곳이다.

앞으로 우리 생활은 다양한 방면에서 이런 식으로 변해가야 하고 이미 조금씩 변해가고 있다. 개인 소유의 한계를 넘어서면 새로운 것들이 많이 보인다. 아직 공동소유(공공소유나 사회적소유 포함)까지는 낯설지만, 함께 이용하는 공동이용은 여기저기서 많이 실행되고 있다. 사유와 대비해서 공유라는 말을 많이 하는데, 정확히 말하자면 공유(공동소유)라기보다 공동이용이다.

용어야 어쨌든 간에, 공동이용은 앞으로 많이 늘어날 텐데, 그 이점은 돈이 적게 든다는 점과 함께 나누는 문화다. 절박하고 어려운 시절에야 돈이 적게 드는 경제성이 우선시되지만, 먹고 살 만한 지금은 그것이 얼마나 즐겁고 행복한 것인지가 더 중요하게 인식된다.

다시 원래 얘기로 돌아가 보자. 은퇴자금을 줄이는 방법 중 하나는 생활비를 낮추는 것인데, 그것이 구두쇠 작전이어서는 곤란하다. 삶의 운치와 격조를 갖추면서도 이웃과 어울리며 개인의 삶이 더 풍요로워져야 한다. 지금은 이것이 충분히 가능한 시대다.

미국의 재무설계 회사가 펴낸 책에는 생활비를 아끼는 방법을 수십 가지나 자세히 써놓았다. 그 중에는 직장에 도시락을 싸갖고 다니라는 말도 있고, 직장을 집에서 가까운 곳에서 구하라는 말도 있다. 생각하기에 따라서는 우리 현실에 안 맞을지 모르지만, 꼭 그런 것만은 아니다. 식사가 제공되는 회사가 아니라면, 자기 취향에 맞게 도시락을 싸갖고 다니는 것도 해볼 만하다. 나는 한때 꽤 오랫동안 그렇게 해봤다.

직장도 집에 가까운 곳에 구할 수도 있다. 아니 집을 직장에서 가까운 곳에 구할 수도 있다. 나는 오랫동안 집은 강화이고 직장은 서울이었는데, 꽤 오랫동안 직장 가까운 곳에 방을 얻어 주말부부를 한 적도 있다.

생활비를 줄이는 수없이 많은 방법이 있을 것이다. 자신의 처지와 생각에 맞게 구체적으로 정해 볼 수 있을 것이다. 일률적으로 정할 문제는 아니다. 내 나름의 방법을 적어보자면 아래와 같은 것들이다.

◎ 자동차 : 되도록 사지 않고 대중교통이나 공동이용 차를 이용한다. 꼭 필요하다면, 소형차나 중고차를 살 일이다.

◎ 옷 : 정장은 두세 벌이면 족하다. 재활용품점을 많이 이용한다.

◎ 식사 : 되도록 외식을 하지 않고, 하더라도 대중음식점을 이용하며 음식도 너무 많이 시키지 않는다. 시중 음식 중에는 몸에 좋지 않은 것도 많다. 간단한 몇 가지 요리는 남자도 배워서 자주 해먹도록 한다. 술도 술집에서 마시면 값도 비싸고 시끄러우니, 집이나 마당 또는 마을회관 등 돈이 안 들고 조용한 곳에서 마신다.

◎ 결혼식과 장례식 : 손님을 많이 부르지 않고, 의식은 검소하게 하되 의미를 살리도록 한다. 축의금과 조의금 등은 되도록 받지도 말고 주지도 말자. 하더라도 관계와 형편을 고려하되, 부담되지 않을 정도로 하자.

◎ 집 : 비싼 동네에 크고 비싼 집을 소유하거나 임대할 필요는 없다. 작고 싸되 최소한의 편의가 제공되는 정도면 충분하다. 공공이 앞장서서 싸고 쾌적한 임대주택을 많이 공급해야 한다. 은퇴하면 농촌에서 집을 마련하는 게 좋고, 이때에도 결코 큰집을 마련할 일은 아니다.

◎ 자녀교육비 : 자녀가 고등학교를 졸업하면 되도록 독립시킨다. 대학 이후의 학비와 생활비 등은 스스로 책임지도록 한다. 결혼도 당연히 자신들이 번 돈으로 해결하도록 한다. 자녀와 관계는 즐거움과 어려움을 함께 나누는 친구 같은 존재면 충분하다.

◎ 여가생활 : 해외여행이나 골프 등 돈이 많이 드는 여가생활은 되도록 하지 않는다. 각자의 형편과 취미에 맞게 등산, 독서, 국내여행 등 돈이 적게 들면서도 즐거운 방식을 개발하도록 한다. 봉사활동도 유익한 방법 중의 하나다. 봉사활동을 오래 하면 전문성이 생겨 보람도 배가되고, 봉사활동을 하는 시간에는 달리 돈 쓸 일이 없다.

◎ 기계와 공구 : 되도록 이웃과 함께 쓰거나 공공의 것을 빌려 쓴다.

노후 준비자금의 두 번째 요소는 물가다. 이것은 개인의 뜻과는 상관이 없다. 그러나 중요하다. 중요한데 내가 어쩔 수 없는 것이니 이게 참 문제다. 생활비를 줄이기 위해 작고 싼 임대주택에 살려고 하는데, 임대주택 공급이 부족해 비싸거나 구하기가 어렵다면 이건 참 곤란한 일이다. 농업 생산기반을 망가뜨려서 농약을 많이 치거나 유전자가 조작된 싼 수입농산물만 판친다면, 건강을 위해 아주 비싼 안전한 음식을 사먹어야 한다. 입시지옥이 계속되고, 직업과 직장별 양극화가 나아지지 않아 좋은 대학과 직장을 구하기 위해 막대한 사교육비를 들여야 한다면, 개인이나 가정이 아무리 노력해도 돈은 계속 모자라기만 할 것이다. 국민의료보험체제가 엉망이 돼 보험료는 오르면서도, 비급여 항목이 많아져 비싼 사보험에 의존해야 한다면, 많이 벌어도 감당이 안 될 것이다. 이런 악순환이 안 되게 하려면 사회가 합리적으로 잘 돌아가야 한다.

어떻게 해야 할까? 민주정부 만드는 게 답일까?

글쎄~. 민주정부가 뭔지도 명확하지 않다. 지금 문재인 정부는 과연 우리가 바라는 대로 생활물가를 잘 잡을까? 과거 정권들보다는 확실히 그럴 것이다. 그러나 과거 정권들보다 나은 정도로는 안 된다. 왜냐면, 지금 우리의 눈높이가 많이 높아졌기 때문이다. 그리고 물가문제가 정부가 해준다고 해결될 일인가? 그럼 어떻게 해야 하나?

나는 곳곳에서 생활인들이 자신들의 요구를 구체적으로 요구하고, 필요한 경우 싸워서 얻어나가야 한다고 생각한다. 주거비가 비싸니 주거비를 낮출 방안을 주장해야 한다. 그런데 구체적이고 꼭 필요한 주장을 해야 한다. 아무 생각 없이 그냥 공급을 늘려 해결하라고 하면 건설업자와 금융업자만 돈 버는 일이 되고 만다. 돈 많은 사람들의 집값이 비싼 거야 대다수 시민들이 신경 쓸 필요도 없거니와, 그래도 큰 문제될 일이 아니다. 고급주택의 집값이 오르고, 그래서 그런 집을 더 많이 짓고 하는 거야 할 수만 있다면 좋은 일이다. 그렇게 하면, 말 그대로 국민소득이 오른다.

그런데 지금 우리가 문제 삼는 것은 보통사람들의 집값이다. 그렇다면 보통의 집값이 오르지 않게 하고 저소득층이나 1인 가구들이 값싸고 쾌적하게 살 수 있는 임대주택도 많이 공급돼야 한다. 집의 원래 용도에 맞게 싸고 쾌적하고 즐겁게 살 수 있으면 된다. 그것이 내 소유여야 하고, 그래서 집값 상승에 따른 이익을 얻어야 할 필요는 없다.

그렇지 않고 그냥 집 공급을 많이 하자 하면, 장사의 논리와 자본의 논리가 판을 칠 것이고, 그것은 주거복지가 아니라 집 장사가 되고 만다. 그러니 우리가 주장해야 하는 것은 보통사람들의 실생활에 맞는, 집의 본래 기능에 맞는 주택이 싸게 많이 공급되도록 해야 하는 것이고, 그냥 집이 아니라 그곳에서 삶의 즐거움이 보장되는 조건을 갖추도록 해야 한다는 것이다.

과거에는 정부도 그렇고 사회 분위기도 다 집 문제라 하면 각 가정이 집을 가져야만 하는 것으로 생각했다. 그런데 집이란 건 우리 사회에서 가장 비싼 물건이다. 공급을 쉽사리 늘리기가 어렵다. 돈이 많이 들어가고 집 짓는 데 필요한 법규도 많기 때문에 돈이나 정보가 없는 개인은 접근하기가 쉽지 않은 시장이다.

그렇기 때문에 정말 주거취약자들의 발언권은 너무나 약하다. 정부나 여론은 주거취약자들을 위해야 한다고 하지만, 실상은 집으로 돈을 버는 사람들(건설업자, 다주택자, 주택금융업자 등)의 논리대로 움직여 온 게 현실이다. 집 소유 중심의 정책이 그걸 증명한다. 정작 집 없는 약자들을 위한 정책은 집 소유를 중심으로 하는 정책이 아니다. 돈을 빌려주더라도 집 사는 데 필요한 자금만 빌려줄 것이 아니라, 싸고 쾌적한 임대주택을 짓거나 얻는 데 필요한 자금을 더 많이 빌려줘야 한다.

이렇게 구체적인 내용을 주장해야 효과가 있다. 임대주택 값이 안정되면 되지, 10억 넘는 집값이 많이 오르거나 떨어지는 건 보통사람들의 생활에서 중요한 게 아니다. 이런 방향으로 우리는 실생활에 필요한 물가가 안정되도록 정부 정책에 영향력을 행사해야 한다.

그 다음 세 번째로 은퇴기간을 생각해 보자. 은퇴기간이 길수록 필요자금은 많아진다. 60세에 은퇴한다고 생각하고, 100세까지 산다고 치자. 그럼 은퇴기간은 40년이나 된다. 요즘에는 40대에 은퇴하는 경우도 많아 은퇴 후 50년을 살아야 할 수도 있다. 이렇게 해서는, 앞에서 얘기한 것처럼, 그 많은 은퇴자금을 감당할 수가 없다. 그럼 나에 맞는, 현실에 맞는 해법은 뭘까? 다시 말해, 은퇴기간을 줄이는 방법은 뭘까?

해법은 두 가지다. 은퇴시기를 늦추는 방법과 죽는 시기를 앞당기는 것이다. 은퇴시점을 늦추는 것은, 쉽지는 않지만 하려면 할 수는 있다. 그에 비해, 죽는 시기를 앞당기는 것은 하려면 할 수는 있으나, 상식으로 통할 얘기는 아니다. 그런데 불행하게도 우리나라는 자살률 세계 1위다. 그중에서도 노인 자살률이 높기로 유명하다. 이런 불명예를 안게 된 데에는 많은 원인이 있겠으나, 노후생활이 불안정한 탓도 크다.

노후설계를 잘 하게 되면 노인 자살률도 낮출 수 있을 것이다. 그 방법 중 하나가 은퇴시기를 늦추는 것이다. 그럼 언제가 은퇴시기일까? 여러 기준이 있을 수 있겠으나, 내가 생각하는 은퇴시기는 필요한 생활비보다 적게 버는 시점이다. 공무원 정년이나 대기업 정년과는 좀 다른 개념이다.

그럼 이런 경우는 어떻게 설명해야 할까? 60세에 직장을 그만뒀고, 부부의 생활비는 300만 원인데 국민연금과 다른 소득을 합해도 300만 원이 되지 않는다. 수학적으로는 말이 되지 않는다. 그러나 실제 이런 경우는 어떤 면에서는 많다. 가진 자산의 대부분이 집으로 묶여 있는 우리나라의 현실에서는 결코 무시할 수 없는 경우다.

논리적으로는 난감하지만, 결코 방법이 없는 것은 아니다. 집을 담보로 대출받아 살면 된다. 이걸 좀 더 세련되게 만든 해법이 주택연금이다. 정부가 보증하는 제도이고 가입자들에게 상당히 유리한 제도이다. 그런데 제도를 시행한지 10년이 넘었는데도 아직 가입자가 5만 명 정도에 지나지 않는다. 낯선 제도란 점, 아직도 자식에게 집을 물려줘야 한다는 의식이 남아 있는 점, 집값 상승을 기대하는 점 등의 이유 때문인 듯하다.

이건 그래도 꽤 자산이 있는(9억 원 이하 주택) 사람들에게 해당되는 얘기다. 그런 자산이 없으면 빚으로 살아야 한다. 의도하지는 않았지만 우리 주변에는 이런 지경에 이른 사람들도 제법 많다. 심한 경우 자살로 이어지기도 한다.

이런 특별한 경우를 빼고, 은퇴 후 필요한 생활비보다 준비한 자금이 모자라면 어떻게 해야 할까?

첫째 방법은 생활비를 낮추는 것이다. 준비된 자금이 200만 원인데, 필요한 생활비가 250만 원이라면, 앞에서 말한 생활비 줄이는 방법을 참고해서 새로 잘 짜봐야 할 것이다.

두 번째 방법은 소득을 늘리는 것이다. 전보다 소득은 적고, 멋지지 않은 일이라고 하더라도, 필요한 생활비보다 조금이라도 더 벌어야 한다. 이렇게 되면 사실 은퇴한 게 아니다. 그러니까 은퇴시기가 늦춰지는 것이다.

나는 건강과 능력이 허락하는 한 되도록 더 오랫동안 소득활동을 하는 게 좋다고 본다. 미리미리 준비해서 안정되고 품위 있는 일을 할 수 있다면 더 없이 좋은 일이다. 도시에서 일하던 사람이 은퇴 후에 농촌에서 적절한 돈벌이를 만들어 내는 것도 바람직한 일이다.

요즘 귀농과 귀촌에 관심이 많아졌고, 관련 교육을 하는 곳도 많다. 가끔 나도 귀농교육에 강사로 참여하곤 한다. '귀농귀촌인을 위한 돈 관리법' 등의 제목으로 강의를 한다. 귀농귀촌도 역시 돈 문제를 빼고는 얘기할 수 없는 일이기 때문이다.

강의에서 내가 제일 강조하는 점은 바로 생활비 줄이기다. 특별한 경우가 아닌 한, 도시에서보다 농촌에서의 소득은 크게 적어지기 때문이다. 보통 50대 정도에 귀농귀촌을 많이 하는데, 돈 쓸 곳이 많이 줄어든 상태라 자연스럽게 생활비가 줄기는 한다. 그렇지만 농촌에 정착해서 새로 돈을 번다는 것은 쉬운 일이 아니기 때문에 소득에 맞춰 생활비를 파격적으로 줄일 필요가 있다. 이렇게 지출을 낮게 통제할 수만 있다면 소득활동의 부담은 크게 낮아진다.

귀농귀촌이 아니더라도 60세 전후에 새로운 소득원을 많이 찾을 수 있다. 그러나 특별한 경우를 제외하고는 그 소득은 결코 만족스러운 금액일 리가 없다. 그럼 결국 다시 원점으로 돌아와 생활비를 줄이는 수밖에 없다. 괜히 특별한 수익을 올리겠다고 무리하거나 검증되지 않은 투자를 하는 건 위험하다. 나의 경우를 얘기해 보자.

나는 지난해까지 서울에서 돈을 벌었다. 그러다가 올 봄에 그 직장을 그만두었다. 지난해 말부터 새로운 일을 찾았지만 쉽지 않았다. 지금 쓰고 있는 이 책을 쓴다는 핑계 때문에 더 쉽지 않았다. 그러다 강화에서 장애인들과 함께 하는 정미소 일을 제안받았다. 장애인 정미공장에서 정미한 강화 쌀을 서울 등 외지에 파는 일이다. 장애인 직업재활시설인 그 회사의 재정이 어려웠기 때문에 고정급을 받는 일자리가 아니었다. 그러나 나는 집이 있는 강화 일이고, 강화에서 제일 중요한 강화쌀 파는 일이고, 거기에 장애인들의 일자리를 늘리는 명분이 좋은 일이기에 하기로 마음먹었다. 파는 만큼 수당을 받는 방식이다. 몇 달을 했으나 성과는 적었다. 그래도 거북이 걸음으로 조금씩 나아지고 있다.

그러기를 몇 달, 다시 제안받은 일이 하나 있다. 강화의 생산자들이 만든 로컬푸드협동조합이다. 사회적기업이 되어 전문인력을 고용할 여력이 생겼다고 해서 내게 제안이 온 것이다. 사무관리와 영업 경험이 있는 점을 감안한 것이다. 이 역시 쉽지 않은 일이고, 이 회사의 지불여력도 열악했다. 그래도 여기는 많지는 않으나 고정급을 주는 회사다.

이 일 역시 강화 생산자들의 영업활로를 뚫는 일이고, 게다가 주로 친환경 농산물을 생산하는 조합원들이다. 일은 쉽지 않고 급여는 적지만, 마음 편하게 할 수 있는 일이라 승낙했다.

몇 년 전 같았으면, 이런 일을 할 수 없었을 것이다. 그때는 빚도 갚아야 했고, 아이들에게 들어가는 돈도 있었다. 그러나 지금은 빚이 없다. 세 아이들 모두 경제적으로 독립해서 특별히 돈이 들지는 않는다. 이렇게 나의 지출구조가 크게 개선되었기 때문에 소득이 훨씬 적어진 일도 나는 기꺼이 새로 시작할 수 있었던 것이다.

탄탄한 수비가 공격의 원동력이 되는 것처럼, 지출구조를 잘 정돈해 놓으면 은퇴 후 소득이 크게 떨어지는 일도 부담스럽지 않게 시작할 수 있다. 결국 은퇴시점은 필요한 생활비와 소득의 상관관계에서 정해지는 것이라 매우 유동적이다. 금융사나 언론이 말하는 60세 전후가 은퇴시점이 아니다. 잘 나가는 사람들이 말하는 노후생활비 300만 원이 모두에게 적용되는 건 아니다. 내 형편과 욕구에 맞게 적절한 은퇴시점을 챙길 일이다.

준비
자금

늘리기

앞에서 나는 필요자금을 낮추는 방법에 대해 많이 얘기했는데, 주된 골자는 의식의 문제였다. 그에 비해 준비자금 늘리기는 상대적으로 기술의 문제다. 돈 씀씀이를 줄이는 것은 마음먹기에 따라 차이가 크지만, 돈을 버는 것은 마음먹는 대로 되는 게 아니다. 오히려 잘못된 각오와 욕심 때문에 돈을 많이 까먹을 수 있다. 그런 점에서 준비자금 늘리기는 냉철한 마음, 다시 말해 제3자와 같은 태도가 요구된다.

그럼 여기서 준비자금의 3요소를 생각해 보자.
준비자금 = 저축(투자)금액×수익률×준비기간

위의 식대로라면 저축금액을 늘리고, 수익률을 높이고, 준비기간을 늘리면 준비자금은 늘어난다. 그럼 하나하나 따져보기로 하자.

1. 저축금액 늘리기

누구나 저축금액을 늘리고 싶어 한다. 그러나 그게 쉽지 않다. 가장 큰 이유는 내 손에 들어오는 돈은 유한하고, 쓰고 싶은 데는 무한하기 때문이다. 그렇기는 하지만 어떻게든 저축금액을 늘려야 한다. 가장 좋은 방법은 뭘까? 앞에서 말한 것처럼, 목표를 정하는 게 가장 중요하다. 목표를 정하는 게 가장 중요한지를 확인하는 방법 중 하나는 반대로 목표가 없을 때 돈이 모아지는가를 살펴보는 것이다.

목표, 다시 말해 재무목표 없이 돈이 잘 모아질까? 구두쇠처럼 쓸 생각하지 않고 무조건 모으기만 하면 잘 될까? 전혀 아니라고 할 수는 없으나, 잘 안 된다. 성인군자가 아닌 이상, 기계가 아닌 이상, 시도 때도 없이 수없이 몰려오는 돈 쓸 일을 감당할 능력이 우리에게는 없기 때문이다. 목적지나 목표 없이 열심히만 해서는 성과가 나지 않는 것이다.

그런데 가끔 무자비한 목표를 세우자고 주장하는 사람들이 있다. 예를 들자면 이런 것이다.

'만원으로 한 달 버티기!'

지출을 만원으로 묶어놓는 똑 부러지는 목표다. 인간관계와 욕구를 철저히 무시하거나 억누르는 대단한 해법이다. 이렇게라도 목표를 명확히 하면 효과가 분명히 있다. 그러나 우리가 돈만 많이 모으자고 세상을 사는 게 아니니, 이런 무자비한 방법은 하지 않는 게 좋겠다.

많지는 않지만, 지나치게 저축에 집착하는 사람들도 있다. 미국사람이 쓴 책에도 그런 사례가 있다. 저자는 이렇게 말한다.

'무분별한 소비 때문에 파산하는 사람들이 많은 건 큰 문제다. 그러나 지나치게 저축에 집착하는 것도 옳지 않다.'

가장 올바른 해법은 인생 전체를 고려하면서 적절한 재무목표를 정하고 그에 맞게 저축을 뚜벅뚜벅 실행하는 것이다. 저축을 많이 하는 게 중요한 게 아니라, 목표에 맞게 끝까지 하는 게 진짜 중요하다. 끝까지 할 수 있도록 하자면 먼저 목표를 현실에 맞게 정해야 한다. 목표를 무리하게 정해 놓고, 실행하지 못하는 자신의 의지를 탓하는 것은 옳지 않다. 그것은 유한한 나, 무력한 나에 대한 지나친 학대다. 우리는 남 때문에 고생하는 것보다 자기 자신 때문에 고생하는 게 더 많다.

나는 상담을 하면서, 저축을 늘리기 위해 소비지출을 줄이라고 권한 경우는 몇 되지 않는다. 상담을 받으러 오면서, 스스로 저축을 늘리겠다는 목표를 미리 세우고 온 경우에는 특별한 문제가 없으면 그대로 반영해 주었다. 상담을 받으면서, 스스로 소비지출을 줄이고 저축을 늘리겠다고 하는 고객들도 있는데, 이런 경우도 반영해 주었다. 그렇지 않고, 상담을 하는 과정에서 내가 주도해서 지출을 줄이고 저축을 늘리라고 권유하는 경우는 극히 적다. 그것은 보통 이런 경우다.

첫째 부류는 돈을 모을 목적의식이 없는 경우다. 앞날을 내다보고 목표를 세워야 하는데, 낭만적 성격 때문인지 목적의식이 흐릿해서 그런지, 별로 그런 목표가 없는 경우다. 이런 고객들에게는 대화하면서 미래를 그려보게 하고 스스로 목표를 갖게 한다. 그리고 그 목표를 이룰 저축계획을 세우게 한다. 이런 경우는 서로 그다지 신경을 예민하게 쓸 필요 없이 상담이 잘 이루어진다.

상담사에게는 어떤 면에서는 이런 경우가 가장 행복한 순간이다. 미래에 대해 별 생각이 없던 고객은 목적의식이 생겨 스스로 흐뭇해 하고, 상담에 대해서도 만족해 하기 때문이다. 상담사 역시 보람도 있고, 더불어 상담사를 통해 금융상품을 구매하기 때문에 특별한 수익도 생겨 좋다.

둘째 부류는 월별 현금흐름이 적자인 경우다. 적자가 일시적이거나 적자와 흑자가 교차해서 연중으로 따지면 큰 문제가 없는 경우도 있는데, 그래도 이런 경우는 크게 걱정할 일 없이 돈 흐름을 제대로 설계하면 바로잡아진다.

문제는 적자 구조가 굳어진 경우다. 이런 가정의 경우는 고객과 상담사가 정말 머리를 싸매고 해법을 찾아야 한다. 이때 가장 신경 써야 하는 지점은 고객의 기운을 북돋아 줘야 한다는 점이다.

일부러 공부 못하려고 하는 학생 없듯이, 누구나 다 돈 많이 벌고 싶고 저축도 많이 하고 싶어 한다. 그러나 어떤 이유 때문에 안 되게 된 것이다. 그 이유를 찾고 고칠 해법이 있는지를 같이 고민해 보자고 상담을 하는 것이지, 현재 상태가 비관적이라는 것을 확인하자고 상담을 받는 게 아니다. 생각하고 얘기해 보면서 지금 상태에 이르게 된 과정과

원인을 되돌아보고, 지금이라도 개선할 방법이 있는지를 찾아보는 것이다.

그 힘은 사실 고객 자신에게 있다. 상담사는 고객이 그런 힘을 낼 수 있도록 멍석을 깔아주는 것이다. 일상생활에서는 누구나 차분히 자신을 되돌아 볼 틈이 없다. 상담을 받는다는 것 자체가 일상의 정지다. 그것만으로도 반은 이룬 셈이고, 여기서 전문가의 도움을 받아 좀 더 합리적으로 분석해 보고 해법을 찾아보는 것이다.

의외로 쉬운 해법도 있다. 가장 극단적이지만, 파산이나 개인회생 또는 워크아웃이 가장 좋은 해법인 경우도 있다. 멀리서 보거나 지나고 보면 당연한 해법이지만, 늘 일상에서 쫓기거나 사람들의 눈을 의식하다 보면, 당연한 해법이 전혀 생각조차 되지 않기도 한다.

가장 어려운 상담은 소비지출을 줄여 빚을 갚아야 하는 경우다. 이런 경우일지라도, 나는 고객에게 끝도 없이 절제하라고 요청하지 않는다. 우리 모두는 돈만 벌거나 빚만 갚으며 살아야 하는 인생을 원하지 않기 때문이다. 대신 나는 평소 사람들이 쉽게 생각하지 않는 과감하고 독특한 해법을 제시한다. 예를 들면 이런 것이다.

몇 년 전 파산절차를 마친 지원 씨는 자녀가 셋인데 송파구 남쪽 지역에 월세로 산다. 가진 돈이 없으니 전세도 못 구하는 것이다. 남편은 집에서 가까운 곳에서 중기운전을 한다. 부부가 열심히 벌기는 하지만,

지출을 감당할 수가 없다. 그렇다고 애가 셋인데 식비나 아이들 관련 비용을 줄일 수는 없다. 내게 가장 크게 보인 수치는 월세였다. 나는 정비공장 하다 망하고 강화로 이사하던 즈음이 생각났다.

"남한산성으로 이사하면 어떨까요?"

지원 씨는 내 말을 진지하게 들었다. 나는 아이들 교육을 위해서라도 오히려 농촌 학교가 도움이 될 것이라는 점, 비싸지만 아이들에게 별로 좋지 않은 현재의 월셋방보다는 농촌의 주거환경이 나을 것이라는 점, 남편 직장에서도 그다지 멀지 않다는 점 등을 설명했다. 지원 씨는 결심을 하고 곧 바로 남한산성 마을을 찾아갔다.

여기서 핵심은 아이들 교육이다. 싼 월셋방이라는 점만으로는 지원 씨가 이사를 생각하지 않았을 것이다. 누구에게나 마찬가지지만, 돈보다 더 소중한 가치가 있다는 점을 우리는 잊지 말아야 한다. 현금수지도 맞추어야 하지만, 꿈을 버려서는 안 된다. 둘 다 이룰 해법을 우리는 찾아야 하고, 나는 언제나 어떤 상황에서나 그런 해법이 없지 않다고 확신한다. 문제는 새로운 해법을 향한 열린 마음이다.

2. 수익률 높이기

준비자금 늘리기의 두 번째 요소는 수익률이다. 누구나 높은 수익률을 원한다는 건 저축금액 늘리기와 마찬가지다. 그런데 그게 뜻하는 대로 가능할까? 결론부터 말하자면, 그건 불가능하다. 말장난 같지만, 누구나 원하기 때문에 안 된다.

이건 노동이나 사업을 통해 수익을 늘리는 것과는 다른 얘기다. 노동자나 사업가가 노동시간을 늘리거나 방법을 개선해서 수익을 늘리는 것은 가능하다. 이건 정직한 방법이고, 자연의 이치에 맞는다. 자신이 마음먹기에 따라 상당부분 이뤄지는 방식이다.

그러나 앞에서 얘기하는 건 수익이 아니라 수익률이다. 투자시장에는 수없이 많은 주체들이 관계한다. 아무도 통제할 수 없다. 즉, 앞을 내다볼 수 없다. 정확히 말하자면, 내다볼 수는 있으나 결과를 장담할 수 없다. 오죽하면, '보이지 않는 손'이 작용한다고 했을까.

높은 수익률의 뒷면에 높은 위험률이 있다는 사실은 다 아는 명제다. 그러나 어쩌랴, 사람의 마음은 자기가 좋아하는 것만을 보거나 믿고 싶어 하니 말이다. 높은 수익률은 더 크게 보고, 높은 위험률은 작게 보거나 외면하고 싶다. 그러니 남다른 특별한 수익률을 기대하지 말고, 목표 잘 세우고 그에 맞게 꾸준히 오래 실행하는 게 원칙이라는 것이다.

그런데 여기까지만 얘기하면 밋밋하다. 재미없는 걸 떠나 현실을 제대로 얘기하는 게 아니다. 주위를 둘러보면, 남다른 높은 수익률을 챙기는 사람들이 있기 때문이다. 그런 불합리가 현실을 더 많이 지배한 게 지금까지 우리의 역사였다. 예를 들어보자.

최근 몇 년 동안 문제가 많이 불거진 민자사업을 보자. 다리나 도로를 만드는 투자를 하고 수익을 거둬간다. 때로 계획대로 수익이 나지 않으면 지자체나 정부가 수익을 보전해 준다. 어떤 이는 투자에 따른 위험이 있으니 그 정도 수익보장은 당연한 거 아니냐고 한다. 그러나 나는 이렇게 주장한다.

'그 정도 수익과 위험보장이라면 국민공모를 하는 게 낫겠다.'

그 많은 소액투자자 관리를 어떻게 하느냐고? 무슨 소린가, 주식시장이야말로 그런 소액투자자를 관리하는 유능한 해법이다. 이미 19세기 미국 남북전쟁 때도 국채를 월가가 아니라 국민공모로 충당한 사례가 있다. 국가나 지자체가 위험을 책임져 주려면, 그 혜택이 전체 국민에게 돌아가는 방법을 찾아야 한다. 민자사업의 문제는 그런 고수익 저위험 투자를 하려는 자본들이 정치와 행정을 사로잡아 그런 제도를 만들어 냈다는 점이다. 국민 대다수는 몰랐거나 무기력하게 바라만 봐야 했다.

개발정보를 미리 알거나 특별히 알아내 높은 투자수익을 올리는 경우도 많다. 과거에는 무지 많았고, 지금도 없지 않다. 불법으로 그런 정보를 빼내는 경우는 더 이상 거론할 필요도 없을 것이고, 합법으로 개발이 이뤄지는 경우도 문제는 없는지 생각해 보자.

내가 고등학교 때까지 살았던 대전에 현재의 둔산시가지가 만들어진 건 90년대 들어서다. 둔산시가지가 만들어지고 나서 그 전에 가장 번화가였던 대전역에서 도청까지의 거리는 20년 전과 비교해서 거의 달라지지 않았다. 건물들의 상태가 그렇다는 것이고, 상권은 더 죽었다. 이 과정에서 누가 돈을 벌었고, 누가 손해를 봤을까?

구시가지에 땅과 건물을 가졌던 사람들이 가장 큰 손해를 봤다. 거기서 생업을 유지했던 사람들과 근처 사람들도 다 손해를 봤다. 반면에 신시가지 땅의 원래 주인이었던 사람들은 보상을 많이 받아 이익을 봤다. 그들보다 더 이익을 본 집단이 있다.

먼저 토지공사다. 아무리 보상을 많이 해주고 부지 징리비용이 들었다 해도 토지공사가 건설사들에게 판 땅값은 훨씬 비싸다.

법을 이용해 이런 식으로 쉽게 돈을 버는 토지공사가 직원들에게 많은 급여를 주는 건 옳지 않다. 개인 재산을 이런 식으로 수용하는 것도 이제 명분이 없다. 공항, 항만, 군부대처럼, 국가운영을 위해 꼭 필요한 것이라면 법으로 개인재산을 수용할 수 있을 것이다. 그러나 택지를 늘리겠다고 국가가 개인 땅을 강제로 수용하는 것은 이제 함부로 할 일이 아니다.

토지공사는 그렇게 수용한 땅을 건설사들에게 택지로 파는데, 작은 건설사들은 접근 자체가 불가능하게 큰 덩어리로 판다. 결국 토지공사와 큰 건설사들만 돈을 버는 구조다. 그런 개발정보를 빼내 미리 땅 투기를 한 세력들도 횡재를 했을 것이다.

이렇게 쉽게 돈 버는 세력이 많으면, 국민경제 전체가 건전해질 수 없다. 누구나 다 위험을 무릅쓰거나 편법으로 남다른 고수익을 노리는 것이다. 청소년들의 지나친 폭력이 문제라는 걸 지적하기 전에 사회 전체가 폭력적이라는 점을 반성해야 하는 것처럼, 개인들의 투기성을 탓하기 전에 사회 전체의 경제운용이 건전하게 나아지고 있는지를 돌아볼 일이다.

세상이 이렇게 투기와 부정의로 오염되었더라도 나까지 따라나서서는 안 된다. 일단 나부터 원칙을 지키고, 나아가 사회 전체가 그렇게 되도록 힘쓸 일이다. 다시 말하지만, 남다른 수익률은 기대하지 말자. 자신의 처지, 즉 저축(투자)하는 목적과 돈이 필요한 시기 그리고 자신의 투자성향 등에 맞게 적절한 금융상품을 선택하고, 설계한 대로 묵묵히 실천할 일이다. 좋은 재무상담사를 만난다면, 금융상품 선택하는 데 많은 도움을 받을 수 있다.

3. 준비기간(저축기간) 늘리기

그럼 세 번째 저축기간을 생각해 보자. 별로 할 말이 없는 항목이지만, 현실에서는 가장 중요한 요소다. 저축기간을 생각할 때마다 나는 재무설계 일을 처음 하던 즈음 협회의 윤병철 회장을 만난 일이 생각난다.

"미국에서는 사회 초년생 때부터 노후설계를 한다네."

나는 그때 40대 중반이었고, 오랫동안 빚에 시달리며 살아온 처지라 노후설계라는 건 생각할 틈도 없는 좀 생소한 개념이었다. 그런 내게 이삼십 년을 내다보고 미리 적은 돈이나마 계획하고 실행한다는 얘기는 말 그대로 남의 나라 얘기처럼 들렸다. 그러나 이건 재무설계에서 정말 가장 기본이다. '노후자금=(월)투자금액×수익률×기간'을 고등학교 수학시간에 배운 식으로 표현하면 이렇다.

$$S = \sum ar^n$$

여기서 중요한 건 기간(n)이다. n이 지수이기에 이 함수는 지수함수다. 지수함수를 그래프로 그리면 아래처럼 n이 커질수록 함수 값이 기하급수로 커진다.

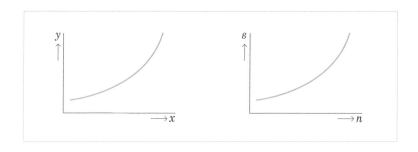

따라서 n을 크게 하는 것, 다시 말해 기간을 길게 하는 것이 가장 중요하다. 월 저축금액을 늘리는 것, 수익률을 높이는 것보다 더 단순하지만 결과를 보자면 더 중요하다.

이것은 세상의 흐름과 통하는 얘기다. 특별한 능력을 갖추는 것(이른바 스펙 쌓기), 남다른 비법을 연마하는 것보다 꾸준히 오래 성실하게 하는 것이 더 좋은 성과를 내는 경우가 많다는 얘기와 같다.

꼭 이삼십대 청년들에게만 해당되는 얘기는 아니다. 사오십대라 하더라도 더 먼 미래를 위해서라면, 적은 액수라도 긴 기간을 생각하며 저축하는 게 좋다. 국민연금 의무가입자가 아니더라도, 조금이라도 여력이 있다면 임의가입자로 가입하는 게 좋다. 국민연금에 대한 여러 가지 좋지 않은 얘기도 많지만, 내가 아는 한 현재로써는 국민연금이 가장 안전하고 수익률도 높은 노후설계 상품이다.

또 적게 벌더라도 그중 일부를 쪼개 미래를 위해 저축하는 것은 좋은 일이다. 우리 사회의 복지수준이 나날이 좋아지고 있다고는 하지만, 미래를 위해 내 스스로 조금이라도 뭔가를 준비한다는 것은 마음의 위안을 준다. 단 빚이 있다면 그것부터 갚자. 돈 많은 금융회사를 위해 우리까지 애쓸 필요는 없으니 말이다.

5부

자유,
성공,
행복

누구나
할 수 있는 일,
그러나
아무나
할 수는 없는 일

자유

– 돈에 끌려 다니지 않는 절제

"남이야 전봇대로 이를 쑤시든 말든, 네가 무슨 상관이야!"

40년도 더 된, 초등학교 3학년 때 얘기인데, 나는 지금도 이 문장을 또렷하게 기억하고 있다. 그 이유는 뭘까?

가장 큰 이유는 아마 친구의 말에 내가 깜짝 놀랐기 때문일 거다. 친한 동네친구 둘 사이에 생긴 작은 시빗거리에 내가 잠깐 끼어들었는데, 한 친구가 나의 말이 거슬렸던지 내게 쏘아붙인 거다. 나는 별거 아닌 거로 생각하고 말했는데, 그 친구는 기분이 나빠 그렇게 큰소리를 쳤을 것이다. 친구의 갑작스런 쏘아붙임도 뜻밖이었지만, '전봇대로 이를 쑤신다'는 그 과장법도 오랜 기억에 한몫 했다.

친구의 '네가 무슨 상관이야!'는 내가 대학에 다니면서 '자유'란 개념을 생각할 때 늘 떠오르곤 했다. '하고 싶은 대로'의 자유, '내 맘대로'의

자유, 성공, 행복

자유가 바로 그것이다. 그 즈음 내게는 이와는 전혀 상반된 개념도 고민거리였다. 어느 책에 나오는 '자유는 인식된 필연'이란 명제다.

 '아니, 자유는 내 맘대로와 통하는 건데, 여기에 왜 필연이 등장하지?

 이런 의문을 품는 내게 토론회에 자리를 같이 한 선배는 뭐라고 설명했을 것이고, 나는 그럭저럭 이해하고 넘어갔을 것이다. 그러나 머리로는 대충 이해했을지 몰라도 몸으로는 깊게 체득되지 않았다. 의문이 충분히 풀어지지 않은 것이다. 그러니까 그 명제가 두고두고 오랫동안 기억되고 있었던 것이다. 이 의문을 몸으로 이해한 건 그로부터 십여 년이 지난 삼십대 중반 때다.

 나는 당시, 지금은 쉐보레로 바뀐 대우자동차에서 미국의 제조물책임법을 기술연구소 연구원들에게 가르치고 있었다. 그때 회사는 장차 미국에서 팔릴 차들을 개발하고 있었는데, 그 과정에서부터 법에 어긋나지 않게 잘 처리해야 한다는 점을 알려주는 게 내 과제였다. 그런데 당시 우리나라에는 제조물책임법이 없었고 직원들 거의 대부분은 그런 법을 처음 들었다고 했다. 그러니 연구원들은 문제의 심각성을 잘 몰랐고, 눈앞에 닥친 개발일정에 쫓겨 밤을 새기 일쑤였다.

 미국에서는 그 법 위반이, 징벌적 배상까지 당할 경우, 대기업도 감당하기 어려운 큰 재앙이었다. 당연히 임원들은 한편으로는 개발일정을 몰아붙이면서도, 다른 한편으로는 법 위반으로 걸리지 않게 과정관리도 잘하라고 다그쳤다.

법보다 주먹이 가깝다는 말처럼, 연구원들에게는 장차 생길 법 위반을 대비하는 것보다 코앞에 닥친 개발일정을 맞추는 게 급했다. 과정과 서류 등을 잘 챙기는 것은 늘 번거롭고 지루한 일이었다. 장차 닥칠 피해가 아무리 크다고 큰소리친들, 그건 소귀에 경 읽기요 현장사정을 모르는 한심한 소리일 뿐이었다.

'이 양반들에게 어떻게 해야 이 작업이 재밌는 일이 될 수 있을까?'

강의를 준비하면서 내게는 계속 이 화두가 맴돌았다. 그러던 어느 날 '자유는 인식된 필연'이란 말이 떠올랐고, 순간 나는 그 의미를 몸으로 이해했다.

"영하 이십 도에서도 운전할 수 있는지 점검하려고 우리는 알래스카에 가서 시험운전을 합니다. 추우면 어떤 부품은 제대로 작동되지 않는다는 걸 우리는 알고 있기 때문입니다. 이것은 자연과학의 필연법칙인데, 지금 얘기하는 제조물책임법도 필연법칙의 하나입니다."

나는 이렇게 설명해 나갔다. 딱딱한 법률 얘기를 예상했던 청중들의 분위기가 풀어진 면도 있었지만, 다행히 흐트러지지는 않았다.

"이 필연법칙을 먼저 알아야 합니다. 그렇지 않으면 한국 날씨에 맞게 만든 차가 추운 알래스카에서 멈추는 것처럼, 법적으로도 큰 낭패를 보게 됩니다."

여기까지 잘 왔다. 이제 실천을 하는 연구원 각자에게 어떤 행동동기가 부여될 것인지를 얘기해야 한다. 늘 실험의 수치나 공식을 따지는 강의에 익숙한 이공계 연구원들은 낯선 강의 분위기에 의아해 하면서도 귀를 기울였다.

"중요한 건 나의 행위입니다. 우리는 모두 자유롭기를 원합니다. 직장에서 일할 때도 자유로워야 합니다. 제조물책임법의 필연법칙을 무시하고 내 맘대로 일처리 하는 것이 자유일까요?"

자동차 개발하는 연구자에게 '법 취지를 잘 생각하면서' 서류 잘 챙기라는 건 얼핏 보기에 안 맞는 얘기다. 그런데 거기에 대고 나는 '자유'를 들먹였다. '신차개발-법-자유', 잘 어울리지 않는 조합이지만 청중들의 분위기는 나쁘지 않았다. 적어도 '에고, 힘들어 죽겠는데, 지랄이지 무슨 법 나부랭이를 들먹이며 우릴 또 들볶는군' 하는 소리는 나오지 않았다.

'신차를 개발하면서 미국 법에 맞게 이런저런 과정을 잘 거치고 서류도 잘 챙겨놓는 것은 연구자인 당신의 자유로운 행위입니다.' 이런 느낌이 어렴풋이나마 전달된 듯했다. 그런 느낌이 오갔기에 강의하는 나도 신이 났다. 강제로 규칙을 지키라고 다그친 게 아니라, 고상하게 자유를 논했기에.

'기술연구소에 괴상한 놈 하나 들어왔군.' 나중에 아는 사람들을 통해 내게 들린 소리는 대략 이런 거였다. 이 정도면 괜찮은 평가다.

돈에 관한 우리의 삶도 마찬가지다. 돈에 끌려 다니는 게 아니라, 돈 문제로부터 우리는 자유로워야 한다. 그런데 정말 돈으로부터 자유로운 건 어떤 상태를 말하는 걸까? 이런 얘기를 하면 보통 돈을 얼마나 많이 가졌는지를 얘기한다. 몇 억, 아니 몇 십억을 가져야 돈 걱정을 안 하고 살까?

돈에 찌들려 살다 보니, 그냥 푸념으로 이런 말을 우리는 곧잘 하곤 한다. 그렇지만 조금만 생각해 봐도, 얼마를 가졌는지가 진정 돈 걱정이 없는 기준이 아니라는 걸 우리 모두는 다 안다. 그럼 뭐 때문에 우리는 돈 때문에 자유롭지 못할까? 다시 말해 불편한 것일까?

적어도 지금 이 책을 읽고 있는 분들에게는 가진 돈의 절대적 양이 적어서 불편한 것보다 남이나 스스로 생각한 만큼보다 상대적으로 적어서 불편한 일이 훨씬 더 많을 것이다. 차가 없어서 불편한 것보다 남보다 싸고 오래된 차라서 불편한 게 더 많다. 집도 마찬가지고, 옷도 마찬가지다.

"이 지구는 온 인류를 먹여 살리기에 충분하지만, 단 한 사람의 욕망을 채우기에도 부족한 땅이다."

간디의 말이다. 이게 현실이다. 논리상 그럴 수밖에 없다. 나의 재산이나 버는 돈은 상대적으로 유한하나, 돈 쓸 곳(욕망)은 무한하다. 그러니 유한한 돈(X)을 아무리 늘려도 무한한 욕망(Y)을 충족시킬 수 없다.

논리로는 성립하지 않는 돈 문제 함수지만, 실제 현실에서는 거의 대부분의 사람들이 이 함수를 어떤 식으로든 풀면서 살고 있다. 돈이 모자라면 대출을 받거나 투자를 해서 채우기도 한다. 때로는 투자나 사업이 실패해서 빌린 돈을 갚지 못하기도 한다. 심하면 감옥을 가거나 자

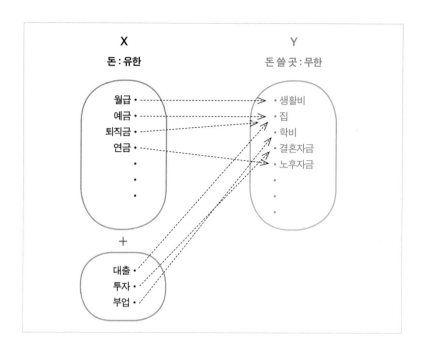

살을 하기도 하고, 이혼하는 경우도 적지 않다. 다행히 법의 도움을 받아 개인회생이나 파산으로 재활하기도 한다.

그러나 이런 경우만 해도 한편으로는 다행이고 논리적으로는 함수를 해결한 것이다. 죽음이든 파산이든, 돈 액수를 '0원'으로 대응시킨 것이니 말이다.

가장 비극적인 상황은 정신이 돌아버리는 것이다. 머리 속으로는 돈을 맞춰야 하고(대응시켜야 하고), 현실은 불가능한 상황에서 얼마나 마음고생을 많이 하는가. 결국 그 긴장관계를 견디지 못하고 정신이상이 되는 것이다. 정신이상과 몸의 병이 같이 오기도 한다. 세상에는 이런 경우가 생각보다 많다.

사회는 이런 일이 되도록 벌어지지 않도록 제도를 운영하고 사회분위기도 그렇게 만들어야 한다. 그런 뜻에서, 20년쯤 전에 산업자원부 공무원인 친구가 한 말이 생각난다.

"대만은 사업하다 망해도 대표에게 형사책임이 없어."

그래야 누구나 감옥 갈 걱정하지 않고 창업을 해보려고 할 것이고, 안 되는 사업을 억지로 버티며 끌고 가려고 하지 않을 것이다. 당연한 얘기지만, 이런 경우는 순수하게 사업이 잘 안 돼 돈을 못 갚는 경우이고, 사기나 횡령 등 불법행위로 돈을 떼먹는 경우는 그렇지 않다. 지금은 많이 나아지고 있는데, 되도록 대표이사 연대보증을 세우지 않는 추세다. 돈을 빌려 쓴 개인이나 회사도 책임이 있지만, 빌려준 사람이나 금융사도 떼일 수 있다는 점을 잘 판단해야 한다는 추세다.

이런 것들은 제도나 사회분위기 얘기이고, 지금 이 책은 개인의 돈 문제 특히 돈에 끌려 다니지 않는 자유로운 삶에 대한 얘기다. 이에 대해서 유럽의 재무코치라는 보도 섀퍼는 이렇게 말했다.

'자유, 자신이 정한 목표를 이루기 위해 스스로 절제해 나가는 과정.'

간단한 문장이지만 생각해 볼 게 많다. 먼저, 목표를 보자. 나는 중산층 재무설계에서 가장 중요한 것은 (재무)목표를 잘 정하는 일이라고 생각한다. 자신의 처지와 욕구에 따라 정해야 하는데, 보통은 사람들이 하는 걸 보고 따라하는 경우가 많다. 남들이 애들 유학을 보내니, 30평대 아파트에 사니, 외제차를 사니 등의 시류에 따라 목표를 정하곤 한다.

여기에는 자존심도 한몫한다. 재산과 인격은 분명 별개인데, 같은 것으로 보기 때문이다. 한때는 어떤 건설사가 '당신이 사는 아파트가 당신의 품격을 말해줍니다'는 식의 광고를 한 적도 있다. 이런 유혹으로부터 자유롭기는 쉽지 않다.

어릴 때도 생각이 깊었고, 대학 이후로는 감옥생활을 하면서도 많이 생각한 나 역시도 여전히 이런 분위기로부터 완전히 자유롭지는 않다.

내 차는 몇 년 전에 아는 사람한테 산 중고차인데, 어쩌다 남들을 태울 때 나도 모르게 이런 농담을 하곤 한다.

"차는 써금써금하지만 기사는 최고로 정성껏 모시겠습니다."

그리고 이런 말을 덧붙이기도 한다. "연식은 10년이 넘었지만 이 정도면 탈만 하죠?" 그러면 얼마 주고 샀냐고 묻는다. 100만 원이라고 말하면 조금 놀라곤 한다.

아무튼 목표를 세울 때 남들이 하는 대로 따라 하는 게 아니라, 정말 자신의 처지와 욕구에 따라 자신만의 목표를 세우는 게 가장 중요하다. 재무상담사는 상담을 하면서, 고객이 정말 자신의 처지를 잘 살피게 하고 내면의 욕구에 따라 목표를 정하도록 분위기를 잘 만들어야 한다. 그렇게 해서 정한 목표를 이루는 과정이 또 중요하다. 세상에 저절로 되는 일이 어디에 있을 것이며, 게다가 돈 문제는 더욱 그렇다.

앞서 소개한 간디의 말처럼, 우리 인간의 욕망은 무한하다. 그러니 한번 목표를 세웠더라도 그 욕망을 잘 절제하지 않으면 목표를 이룰 수 없다. 간혹 일이 잘 풀려 돈 여유가 생길 수는 있으나, 정말 꼭 이뤄야 하는 큰 목표를 쉽게 이룬다는 것은 그 과정이 만만하지 않다. 자녀 대학자금 오륙천만 원을 모은다거나, 주택구입자금 3억, 노후자금 5억 등이 그냥 잘 이뤄질까? 중간 중간 다른 유혹이 수없이 많다. 그렇다고 구두쇠처럼 살라는 건 아니다. 살아가면서 이것저것 많이 생각하면서 목표도 잘 이루고 인생도 보람되게 살아야 한다.

어떤 이는 경조사비나 축의금 나가는 것도 부담된다고 말한다. 자신의 애경사에 사람들을 많이 부르지 않는 게 좋겠다고도 말한다. 맞는 말이고 이제 그런 관습도 많이 바뀌어야 한다. 그런데 쉽지 않다. 남들의 눈치를 봐야 한다는 게 어려운 일이다. 이걸 잘 하려면 그런 관행의 본뜻을 잘 생각해 봐야 하고, 어떻게 하는 것이 올바른 처신인지도 잘 생각해 봐야 한다. 나 역시 경조사비 낼 때마다 생각이 많다. 큰딸 나리도 가끔 내게 묻곤 한다.

"돈을 벌지 않는 학생이니 사실 조의금 안 내도 돼."

이렇게 말하지만, 눈치가 그게 아닌가 싶어 이렇게 덧붙이곤 한다.

"돈 안 벌어도 용돈 있으니, 용돈 절약해서 조금 낼 수도 있지."

교회 친구들이 부부동반으로 베트남 여행을 가자고 한다. 이럴 때도 대답이 쉽지 않다. 그 친구들이라고 해서 아주 넉넉한 건 아니고 다른 데 쓸 돈 아끼고 가자는 건데, 마냥 "난 돈 없어"라거나 "난 그런 거 관심 없어." 이렇게 말할 수는 없기 때문이다. 이건 돈 문제이기도 하지만, 사람관계 문제이기도 하다. 돈보다 사람관계가 더 중요한 거 아닌가. 때로는 그 관계 때문에 돈 문제를 좀 양보하기도 하는 게 현실이다.

이런 걸 생각하면 정말 돈 문제로부터 자유로워진다는 건 여간 어려운 일이 아니다. 그렇다고 칼로 무 베듯이 딱 부러진 정답이 있는 것도 아니다. 만약 그런 게 있다면, 그건 인생이 아닐 것이다. 그러기에 우리는 하루하루를 살면서 끊임없이 크고 작은 '자유'를 경험하고 배우며 살아가는 것이다.

성공

– 돈 때문에 성공하지 못하는 건 아니다

"밴드 활동하면서 새벽이 아이큐IQ가 30에서 55로 올랐어."

연주 중간 쉬는 시간에 새벽이 아빠가 한 말이다. 나는 놀랍다는 표정을 지었다.

"그래봤자, 다섯 살 수준이야…."

그 말을 듣고 나는 다시, 요즘 애들 말로, '급실망' 했다. 다시 연주를 들으면서 머리 속으로 많은 생각이 오갔다.

'새벽이가 다섯 살 수준이라고?

'저렇게 연주를 잘 하는데?

'다섯 살 애 수준이 저 정도이던가?

생각해 보니 맞는 것도 같다. 처남 아이가 지금 만 3세일 텐데, 말을 참 잘한다. 말을 알아듣는 정도나 행동하는 수준은 새벽이와 비슷한 거 같다. 그런데 내가 처음에 잘 이해할 수 없었던 것은 처남 아기가 새벽이처럼 악기를 다룰 수는 없기 때문이다.

새벽이는 내가 강화에 처음 이사 왔을 때 같은 동네에서 만난 아이다. 큰딸 나리와 같은 조산초교를 다녔다. 담임선생님이 배려해줘서 새벽이 엄마가 수업을 같이 듣기도 했다. 새벽이가 엄마 말은 좀 더 잘 듣기 때문이었다.

새벽이는 학교에서 집으로 오는 길에 주변 집들의 대문이나 방문을 열어보곤 했다. 자폐아들은 문 뒤의 것이 보이지 않기 때문에 그걸 열어보고 싶어 한다. 도시 같으면, 문이 열리지도 않을 거지만, 열렸으면 주인이 깜짝 놀라서 크게 혼냈을 것이다. 그렇지만 시골에서는 다들 "새벽이 왔구나" 하며 반갑게 맞아주었다. 밭두렁이나 담장에 오줌을 싸도 다 별 문제가 안 된다. 이 모든 게 시골의 혜택이다.

그래서 나는 새벽이가 만약 대도시에서 살았으면 어떻게 됐을까 하는 생각을 해보곤 한다. 아마 지금처럼 나아지지 않았을 것이고, 피아노나 클라리넷을 멋지게 연주하는 건 불가능했을 것이다. 좁은 공간, 특히 닫힌 공간을 힘들어하는 새벽이에게 탁 트인 농촌의 들판과 마을이 큰 도움이 됐을 것이다.

그런 새벽이를 위해 부모는 미술치료와 음악치료를 해주느라 힘들었다. 멀리 일산이나 부천까지 데리고 다녀야 하기 때문이다. 다행히 새벽이가 그렇게 오가며 잘 배웠고, 특히 음악에는 더 재능을 보였다. 대전의 어느 방송사가 주최한 장애인 음악대회에서 피아노부문 대상을

받았다. 그런 새벽이의 피아노 연주를 볼 때마다 나는 놀라움을 금할
수 없다.

'저 긴 연주곡을 어떻게 악보도 안 보고 할 수 있을까?'

그럴 때마다 새벽이 엄마는 이렇게 말하곤 한다.

"악보는 다 외우는데, 감정이입을 못해요."

감정을 실어서 연주해야 하는데, 그렇게까지는 못한다는 거다. 그런
데 나 같은 수준에서는 그건 문제되지 않는다.

그런 새벽이가 몇 년 전부터 장애인 밴드에 선발되어 매주 밴드부 연
습에 참여한다고 한다. 데리고 다니는 엄마아빠도 즐거운 마음으로 다
니고, 새벽이 역시 좋아한다고 한다. 지금은 집에서도 전보다 말을 훨
씬 더 잘 듣고, 때로는 아빠 일터에서 잡일을 돕기도 한다고 한다. 참 다
행이다. 이러기까지 시간도 많이 걸렸고, 부모의 마음고생도 많았다.

아무래도 새벽이 때문에 수업에 지장이 있을 테니, 새벽이 부모는 다
른 학부모들이나 선생님들의 눈치를 봐야 했다. 새벽이를 놀리는 학생
들 때문에 마음상한 적도 많았고, 아는 사이에 말다툼을 한 적도 있었
다. 언젠가는 어떤 여학생이 새벽이를 놀리는 학생들에게 못하게 막았
다고 한다. 나는 그 얘기를 들었을 때 한편으로는 흐뭇하고 또 한편으로
는 안타까웠다. 여학생의 태도는 훌륭하지만, 그 얘기는 다른 측면에서
보면 평소 새벽이를 놀리는 아이들이 제법 많았다는 뜻이기도 하기에.

이런 새벽이의 인생에서 자유를 얘기할 수 있을까? 이건 좀 아닌 것

같다. 다섯 살 지능이라니, 하고 싶은 걸 그냥 마구 하면 되는 걸까. 다시 생각해 보면, 꼭 그런 것 같지도 않다. 새벽이도 악기를 더 잘하기 위해, 다른 욕구를 절제했는지도 모르겠다. 그냥 부모나 선생님들이 강제로 이끌었거나 잘한다고 칭찬하거나 당근을 주었다고만 생각할 건 아닌 듯도 하다. 그렇기는 해도 자유를 새벽이에게 적용하는 건 좀 무리다. 자유는 우리 자신의 마음상태인 면이 크기에.

그러나 성공은 자유와 좀 달라, 겉으로 드러난 측면이기도 하다. 그렇다고 해서 흔히 말하는 돈이나 지위 같은 성공의 잣대를 말하려는 건 아니다. 다만, 자유보다는 겉으로 드러난 그 무엇을 말하려는 것이다.

나는 재무강의를 하면서 마지막 부분에 성공을 얘기하면서 온달이와 새벽이를 비교해서 설명하곤 한다. 장애를 딛고 장애인 밴드단원으로 활동하는 새벽이와 시골에서 사교육 받지 않고 대통령장학금 받으며 서울대에 다니는 온달, 누가 더 성공한 것일까?

상대의 허를 찌르는 질문 중에는 a냐 b냐고 대답하라고 물으면서 실제는 c가 답인 경우가 많다. 이것도 마찬가지다. 새벽이와 온달 중 누가 더 성공했느냐고 물었지만, 사실 내가 생각하는 답은 '둘 다'이다.

세상사람들이 흔히 말하는 성공의 잣대로 한다면, 온달이가 더 성공했다고 할 것이다. 그러나 성공에 대한 보도 섀퍼의 정의에 따르면 그렇지 않다. 그의 정의는 이렇다.

'성공－자신에게 주어진 여건의 활용 정도.'

자칫 주관적 관념론처럼 들리지만, 나에게는 많은 걸 생각하게 한 명제다.

새벽이에게 주어진 조건과 온달이에게 주어진 조건은 많이 다르다. 그러기에 둘에게 똑같은 잣대를 들이댈 수 없다. 주어진 조건을 얼마나 잘 활용했는지는 정확히 측정할 수는 없다. 그래서 이런 얘기는 자연과학과 다르다. 그렇다고는 해도, 상식에 비춰볼 때 인정할 지점이 있다. 새벽이도 노력했고 온달이도 노력했다.

이걸 좀 더 분석해 본다면 이런 정도 통계를 따져보는 것도 재밌겠다. 새벽이나 온달이와 비슷한 조건의 아이들이 커서 새벽이와 온달이가 이룬 정도를 해낸 확률을 비교하는 것이다. 누구 재치 있는 수학자가 이런 걸 조사해 본다면 그것도 의미 있을 것이다. 그러나 이런 것은 의미와 해석의 문제이지 어떤 결과가 나오든 그게 답이라고 할 건 아니다. 보도 섀퍼가 말하고자 하는 것은, 성공이란 누가 더 성공했느냐의 문제가 아니라, 각자 자신에게 주어진 조건을 남과 비교하지 않고 창조적으로 잘 활용하면서 사는 것이라는 점이다.

'그대는 성공했는가?'

우리는 사람들을 볼 때 늘 이런 기준으로 보곤 한다. 그런가 하면, 우리는 알게 모르게 그리고 끊임없이 자기 자신에게도 이런 질문을 하며 산다. 그러면서 크던 작던 그것 때문에 열등감을 느끼기도 하고 스트레스를 받기도 한다.

자유, 성공, 행복

"아빠 친구 중에는 돈 잘 버는 변호사도 많다며…."

아이들은 이런 말을 하며 나를 놀리곤 한다. 그런 친구도 많은데, 아빠는 왜 돈도 잘 못 버느냐는 핀잔이다. 그럴 때 나는 이렇게 받아넘긴다.

"돈 없어도 아빠처럼 기죽지 않고 사는 친구는 없어."

사실 그렇다. 대학 친구들 대부분은 나보다 돈은 더 많지만, 돈 걱정 역시 나보다 훨씬 많다. 이런 식으로 응수하면 아이들은 또 이렇게 꾸짖는다.

"아빠, 서울대에서 잘렸지? 대우에서도 잘렸지?"

이런 말에도 나는 웃으면서 응수한다.

"야, 서울법대 나온 사람들은 무지 많아도 서울법대 그만둔 사람은 없어. 자본주의 사회에서 희소성이 얼마나 중요한지 모르지? 그리고 아빠가 대우 그만두니까 그 회사 망했잖아."

나의 이런 당당한 대응에 녀석들은 전혀 공감하지 않는다. 나 역시 꼭 논리적으로 설득하려는 건 아니다. 다만 나는 아이들의 입에서 나오는, 그 흔한 세상의 논리에 대해, 내 나름의 소신을 주장할 뿐이다. 아이들이 내 주장을 인정하지는 않지만, 이십여 년을 그런 대화를 하며 살다 보니, 이제는 자기들에게도 알게 모르게 나의 논리가 스며든 것도 있는 듯하다. 유산 얘기를 할 때 아이들의 반응을 보니 그랬다.

"독일의 유명한 정치인들은 유산을 다 사회에 기부하고 하나도 상속하지 않았다대."

독일 전문가의 강의를 듣고 온 날 밤, 아이들에게 한 말이다. 이 말에 대해서 아이들은 대수롭지 않다는 듯이 이렇게 말했다.

"에고, 아빠는 빚이나 물려주지 마셔."

순간 웃음이 나왔다. 그러면서 몇몇 생각이 스쳐지나갔다.

'이 녀석들이 나한테는 아예 기대를 안 하네. 나를 무시하나?'

한편으로는 씁쓸하지만 또 한편으로는 대견스럽기도 했다.

'녀석들 제 힘으로 자립하겠다는 거지. 음, 좋아!'

그동안 내가 일관되게 돈과 인생에 대한 자신감을 보여준 것에 대한 결과 아닌가 하는 느낌도 들었다.

지금 내가 이렇게라도 글을 쓰면서 소신을 얘기하지만, 여기까지 오는 동안에 나 역시 돈과 성공의 문제로 마음고생을 적지 않게 했다. 같이 목숨 걸고 세상을 바꿔보자고 민주화운동을 하는 중에도 가정 형편에 따라 사는 게 달랐다. 여유 있는 선배나 친구들은 결혼을 하면서 괜찮은 신혼집을 구하기도 했다. 그런 식으로, 사는 건 달라도 우리는 늘 동지였다. 방 보증금을 대주기도 하고, 은행에 취직하고 군에 간 선배는 급여통장을 후배들에게 넘기기도 했다. 차비가 없어 보이는 내게 선배는 버스표 뭉치를 건네곤 했다. 그렇지만 가끔 힘들 때 이런 생각이 드는 건 어쩔 수 없었다.

'나도 좀 물려받을 게 있으면 좋겠다.'

자유, 성공, 행복

노동자협동기업을 하겠다며 자동차정비공장을 했다가 망하고도 어려움은 많았다. 결혼하기 전이나 아이들이 아주 어렸을 때는 별 문제가 없었지만, 아이들이 셋이나 커나가고 있을 때는 상황이 많이 달라졌다. 사람들과 어울리는 것도 어려웠다. 결혼식장이나 상갓집 가는 것도 부담스러웠다. 정말 이럴 때 소신이 없으면 견디기 어려운 거다.

그 즈음 생각난 분이 있다. 진도에서 오랫동안 유기농업을 하시는 장로님이다. 전해 듣기로, 그 분은 애경사를 아예 챙기지 않는다고 했다. 팔구십 년대에 유기농업을 했으니 돈이 될 리는 없을 테고 애경사 쫓아다닐 돈도 없었을 것이다.

여기까지라고만 하면 그 분 얘기를 내가 오래 기억하지 못했을 것이다. 그 분 생각은 이제 시대가 달라져서 애경사에 전처럼 많은 사람들이 찾아가 도와주지 않아도 되고, 오히려 그것이 부담이 되니 줄여나가는 사회분위기를 만들어 나가야 한다는 것이다. 적극적인 사회의식이 있는 것이다.

이런 뜻에 공감해 나는 애경사에 가지 않기도 하고, 조의금이나 축의금을 내지 않거나 적게 냈다. 나에게도 늘 갈등이 되는, 쉽지 않은 일이었으나 세상 사람들 모두 늘 이런 고민을 하며 살 것이다.

그 즈음 어느 날 나는 신촌의 한 술집에서 '전화카드'란 노래를 만든 사람과 술을 마셨는데, 나중에 음악을 듣고 맘에 들어 가사를 구해 따라 배웠다. 중간쯤에 이런 구절이 있다.

'나는 그저 나의 아픔만을 생각하며 살았는데…'

이 대목이 내게 가장 와 닿았다. 나는 나의 아픔과 어려움만을 생각하곤 했다. 그런 나의 마음을 그대로 보여주듯이 노래는 이렇게 이어진다.

'그런 입으로 나는 늘 동지라 말했는데…'

부끄러웠다. 그런데 노래를 부르면서 마음이 좀 시원해졌다. 부르고 또 불렀다. 특히 혼자 운전할 때 많이 불렀다. 그러나 아무리 노래를 불러도 돈과 관련된 열등감과 비교의식 등은 시원스럽게 풀리지 않는다. 어쩌면 죽을 때까지 그럴 지도 모른다.

어찌 나만 그럴까?

세상 사람들은 나보다 더 힘들 것이다. 그걸 억지로 참아가며 살아갈 것이다. 멀리 갈 것도 없이 우리 아이들도 그렇다.

"아빠, 뭐하고 살아야지? 유학 가서 성공할 수 있을까?"

졸업을 앞둔 온달이는 진로에 대한 고민이 많다. 유학, 행시, 한국은행, 법학전문대학원, 금감원 등 이것저것을 궁리한다. 나는 그럴 때마다 돈 걱정하지 말고 뭐든지 하고 싶은 거 하라고 권하지만, 온달이는 내 말을 듣는 둥 마는 둥 한다. 그리고 계속 걱정만 한다. 그런데 가만히 생각해 보니, 큰딸 나라나 막내 보리보다 온달이 걱정이 유난스럽다.

'나라나 보리보다 처지가 훨씬 좋은데, 왜 이리 걱정이지?'

나의 의문은 온달이 주변 친구들을 떠올려 보며 어느 정도 풀어졌다. 온달이가 군 제대하고 복학한 다음 몇 번 친구들을 집에 데려온 적이 있다. 그 중 한 여학생은 2년 동안 휴학을 하고 그 사이 사법시험에

자유, 성공, 행복

합격했다. 그것도 아주 우수한 성적으로. 또 어떤 친구는 공중파 방송사에 아나운서로 취직했다. 또 수학으로 유학을 가자니, 교수님한테 추천서를 먼저 받을 더 뛰어난 학생도 있다.

온달이의 비교대상은 그런 친구들이었다. 그에 비해 나리는 늦게 대학을 갔는데, 그 대학 친구들은 공부도 열심히 하지 않고 하는 행동도 서툰 게 많았다. 나리는 거기서 계속 성적장학금을 받고 있다. 대학을 가지 않은 보리는 주변에 비슷한 또래들이 많다. 나리와 보리는 온달이 친구들 같은 사람들을 생활 속에서 늘 보지도 않고 비교대상으로도 생각하지 않는다.

나는 온달이에게 소신껏 하라고, 뭘 해도 온달이 정도면 잘 살 수 있다고 말하지만, 온달이는 내 말에 위안을 얻지 못하는 것 같다. 아마 온달이도 평생 그 문제로부터 자유롭지 못할 것이다. 나도 그렇고 온달이도 그렇고, 나아가 세상 사람들 모두는 죽을 때까지 이 문제로부터 해방되지 못할 것이다. 다만, 전보다 깨달은 만큼 조금씩 나아지기를 바라야 할 것이다.

세상 사람들이 말하는 일률적인 성공의 잣대로 내 인생을 재지 말자. 나에게 주어진 조건(이 조건도 내가 하기에 따라 달라진다)을 내 인생관에 맞게 최대한 잘 활용해서 자유롭고 행복하게 살 일이다. 그것만이 우리가 할 수 있는 일이다.

행복

– 한국인 모두는 누구나 행복할 수 있다

"행복해지려면, 덜 중요한 걸 버려야 합니다."

라디오 진행자가 전하는 법정스님의 말이다. 그 순간 나는 이런 생각이 들었다.

'음, 역시 법정스님은 고수군.'

스님의 말 중 '덜 중요한 것'은 재무설계 용어로 풀면 '덜 중요한 재무목표'다. 앞에서도 말한 것처럼, 인간의 욕구는 무한하고 재물(돈)은 유한하기 때문에 그걸 완벽하게 맞추는 건 불가능하다. 그래서 중산층 재무설계에서 가장 중요한 건 재무목표, 다시 말해 돈 쓸 데를 잘 조절하는 것이다. 그걸 스님은 '덜 중요한 걸 버려라'라고 말한 것이다.

그런데, 말이야 쉽지만, 생활하다보면 그게 어디 쉬운 일인가. '버린다'는 게 원래 쉽지 않은 탓도 있지만, 뭐는 버리고 뭐는 남길 것인지를

자유, 성공, 행복

판단하는 건 더 어려운 일이다. 정도의 차이가 있을 뿐, 돈이 좀 있는 가정이나 없는 가정이나, 마음의 여유가 있는 사람이나 없는 사람이나, 어렵기는 마찬가지다.

꼭 개인이나 가정만의 문제가 아니다. 조직이 잘 갖춰진 기업이나 국가도 이런 문제로 어려운 건 마찬가지다. 기업이나 국가는 수많은 사람들의 이해관계를 조절해야 하니 어렵고, 개인이나 가정은 그렇지 않으니 쉽다고 볼 것도 아니다. 이건 철학이나 '질'의 문제이기 때문에 규모의 크고 작음이 답을 좌우하지 않는다.

이렇게 복잡하고 답이 어려운 난해한 문제이니, 내가 법정스님이라면 이렇게 말했을 것이다.

"행복해지려면, 출가하세요."

나는 대학에 들어가기 전까지는 돈 때문에 걱정한 적은 없었다. 집안이 가난하기는 했지만 고등학교까지는 돈이 크게 문제되지 않았다. 그리고 나는 오로지 학교 공부에만 전념했기에 특별히 돈 때문에 불편한 건 없었다. 참고서 살 돈이 없어도 친구들 것을 빌려보면 됐고, 놀러다니느라 돈 쓸 일도 없었다.

대학과 감옥 그리고 노동운동 때는 좀 불편하고 힘들기는 했다. 그래도 그때만 해도 세상을 바꾸자는 목표가 뚜렷했고 패기가 넘쳐서인지 그다지 힘든 건 아니었다. 그러다 정말 힘들었던 건 부천에서 자동차정비공장을 하다 망한 때였다. 다행히 대우자동차에서 나 같은 '운동권' 사람들을 뽑아줘서 정말 어려운 고비를 넘겼다.

당장 일자리는 생겼지만, 그때 이후 십여 년 동안 빚을 안고 살았다. 정말 어려울 때는 출근길에 혼자 강화대교를 건너면서 이런 상상을 하기도 했다.

'여기서 핸들을 조금 틀면 차가 저 난간을 치고 나가 바다로 빠지겠지. 그럼 어떻게 될까?'

사실 아무리 어렵고 힘든 일이 우리를 괴롭히더라도 살짝 다른 측면을 보면 그거 별거 아니다. 어차피 우린 죽게 되어 있다. 죽음은 삶이라는 존재에게 가장 최악인 경우이지만, 그건 언젠가는 닥치는 시간의 문제일 뿐이다. 그러기에 우리에게 더 와 닿는 건 죽음보다 관계의 문제다. 죽은 다음에 남은 사람들이 더 어려워지는…. 어릴 때 어머니도 이런 말을 자주 하곤 했다.

"죽은 사람이야 편하지, 남은 사람이 어렵지."

아무튼, 대우자동차 다니는 동안에도 나는 돈 때문에 쪼들렸다. 그즈음, 화성에 있는 야마기시농장이라는 공동체 마을에 찾아간 적이 여러 번 있었다. 대학 친구가 거기 살고 있었다. 그때 그 친구는 자주 오는 내가 그 마을에 살 만한 사람이라고 생각했던지 이런 말을 했다.

"광구야 너도 여기 와서 같이 살자."

그때 나는 이렇게 대답했다.

"아냐, 나는 빚이 많아서 그거 다 갚아야 해."

나는 그때의 짧은 대화를 이십 년 가까이 지난 지금도 생생히 기억하

자유, 성공, 행복

고 있다. 왜냐면, 그때 나는 거짓말을 했기 때문이다.

빚에 쪼들리는 나는 거기 마을생활이 부러웠다. 넉넉하지는 않지만, 사람들이 화기애애했고 무엇보다 중요한 건 빚에 쫓기지 않았다. '그래 다 털고 이런 데서 열심히 일만 하고 살면 행복하겠다.' 이런 맘이 여러 번 들었다.

죽으면 돈 걱정 다 잊을 수 있고, 공동체 마을에 들어가면 거기에 의지해 돈에 쫓기지 않고 살 수 있다. 나는 실제 이런 생각을 많이 해봤기 때문에, 다시 말해 극단적인 해법까지도 생각해 봤기 때문에, 돈 때문에 마음이 구차해지는 걸 이겨낼 수 있었는지 모른다. 그렇기에, 내가 법정스님이라면, "돈 걱정 안 하려면, 출가하세요" 하고 말할는지도 모른다고 생각했다. 그러나 이건 나의 짧은 생각이다.

우리의 삶은 '개체로서의 존재'이면서 또한 '사람들과의 관계'이다. 보통의 삶이라면 그 개체와 관계를 떼려야 뗄 수 없다. 그러기에 선뜻 '출가'하거나 죽을 수 없다. 옳고 그름을 떠나 하려고 해도 되지 않는다. 이미 관계가 태생적으로 내 몸에 배어 있기 때문이다. 만약에 한다면, 그것이야말로 뼈를 깎는 고통이다. 그래서 법정스님은 현실에 맞게, '불필요한 것을 줄이라'고 했던 것이다.

재무강의를 하면서 내가 마지막에 하는 말은 행복이다. 돈에 관한 모든 행위도 결국 우리가 행복하게 살기 위한 것 아니냐는 것이다. 그럼 그 행복이란 게 도대체 뭘까?

'나는 행복한가?'

아무리 물어도 시원스럽게 답할 수 없는 질문이다. 그것은 눈에 보이지도 손에 잡히지도 않는 추상이기에 정답이 있을 수 없다. 행복감을 느낄 수는 있어도 행복한 상태는 가능하지 않다. 그런데도 우리는 늘 행복한지 불행한지를 생각하고, 비교하고 비교당하며 산다.

행복한 느낌, 그걸 우리는 언제 느낄까?

앞서 소개한 선정 씨의 사례를 기억하는지 모르겠다. 노후걱정 때문에 절대 직장을 그만둘 것 같지 않은 고객이었는데, 결국 직장도 그만두고, 대기업을 다니던 남편은 중소기업으로 옮기고, 책도 냈으며, 선정 씨는 아이와 함께 하는 시간이 더 소중하다는 사실을 깨달았다는 이야기말이다.

'무엇이 선정씨를 이렇게 변하게 했을까?'

첫째 이유를 들자면, 노후에 대한 돈 걱정을 덜었기 때문일 것이다. 부부가 죽을 때까지의 돈 흐름을 계산해 보니 막연히 생각했던 것보다 심각하지 않다는 걸 안 것이다. 물론 본인들의 의지도 작용했다. 얼마를 쓰고 얼마를 마련할 것인지는 생각하기에 따라 전혀 다르기 때문이다. 선정 씨는 내 책을 읽고 왔기 때문에, 돈 문제에 대한 나의 생각에 동조했던 것이고, 실제 수치를 보며 계산해 보고 걱정을 내려놓기 시작

자유, 성공, 행복

한 것이다. 그러면서 남편의 이직에 대한 태도도 누그러졌고, 그러면서 부부간의 대화도 편해졌다.

이런 걸 선순환이라고 할까. 남편은 하고 싶은 걸 하게 되면서 좋은 책을 냈고, 그 업계에서 더 전문가로 인정받게 되었고. 돈을 많이 벌고 적게 버는가를 떠나, 하는 일이 자랑스럽고 즐거워졌다. 그러니까 아이에 대한 남편의 태도도 여유가 생겼다. 여기서 더 나가 선정 씨의 휴직과 퇴사까지 어렵지 않게 진행된 것이다. 그 몇 년 동안, 나는 선정 씨의 낯빛이 시간이 갈수록 더 밝아지는 걸 느꼈다. 행복한 느낌이 얼굴에 배어 있었다.

수입 다시 말해 돈은 적어졌지만, 가족 간의 관계는 더 좋아졌고 여유도 많아졌다. 그 순간순간을 선정 씨와 남편은 스스로 정해나갔다. 그리고 그때그때 자신들의 상태에 만족했다. 여기서 우리가 무엇을 더 바랄 것인가.

보도 섀퍼는 행복을 '자신이 처한 상태의 만족 정도'라고 정의했다. 나는 선정 씨가 여기에 딱 맞는 경우라고 생각한다. 돈 문제에 대한 막연한 불안을 구체적으로 살펴보고 계산해서 떨쳐버리면서, 자신들만의 삶을 스스로 만들어 나가서 이룬 행복이다. 이런 행복, 선정 씨 가정만이 아니라 대한민국의 모든 사람들이 누려야 하고 누릴 수 있는 행복이다.

내가 십대와 이십대였던 70년대와 80년대는 나라의 살림살이 자체가 어려웠다. 그때와 비교하면 지금은 생산력이 비교할 수 없을 정도로 나아졌다. 초등학교 때 의식주가 기본이라고 배웠는데, 사실 의(입는 것)와 식(먹는 것)은 가히 혁명적으로 해결됐다. 주(집)도 생산력만으로 보면 해결됐다고 봐야 하는데, 제도 문제 때문에 많은 사람들이 집 걱정을 하며 산다. 나는 집 문제도 머지않아 획기적으로 개선될 거라고 보고, 나 역시 청년들의 집 문제 해결을 위한 협동조합 활동을 하고 있다.

이렇듯 생산력이 발달했다고는 해도 돈과 욕구의 문제는 상대적인 문제라 근원적으로는 해결되지 않는 것이다. 또 사회(국가)와 개인 차원의 문제가 얽혀 있어 쉽지 않기도 하다. 그런 중에서 내가 이 책에서 말하고자 하는 것은 돈과 행복한 인생의 문제를 개인 차원에서 어떻게 하면 보다 잘 해결할 것인가 하는 점이다.

다시 보도 섀퍼 얘기로 돌아가 보자. 그가 말하는 '처한 상태'를 나는 자연 그대로만의 상태라고 보지 않는다. 그보다 더 중요한 건 살아가면서 스스로 만들어 나간 '상태'이다. 게으르고 방탕하고 욕심 부리며 살아서 자신에게 주어진 돈과 능력을 탕진해 버린 상태를 좋아할 사람은 아무도 없을 것이다. 주어진 조건이 어떻든지, 스스로 기획하고 노력해서 조금씩 더 나아져 이룬 상태를 다들 보람되게 생각할 것이다. 그렇게 스스로 만들어 온 현재의 상태에 대해 흐뭇하게 생각하는 마음, 이럴 때 만족스럽지 않을까? 이게 행복이다.

대한민국 사회에서 절대 다수는 누구나, 정도의 차이는 있지만, 자신의 꿈을 이루며 살 수 있다. 사회의 불평등구조가 문제되지 않는다는 건 아니다. 그건 또 별개의 문제로 해결해 나가야 한다. 그러는 속에서도 우리 모두는 각자가 자신의 인생을 행복하게 꾸릴 수 있다. 그런 건강한 개인들이 모여서 사회도 더 건전하게 만들어 나갈 수 있다. 사회가 건전해지면 개인들도 다시 더 행복한 삶을 살아갈 수 있게 된다. 이런 선순환을 만들어 나가자. 우리는 충분히 그렇게 할 수 있다.

함께 사는
지역사회

♩ ♫ ♫

해야 해야 잠꾸러기 해야 이제 그만 나오렴

김치국에 밥 말아먹고 이제 그만 나오렴

우리 온달이 추운 가슴 따뜻하게 데워주렴

냇뚝 그늘진 곳 앉은뱅이 꽃들도

아침 내내 너를 기다리느라 하늘만 본단다 ♩ ♫ ♫

잠꾸러기 온달이를 깨우는 것은 참 어려운 일이다. 온달이만 그러겠는가, 어느 집이나 다 아침마다 전쟁을 치른다. 그런데 위 노래처럼, 아이들을 재밌게 깨우면 좋지 않을까. 아이들이라고 모를까, 일찍 일어나는 게 좋은 것인지를. 알지만 잘 안 되는 게 현실이다.

학교 다닐 때 공부도 그렇다. 공부 잘하면 좋은지는 학생들도 다 잘 안다. 그걸 훈계하거나 혼낸다고 될 일이 아니다. 그렇지만 선생들은 시험이 끝날 때마다 시험점수가 나쁜 학생들을 때리거나 벌을 줬다. 시험 못 본 것도 서러운데, 혼나는 아픔도 맛봐야 했던 학생들이 많았다. 그런데 중학교 수학선생 한 분은 달랐다. 전 달과 비교해서 떨어진 학생들만 혼냈다. 시험점수라는 결과가 아니라, 지난 한 달 동안 자신의 능력을 개발하기 위해 얼마나 노력했는지를 기준으로 상벌을 준 것이다. 그 선생한테는 나도 몇 번 손바닥을 맞았다.

돈도 마찬가지다. 누가 돈 많으면 좋은지 모를 것이며, 누가 일부러 돈을 벌지 않겠는가. 경우에 따라서는 방법을 가르치거나 정보를 줄 일도 있겠으나, 근본은 그렇지 않다. 그러고 싶도록 동기부여가 돼야 하고 스스로 느껴야 한다.

'강화의 꿈' 정책준비모임에서 강화의 사회복지 실태를 알아보려고 강화지역자활센터 강광하 신부와 발달장애인직업재활시설인 '우리마을'의 이대성 신부로부터 운영상황을 들었다. 우리마을에서 2년 동안 쌀빵 만드는 일을 했고, 자활사람들에게 몇 차례 재무강의를 했던 나는 그곳들의 내용을 많이 아는 편이었다. 그런데 이번 모임에서 나는 내용을 아는 차원이 아니라 운영방법에 대해서 확실히 느낀 게 하나 있다.

"청소팀 매출이 올해 1억 넘을 거예요."

"홀애비들이 여관 같은 데서 장기투숙을 하는데, 임대료가 삼십만 원도 더 해요."

"집수리팀은 두 팀이나 독립했어요."

강 신부는 조금은 어눌하고 장난기 섞인 투로 자활의 실태를 설명해 나갔다. 거기서 일하는 사람들이 무려 100명이라고 했다. 나는 잘난 체하듯이 자활식구들에게 재무강의를 했지만, 강 신부는 못난이처럼 그들과 어울리는 듯했다. 전날 술 마셔서 해롱거리는 식구에게 강 신부는 어떻게 말할지를 생각해 봤다.

"며칠 전에도 얘기했는데, 또 술이야!"

보통은 이렇게 말할 것이다. 그러나 강 신부는 그 식구의 어깨를 어루만지면서 이렇게 말할 것 같다.

"으이그~ 간밤 소주에 걱정거리 다 날려버렸군. 잘 했어, 잘 했다니까."

이런 느낌에 더해 그날 우리는 다른 날과 달리 마음 따뜻한 얘기를 많이 나눴다.

"공공화장실만 할 게 아니라, 상가 화장실도 값싸게 청소해 주는 예산을 배정하면 좋겠어요."

"빈 집을 수리해서 여인숙에 장기투숙하는 분들이 함께 어울려 지낼 수 있도록 배려하는 방법을 연구해 봅시다."

"노인분들이 마을회관에서 함께 식사하고 어울릴 수 있도록 사람과 예산을 확보합시다."

"주택가 쓰레기장을 깔끔한 분리수거장이 되도록 해봐요."

마치며

우리마을의 이대성 원장은 우리마을에서 정년이 된 노인 장애인들이 머무는 시설을 추진하고 있다고 했다.

"우리마을에서 정년이 돼 나가면 그 부모들은 80대 노인들입니다. 그 노인 분들이 어떻게 이 장애인 노인을 돌보겠어요."

그런데 지금 사회복지법에서는 장애인이면서 노인인 분들을 위한 시설 규정은 없다는 것이다. 그래서 현재 있는 법 테두리 안에서 그런 시설을 운영하려면 자체 부담금이 훨씬 많이 들지만, 우리마을은 어렵더라도 그런 시설을 전국 최초로 준비하고 있다고 했다. 지금도 우리마을을 살펴보러 오는 사람들이 참 많은데, 앞으로 더 그럴 것 같다.

다음날 나는 우리마을에 월 1만 원씩 후원하는 자동이체를 신청했다. 그리고 올해 1년분을 따로 송금했다. 내 통장에서 돈이 나갔지만 기분은 좋았다.

돈은 늘 모자란다. 개인도 가정도 회사도 지자체도 나라님도 다 돈 없다고 아우성이다. 그러나 진짜 모자라는 건 돈이 아니라 목표이고, 어울림이고, 애정이다. 목표가 없는 사람은 돈도 못 모으고 있는 재산도 탕진한다. 어울림이 몸에 배어 있지 않으면, 돈이 많을수록 오히려 사람관계가 꼬이게 된다. 애정이 없으면, 돈이 많을수록 돈 없는 사람을 무시하게 된다.

나는 어떻게 살 것인가, 내가 일하는 회사는 어떤 회사면 좋을지, 우리가 사는 지역사회는 어떤 사회여야 할지, 대한민국은 어떤 나라여야 할지, 우리는 늘 이런 질문을 스스로에게 해봐야 한다. 그 질문에 충실 할수록 돈 걱정으로부터 자유로워질 것이다. 그런데 나는 돈 걱정으로 부터 자유로워진다고 했지, 돈을 많이 모은다고 하지 않았다.

돈 문제에 대한 나 자신의 깨달음과 함께 지역사회와 나라 전체의 돈 문제에도 우리는 관심을 기울여야 한다. 지역과 국가의 예산이 어떻게 쓰여야 지역사회와 나라 전체가 더 살기 좋게 될 것인지를 생각해야 한 다. 개인과 가정에서 잘못된 돈 흐름을 바로잡으면, 적은 돈으로도 충 분히 만족스럽게 살 수 있고, 나아가 목표까지 적절히 잘 잡으면 성공 과 행복의 길로 나아갈 수 있다. 지역사회와 나라 전체도 마찬가지다. 결코 다르지 않다.

책이 나오기까지 생각보다 시간이 많이 걸렸다. 지난해 9월에 제안받 고 두세 달 만에 뚝딱 쓸 생각이었는데, 1년이 넘게 걸렸다. 기다려주며 나의 '끼'를 격려해 준 출판사 분들이 고맙다. 원고를 꼼꼼히 검토해 주시 고 조언을 해주신 정대영 선생님에게도 신세를 졌다. 내게 고비용사회 란 개념을 깊이 인식시켜준 친구 김진욱에게도 고마움을 표해야겠다.

내게 재무설계에 입문할 기회를 준 건 포도재무설계 라의형 대표이 고, 거기서 함께 올바른 재무설계 상담의 기초를 세워나간 상담사들은 믿음직한 벗들이다. '희망 만드는 사람들'의 김희철 대표는 내게 재무설계를 말랑말랑하게 일깨워 준 다정한 선배다.

부족한 내게 재무상담을 받은 고객들도 내게는 고마운 분들이다. 일부는 책에 사례로 실렸는데, 잘못된 것이나 불편한 점이 있을지 걱정이다. 그런데 이번 책에서 가장 길게 소개한 선정 씨는 기꺼이 실명을 써도 좋다고 해서 나는 고맙기도 하고 기분도 좋았다.

또한 나를 늘 혼내는 아내와 아이들, 이들은 내가 꿋꿋하게 서도록 채찍질 하는 은인들이다. 지금까지 내가 소신을 꺾지 않고 살도록 함께 웃고 고생한 동지들이다. 갈수록 나보다 지혜와 용기가 많아질 사람들이니 두고두고 함께 어울려야 할 식구들이다.

개인과 가정을 넘어 지역사회에서 돈에 쫓기지 않고 공동체를 지향하는 일은 내게 소중한 사명이다. 앞서거니 뒤서거니 하며, 이런 큰 흐름을 만들어 나가는 분들이 강화에는 참 많다.

장애인을 비롯한 복지사업에 앞장서 오신 김성수 전 성공회 주교님, 정신사상 교육에 힘쓰시는 길희성 박사님, 건전한 시민사회운동을 이끌어 오신 남궁호삼 원장님을 비롯한 시민운동가들, 가난한 집 아이들에게 희망을 심어주는 전진경님을 포함한 지역아동센터의 선생님들, 문화와 예술로 강화를 더 풍요롭게 하는 많은 문화예술인들, 소리 없이 어려운 이웃을 돕는 옆집 이명숙 형수를 비롯한 많은 봉사단원들, 공동체운동을 지역사회에서 실현하고 있는 친구 유상용과 '진강산교육공동체' 사람들, 지역사회의 훈훈한 소식을 전파하는 허용철 선배를 비롯한 강화시선 편집진과 윤여군 목사를 비롯한 강화뉴스 편집진, 여기에 더해 노래로 사람들에게 기쁨을 전해주는 아내 최미란과 어깨동무 노래패 사람들까지, 이 많은 분들 그리고 아직 내가 모르거나 미처 소개하지 못한 수많은 분들의 수고와 열정이 있기에 강화는 계속해서 더 살기 좋은 지역사회가 될 것이다.

 강화만이 아니라, 모든 지역에서 돈에 쫓기지 않는 풍요로운 지역사회를 만들어 나가는 일이 더 활발해지리라 믿는다. 그리하여 멀지 않은 앞날에, 김구 선생이 꿈꿨던 것처럼, 힘은 강대하지 않더라도, 문화가 융성하여 세계에 본이 될 만한 한국사회가 되기를 바란다. 그런 큰 흐름에 나의 부족한 생각과 주장도 작은 밑거름이 되기를 바란다.